골목지리학의 탄생

골목지리학의 탄생

1판 1쇄 인쇄 2023년 6월 12일
1판 1쇄 발행 2023년 6월 19일

지은이 최정묵

펴낸이 최준석
펴낸곳 푸른나무출판(주)
주소 경기도 고양시 일산서구 강선로 49, 404호
전화 031-927-9279 **팩스** 02-2179-8103
출판신고번호 제2019-000061호 **신고일자** 2004년 4월 21일

ISBN 979-11-92853-01-7 (03330)

골목
지리학의
탄생

최정묵 지음

자치 · 협력 · 혁신이
살아 숨 쉬는 공간,
골목을 읽는다!

푸른나무

자치 시대와 골목지리학

자치를 추구하는 지방정부의 역량은 코로나19 대응 과정에서 꽃을 피웠습니다. 이를 보면서 자치 그 자체로 창의적이고 혁신적임을 확인할 수 있었습니다. 자치의 태생 자체가 실사구시적이기 때문에 창의와 혁신이 전개되었을 것입니다. 자치는 인간을 좀 더 자유롭게 할 수 있는 기능을 발휘하기에, 즉 능력을 이타적이고 협력적으로 배려(연대)하기 때문에 그 자체로 자유의 분배 유형이나, 평등의 적용 분야를 확대해나갑니다. 따라서 자치하는 지방정부가 많을수록 불평등은 감소하고 삶의 질은 높아질 것입니다. 결국 자치는 정치의 궁극적 목표인 '인간의 행복'을 확대하는 과정이 될 것입니다.

기억하실지 모르겠습니다. 2006년 1인당 국민소득이 2만 달러를 돌파했을 때 온 나라가 축제 분위기였습니다. IMF(국제통화기금)에 경제 주권을 넘겨준 지 10년 만에 이룬 쾌거였습니다. 2018년에는 1인당 국민소득이 3만 달러를 넘어섰습니다. 하지만 2006년만큼의 축제 분위기는 아니었습니다. 아마도 성장한 만큼 삶의 질이 좋아지기는커녕 더 나빠졌기 때문일 것입니다. 2018년 당시 OECD(경제협력개발기구)가 매년 조사하고 발표하는 '더 나은 삶의 질' 지수를 보면, 총 40개국 중에서 우리나라는 30위였습니다. 그

중에서도 주거 조건 36위, 사회적 관계 40위, 자연환경의 질 40위, 주관적 행복 33위, 일과 삶의 균형 37위 등으로 세부 지표가 좋지 않았습니다. '더 나은 삶의 질' 종합지수도 2014년 25위, 2015년 27위, 2016년 28위, 2017년 29위, 2018년 30위로 체계적으로 떨어졌습니다. 마치 "우리에겐 구조적인 원인이 있어"라고 말하는 듯했습니다.

이러한 삶의 질 악화로 인한 국민 고통이 모두에게 일률적으로 찾아오는 건 아닐 것입니다. 자산·소득·학력·세대·건강·피부양자·거주 지역 등에 따라 더욱 불평등한 고통으로 연결되었을 것입니다. 2022년 신한은행이 발표한 「2021년 보통사람 금융생활 보고서」에 따르면, 소득이 적은 계층일수록 소득 감소와 부채 증가 폭이 커지면서 상위 소득과 하위 소득 격차가 5배 가까이 벌어졌다고 합니다. OECD도 우리나라에서 상위 20%의 부유한 사람과 하위 20%의 가난한 사람 사이 소득 격차가 5배 이상이라는 결과를 내놨습니다. 돈으로 행복을 살 순 없지만, 돈이 더 높은 생활 수준을 유지하기 위한 수단 중 하나인 것은 틀림없을 겁니다.

지역의 현실을 파악하기 위해 서울특별시 다음으로 인구가 많은 부산광역시를 살펴봤습니다. 최근 10년 동안 부산의 실질성장률은 등락을 반복해왔습니다. 아직 2022년과 2021년의 실질성장률 수치를 확인할 순 없었지만, 이러한 추세라면 부산시의 실질성장률은 바닥을 향해 가고 있다고 봐도 과언이 아닐 겁니다. 부산시민의 일자리와 경제 참여는 어떨까요. 하반기의 시작을 알리는 9월을 기준으로 2019년과 2020년을 비교해봤습니다. 경제활동 참가율(59.1%→57.9%)과 고용률(57.2%→55.8%)은 모두 하락했습니다. 같은 기간 17개 시도 중 최하위였습니다. 실질성장률 누적 감소와 코로나19 여파가 부산의 시민 경제에 부정적인 영향을 미친 것으로 보입니다.

부산시 재정자립도 또한 2016년부터 2020년까지 지속적인 하락(60.1%→54.8%)을 면치 못하고 있습니다. 이는 부산시가 부산시민의 복지, 안전, 생명, 민생 등을 살필 수 있는 여력이 계속 줄고 있다는 의미입니다. 반대로, 저소득 인구(기초생활보장 수급자 및 차상위층) 비율은 꾸준히 증가(2019년 1월 6.68%→ 2020년 5월 7.47%)하고 있습니다. 경제 여력은 떨어지는 반면, 복지 수요는 증가하는 악조건에 놓여 있습니다. 그나마 다행인 것은 이러한 저소득 인구 통계는 정부가 어느 정도 예상하여 복지 안전망에 편입시킨 수치로 볼 수 있다는 것입니다.

그런데 이보다 더 큰 문제가 있습니다. 정부의 복지 안전망 밖에 있는 시민들입니다. 흔히 복지 사각지대라고 말하기도 합니다. 복지 사각지대는 기초생활보장 수급자 및 차상위층보다 조금 나은 경제적 여건 때문에 복지 안전망에 들어가 있지는 않지만, 사회경제적 도움이 필요한 시민들이라고 볼 수 있습니다. 이러한 정의를 정량화하여 분석할 수 있도록 생계 비용·의료 비용·주거 비용 등 긴급복지 지원을 받은 시민을 복지 사각지대로 정의하여 살펴봤습니다. 긴급복지 지원을 받은 부산시민은 2017년 2만 2,118명, 2018년 2만 2,976명, 2019년 3만 4,030명으로 늘고 있습니다. 특히 2018년에 비해 68%나 증가한 2019년 자료를 코로나19 발생 시점인 2020년과 월별로 비교해보면, 복지 사각지대가 2배 이상 확대되었음을 알 수 있습니다. 이는 부산만의 문제는 아닐 것입니다. 전국이 모두 비슷한 상황일 수 있습니다.

대안을 찾기 위해 두 가지 방법을 사용해보았습니다. 먼저 현재 우리 사회는 어떤 사회이며, 앞으로 어떤 사회로 발전하는 것이 좋은지를 알아보는 방법으로 밈(MEME)을 활용했습니다. 리처드 도킨스(Richard Dawkins)의 『이기적 유전자』와 사이드 돌라바니(Said Dawlabani)의 『밈 노믹스』에서 아이디어를 얻었습니다. 인간의 특성을 규정하고 정보를 전달하는 유전자와 같이, 인류와 사회의 문화적 특성을 진화적 관점에서 규정하는 밈으로 우리 사회의 발전 단계를 추측해본 것입니다. 또 인간의 기본 유형을 9가지로 구분하여 성향을 분석하는 에니어그램(enneagram)을 적용하여 우리 국민이 어떤 스타일인지도 확인해보았습니다.

현재 한국 사회를 색으로 표현한다면 어떤 색에 가까운지를 물었습니다. 두 번의 조사를 했는데, 각각 A와 B로 명명했습니다. 그 결과, A와 B 조사 모두에서 빨강과 파랑으로 대표되는 사회라는 응답을 얻었습니다. 빨강은 지배, 억압, 이기적, 폭력적, 자원 독점 등을 의미하고 파랑은 법, 질서, 진실, 공정, 공평, 평등을 의미합니다. 빨강은 A 조사 결과가, 파랑은 B 조사 결과가 다소 높게 나타났습니다. 이는 코로나19 발생으로 사회가 좀 더 척박해지고 뜨거워졌으며, 경제와 여가 불평등이 강화되었다고 생각하기 때문일 수 있습니다.

미래의 한국 사회에 대해선 A와 B 조사 모두에서 빨강은 사라지고 파랑과 녹색이 높게 나타났습니다. 파랑은 B 조사 결과가, 초록은 A 조사 결과가 다소 높게 나타났습니다. 역시 코로나 발생으로 초록에 대한 욕구가 그 이전보다 높아진 것으로 보입니다. 초록은 유대감, 내적 평화, 배려, 감수성, 환경 등을 의미합니다.

크게 보면 개인주의, 즉각적인 보상, 어린이와 여성 등에 대한 약자 착취 구조를 가진 사회에서 내적 만족감, 결과보다 과정, 공동체 중시, 평등주의와 인도주의, 협력적 시민이 존중받는 구조를 가진 사회로 발전하길 원하고 있었습니다. 복지도 부조에 기초해 있고,

법치도 국민과 시대의 합의 수준에 기초한 것이므로 불평등을 최소화하기 위해 공정뿐 아니라 '연대와 협력'도 사회적으로 그 중요성이 점차 커질 것으로 보입니다.

그렇다면, 우리 국민은 어떤 성향일까요. 우리 국민은 대체로 공정하고 도덕적이며 자제력 있는 스타일(매사에 완벽을 추구하고 끝맺음이 좋으며 정직하고 자제력이 있는 반면, 지나치게 비판적이고 완고한 성향)이라는 응답(23%)이 가장 많았습니다. 그다음으로, 좋은 관계를 유지하고 정이 많은 스타일(마음이 넓고 친절하며 정을 잘 주는 대신, 욕구가 많고 독점적이고 의존적인 성향)이라는 응답(18%)이 뒤를 이었습니다. 가끔 정책 여론을 살펴볼 때 가치 지향적이면서 동시에 실리 지향적인 여론이 공존하거나, 적극적인 것 같으면서도 의존적인 양면을 모두 보이는 이유가 이러한 스타일 때문일 수도 있다는 생각이 들었습니다.

1988년 노벨 경제학상 수상자인 인도 출신의 복지경제학자 아마르티아 센(Amartya Sen)의 저서 『불평등의 재검토(Inequality Reexamine)』에선, 평등을 측정하기 위해 다양한 고려와 세심한 배려가 필요하다고 말합니다. 이 책에서는 "평등을 검토하는 데 인간의 이질성과 평등을 측정할 수 있는 변수들의 다양성, 이 두 가지가 반드시 고려되어야 합니다. 인간의 이질성과 평등을 측정하는 변수가 무엇인가에 따라 평등이 다르게 평가될 수 있기 때문입니다. 인간은 상속재산 등 사회적·자연적 환경뿐만이 아니라 개인별 특성인 연령, 성별, 질병에 대한 취약성, 물리적·정신적 능력도 서로 다릅니다. 그래서 평등을 측정하는 일은 이러한 다양성과 조화를 이루어야 합니다. 결국 개인별 차이를 고려하지 않은 평등은 자칫 불평등으로 나타날 수 있습니다. 다시 말해 모든 사람을 평등하게 고려하는 것이 불리한 사람들 편에서는 아주 불평등한 상황일 수 있습니다. 균등한 기회가 아주 불균등한 소득을 초래할 수도 있고,

균등한 소득이 상당한 부의 차이와 양립할 수도 있습니다. 균등한 부가 매우 불균등한 행복과 공존할 수도 있습니다"라고 말하고 있습니다.

두 번째 방법으로 직접적인 질문을 던져보았습니다. 인간의 이질성과 다양성을 세세하게 고려할 수 있는 곳은 어디라고 생각하는지, 무엇을 좀 더 해야 한다고 생각하는지 궁금했습니다. 그래서 다음의 두 가지 질문을 했습니다. 먼저 "앞으로 우리 삶에 직접적이고 더 많은 변화와 영향을 줄 수 있는 기관은 어디인가"라고 물었습니다. 공공기관 27%, 지방정부 25%, 중앙정부 21%, 국회(입법부) 15%, 법원(사법부) 12% 등의 순으로 응답했습니다. 둘째로 "앞으로 지방자치단체가 가장 신경 써야 할 민생 분야는 무엇이냐"고 질문했습니다. 어린아이 보육 25%, 복지 안전망 강화 21%, 어르신 돌봄 16%, 초중고 교육 12%, 도시 안전 9%, 범죄 예방 9%, 문화·체육·여가 5% 등의 순으로 나타났습니다. 일반적인 공공기관이 개인에 대한 다양한 고려와 세심한 배려를 통해 공공 서비스를 제공하는 일은 사실상 쉽지 않습니다. 반면 지방정부는 자치 공간에서 주민들의 구체적인 삶을 챙기며 주민과 연대하고 협력합니다.

앞에서 말했듯 자치는 창의적이고 혁신적입니다. 결국 자치는 정치의 궁극적 목표인 '인간의 행복'을 확대하는 과정이 될 것입니다. 지방정부의 코로나19 대응 과정은 이러한 의견을 잘 뒷받침해주고 있습니다. 드라이브스루, 몽골 텐트, 카라반 등을 활용하여 더 많은 코로나19 진단을 안정적으로 진행했습니다. 이뿐만이 아닙니다. 우울증 등의 심리 상담과 정보 제공, 취약 계층 방역 물품 지급, 아이들을 위한 퍼즐·장난감·그림책 전달, 홀로 사시는 어르신 전용 전화상담실 운영, 방구석 도서관 등을 운영하며 발 빠르게 대응했습니다. 자가 격리자 및 무급 휴직자의 긴급 생활비도 지원했습니다. 해고 없는 도시, 단골 가게 선결제, 어려운 이웃의 도시락 배달, 지방정부 별도의 재난지원금 지급, 찾아가는 백신 접종 서비스 등 창의적인 아이디어들이 기획되고 실행되었습니다.

앞으로 자치하는 지방정부는 지역의 사회·직능·종교·주민 단체 및 골목의 크고 작은 주민 커뮤니티와 연대하고 협력하며 보육과 돌봄, 공공과 복지 등이 어우러지는 공동체를 만들 것입니다. 사회적 면역력을 강화하고, 경제적 불평등을 완화하는 방향으로 운영될 것입니다.

경영학과 조직심리학에 '조직시민행동'이라는 개념이 있습니다. 조직시민행동이란 '조직구성원 스스로가 조직을 위해 행하는 자발적인 행동으로, 업무 지침서가 요구하는 역할 이상으로 조직을 위한 행동을 기꺼이 하는 것입니다. 조직시민행동은 5가지의 요소로 구성되어 있는데, 이타주의·예의·성실함·시민의식·스포츠맨십입니다. 자신이 속한 공동체를 위한 자발적 행동이라는 측면에서 조직시민행동과 자치는 지향하는 목표와 방향이 비슷해 보입니다. 다수의 논문에 의하면, 조직시민행동과 이를 실천한 구성원의 조직 만족도는 서로 비례하는 것으로 나타납니다. 따라서 자치하는 지방정부의 존재만으로도 삶의 만족도가 높아지고, 불평등을 완화할 수 있는 토대가 마련될 수 있을 것입니다.

골목지리학은 주민의 행복을 지향하면서 구체적인 삶을 세세히 챙기고 그 과정에서 주민과 연대하고 협력하는 자치가 활성화되는 데 도움을 주고자 썼습니다. 자치를 실행하는 데 데이터를 효과적으로 활용하는 방법을 제시하는 것이 이 책의 목표입니다.

저는 데이터를 활용한 자치와 행정을 전개하는 데 데이터의 역할이 크지 않다고 생각합니다. 우리가 흔히 생각하듯 거창한 시스템과 기술, 능력이 요구되는 것은 아닙니다. 그보다는 자치에 대한 열정과 집념, 주민의 삶을 구체적으로 향상시키고 주민과 연대하고 협력하고자 애쓰는 노력이 그 본질입니다. 이런 열의와 실천이 근간이 될 때 데이터는 제대로 활용될 수 있을 것입니다. 이 책이 대한민국의 자치를 꽃피우고 골목골목마다 웃음을 가져오는 데 미미한 단서라도 줄 수 있다면 저자로서 더없이 행복할 것입니다.

Contents

part 1

우리가 원하는
지리 데이터

골목지리학의 탄생

Chapter 1

데이터 덕택에 행복하십니까?

📍 데이터 시대의 역설

우리가 매일 만들어내고 사용하는 데이터는 얼마나 될까? 미국의 IT 컨설팅 기업 IDC에 따르면, 2016년 한 해 동안 인류는 하루 평균 440억 기가바이트의 데이터를 생산했다고 한다. 그리고 이 수치는 점점 늘어 2025년에는 매일 4,630억 기가바이트의 데이터가 유통될 전망이다. 평범한 사람들에게 익숙한 단위가 아니기에 그 규모가 쉽게 짐작되지 않는다. 2000년대 초반까지 5,000년 역사시대를 통틀어 인류가 생산해낸 데이터를 불과 2~3년 안에 만들어내는 수준이라고 보면 된다. 그 속도가 점점 더 빨라짐에 따라 며칠 만에 과거 인류가 만들어낸 데이터 총량에 육박하는 데이터를 생산해낼 날도 머지않았다. '데이터 시대'라 부르는 것이 전혀 어색하지 않은 세상이 되었다.

이 지점에서 근본적인 질문을 하나 던져보아야겠다. 이처럼 늘어난 방대한 데이터가 당신을 얼마나 행복하게 하는가? 당신이 일상을 살아가는 데 데이터가 얼마나 큰 도움을 주는가? 과연 데이터는 순간순간 당신의 현명한 선택을 위해 결정적인 조언을 하는가? 추상적으로 느껴진다면, 더 구체적으로 묻겠다. 데이터 덕택에 당신에게 최적화되고 만족스러운 소득과 근로 환경을 제공하는 직장을 얻었는가? 학생들은 축적된 데이터를 바탕으로 창의적이며 통찰력이 넘치는 공부를 하고 있는가? 치매와 같은 염려스러운 질병의 걱정으로부터 해방되었는가? 유휴 자원을 파악하고, 적절히 배분하는 데이터의 능력 덕에 살벌한 경쟁이 줄어들고 서로 협력하는 따뜻한 세상이 왔는가? 사람마다 다르겠지만, 적어도 나는 데이터 덕택에 행복해졌노라고 감히 말하지 못하겠다. 데이터를 업으로 삼아 먹고사는데도 말이다.

류시화 시인이 소개해 널리 알려진, 밥 무어헤드(Bob Moorehead)의 「우리 시대의 역설」이라는 시가 떠오른다.

> 달에 갔다 왔지만, 길을 건너가 이웃을 만나기는 더 힘들어졌다.
> 외계를 정복했는지 모르지만, 우리 안의 세계는 잃어버렸다.
> 공기 정화기는 갖고 있지만, 영혼은 더 오염되었고
> 원자는 쪼갤 수 있지만, 편견을 부수지는 못한다.
> 자유는 더 늘었지만, 열정은 더 줄어들었다.
> 키는 커졌지만, 인품은 왜소해지고
> 이익은 더 많이 추구하지만, 관계는 더 나빠졌다.
> 세계 평화를 더 많이 얘기하지만, 전쟁은 더 많아지고
> 여가 시간은 늘어났어도, 마음의 평화는 줄어들었다.

이 시에 한 문장 정도 더 추가하고 싶은 생각이 들곤 한다. "데이터는 늘어났지만, 지혜는 줄어들고 삶은 피폐해졌다." 우리 시대의 역설은 데이터에도 그대로 적용되는 듯하다.

📍 데이터를 소유하고 누리기 위해

데이터 시대가 도래했지만, 우리는 더 각박해지고 더 많은 근심에 시달리게 된 것은 아닐까? 오해는 마시라. 데이터 무용론을 말하고자 함이 아니다. 지금 이 순간에도 엄청나게 늘어나고 있는 방대한 데이터가 우리의 소유가 되고 우리 삶의 행복을 위해 기능하기를 바란다. 그것이 어떻게 가능한지 나름의 답을 찾는 게 이 책의 목적이기도 하다.

가뭄에 가장 귀한 것은 '물'이다. 그렇다면 홍수 때는 어떨까? 역시 물이 가장 귀하다. 씻고 마시고 음식을 만드는 데 쓸 깨끗한 물이 더 절실하다. 데이터 시대라고 하는 현대에도 데이터가 귀하다. 나의 행복을 위해 사용될 진짜 데이터 말이다.

데이터를 물에 비유해서 생각해보자. 나에게 데이터는 어떤 물인가? 집채만 한 크기로 나를 덮쳐오는 쓰나미인가? 아니면 보이지도 않을 만큼 멀찍이서 흐르고 있을 큰 강인가? 수도꼭지나 정수기에서 나온 생활용수인가?

더 많은 데이터, 더 빠른 전달 속도만을 좇아서는 안 된다. 데이터 홍수에 눌려 질식하거나 방대한 데이터의 흐름을 먼 산 보듯 구경만 하는 건 아무런 의미가 없다. 우리에게 필요한 데이터를 적시에 확보하고 그것을 삶을 위해 활용할 수 있어야 한다. 데이터의 진정한 주인이자 향유자가 될 구체적 방법을 찾아보자.

Chapter 2

피가 되고 살이 되는 데이터

📍 삶의 구체적 문제에 맞서기

이 책은 피가 되고 살이 되는 데이터, 사람들의 행복에 기여하는 데이터 생산과 활용을 위한 방법론으로 '골목지리학'을 다룬다. 이는 지리 데이터를 활용하여 주민 삶의 구체적 문제를 찾아내고 해결 방안을 모색하는 것이다. 문제의식을 품고 관련된 데이터를 수집·조사하여 이것을 지도에 표시함으로써 시각화한다. 이 과정에서 참여자가 협력하고 숙의하며 토론함으로써 함께 해결책을 찾아간다. 언뜻 보면 단순한 절차이지만, 풍부하고 복잡한 과정이 이루어진다.

골목지리학의 과제들은 다양하지만, 몇 가지 공통 요소들을 갖는다. 한 가지 고백하자면, 이것은 내가 '마이크로 지리 정보학'이라는 명칭의 방법론을 고안할 때 미처 염두에 두지 못했다. 과제를 반복하면서 현장에서 깨달아 알게 된 것이며 이후 내 나름의 철학으로 자리를 잡았다.

첫째, 목표와 지향점은 구체적 문제 해결이다. 주민 삶의 행복과 직접 관련된 문제를 발견하고 해결책을 모색하고자 한다. 따라서 인간애가 가치와 철학이 된다.

둘째, 핵심 재료는 '휴먼 데이터'이다. 즉 사람의 생각을 반영하고자 한다. 골목지리학 과제를 수행할 때 공공기관에서 제공하는 인구통계학적 데이터, 사회경제적 데이터, 행정 데이터 등을 사용하지만, 이것이 중심이 되지는 않는다. 반드시 사람을 만나서 들은 이야기들을 폭넓게 반영하려 한다. 나는 오래전부터 '데이터마이닝'을 넘어 '사람의 마음을 캐낸다'는 뜻의 '멘탈마이닝'을 지침으로 삼아왔다. 이런 고민과 문제의식을 담아 『데이터 시대, 사람의 마음을 읽는 법』이란 책을 쓰기도 했다.

셋째, 지리학적 방법론을 사용한다. 데이터가 사람에게 더 가까이 다가갈 방법을 오래 고민하면서 새로운 지점을 발견했다. 그것은 '공간'이었다. 사람은 구체적 공간에서 먹고 자고 일하고 생각하며 살아간다. 아무리 교통과 통신이 발전하더라도 사람은 공간을 떠나서는 생존할 수 없는 존재이다. 이러한 의미를 담은 공간을 매개로 사람에게 다가갈 수 있다는 깨달음이 생겼다. 사실 이것은 지리학의 발상이기도 하다. 특별할 것이 전혀 없다. 그런데 지역의 분석 단위가 너무 넓어서 효과적이지 못할 때가 많았다. 그물코가 헐거우면 생선을 잘 잡기 힘들듯 지역 단위를 넓게 나누면 정보를 건져 올리지 못할 수가 있다. 나는 지역을 잘게 나누어 세밀한 단위로 조사할수록 정보에 더 깊고 정확히 다가갈 수 있다고 믿었다. 그래서 '마이크로 지리 정보학'이라는 방법을 고안해 활용해왔고 과제를 수행하면서 이를 '골목지리학'이라는 이름으로 발전시켰다.

넷째, 시각화를 적절히 사용한다. 이 역시 지리학의 일반적 방법론이다. 지도에 정보를 표시하는 단순한 작업의 이점은 탁월하다. 어떤 공간에 어떤 일이 일어나는지, 그리고 그 주변과의 관계는 어떠한지가 한눈에 드러난다. 문제를 직관적으로 파악하기에 효과적이고 해결책을 찾을 단서가 효율적으로 제시되기도 한다.

다섯째, 과제 수행 '과정'에 초점을 둔다. 문제 해결 방안 도출이라는 목표 달성은 중요하다. 그러나 일회성 결과만 중시해서는 안 된다. 데이터를 모으고 이를 지도로 시각화하며 해결책을 찾아가는 전 과정에서 주민이 직접 참여하고 협력하며 숙의하고 토론하는 일이 활성화되어야 한다. 그럼으로써 공동체는 협력과 연대의 기풍이 생기고 다른 문제에 맞설 내공을 기르게 된다. 나는 골목지리학 과제를 수행하면서 지역사회 공동체의 역량이 키워지는 것을 자주 목격해왔다. 이것이 최고의 보람이었다.

♦ 골목지리학의 실제

실제 수행한 과제를 몇 가지 소개하면 골목지리학의 내용이 더 실감 나게 와닿을 것이다.

① **서울특별시 성북구의 치안 방법 안전 지도:** 주민이 치안 불안을 심각하게 느끼는 지역을 예측 분석하여 지도에 표시했다.

② **서울특별시 동대문구 골목 콘서트 수요 지도:** 게릴라 콘서트 등 찾아가는 지역 문화 공연 수요가 높을 것으로 예측되는 지역을 분석하여 지도에 표시했다.

③ **서울특별시 광진구 코로나19 발생 예측 지도:** 코로나19가 많이 발생할 것으로 예측되는 골목을 위험도에 따라 지도에 표시했다.

④ **충청남도 아산시 조류독감 인식 지도:** 조류독감 등 인수공통감염병의 불안감이 높거나 취약한 지역을 지도에 표시했다.

⑤ **부산광역시 부산진구 공공 일자리 수요 예측 지도:** 공공 일자리에 참여할 의사가 있는 주민이 많이 거주하는 지역을 분석하

① 서울특별시 성북구의 치안 방법 안전 지도

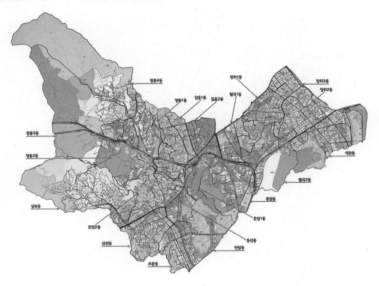

② 서울특별시 동대문구 골목 콘서트 수요 지도

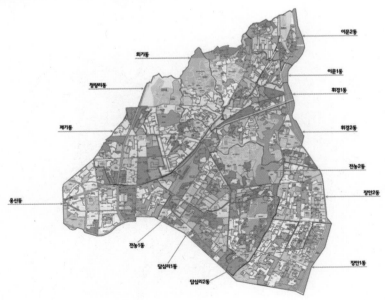

♀ ③ 서울특별시 광진구 코로나19 발생 예측 지도

♀ ④ 충청남도 아산시 조류독감 인식 지도

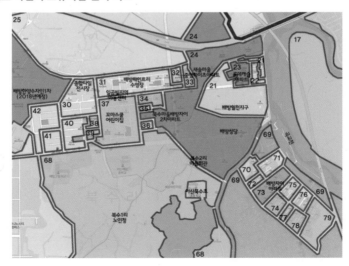

♥ ⑤ 부산광역시 부산진구 공공 일자리 수요 예측 지도

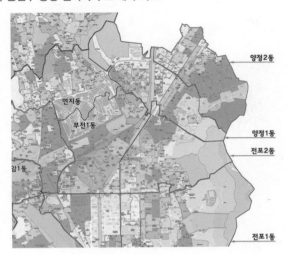

♥ ⑥ 부산광역시 연제구 복지 사각지대 발생 예측 지도

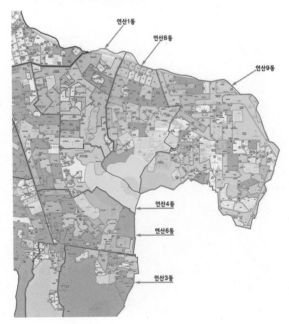

⑦ 경기도 화성시 통합돌봄 수요 예측 지도

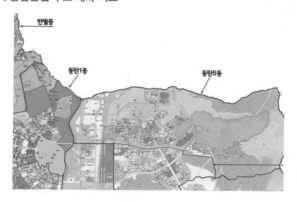

⑧ 서울특별시 동대문구 골목 주차 스트레스 지도

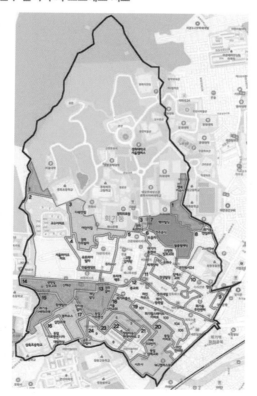

♀ ⑨ 경기도 하남시 어르신 친화 시설 및 관련 행정 서비스 수요 예측 지도

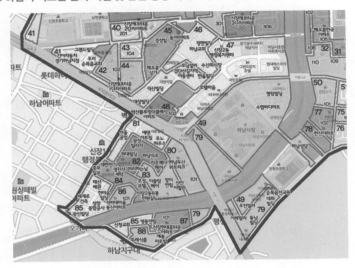

♀ ⑩ 서울시 중랑구 전통시장 활성화 골목지도

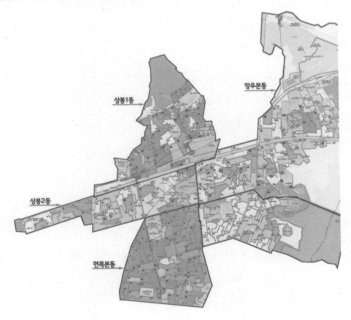

여 지도에 표시했다.

⑥ **부산광역시 연제구 복지 사각지대 발생 예측 지도:** 복지 사각지대에 놓인 주민이 어느 골목에 많이 거주하는지를 그 정도에 따라 지도에 표시했다.

⑦ **경기도 화성시 통합돌봄 수요 예측 지도:** 돌봄이 필요한 어르신이 많이 거주하는 지역을 분석하여 그 정도에 따라 등급을 나누고 지도에 표시했다.

⑧ **서울특별시 동대문구 골목 주차 스트레스 지도:** 주차난이 심각할 것으로 보이는 골목을 분석하여 지도에 표시했다.

⑨ **경기도 하남시 어르신 친화 시설 및 관련 행정 서비스 수요 예측 지도:** 어르신 정책 서비스 수요가 높을 것으로 예측되는 골목 순위를 분석하여 지도에 표시했다.

⑩ **서울시 중랑구 전통시장 활성화 골목지도:** 전통시장 활성화를 위한 현장 판촉이 효과적인 지역을 분석하여 지도에 표시했다.

예로 든 모든 골목지리학 과제들은 치안, 문화 공연, 감염병 예방, 일자리, 복지 전달, 돌봄, 주차, 상권 활성화 등 주민 생활에 직결되는 구체적인 문제의 해결 방안을 찾겠다는 목표로 수행되었다.

이 과제를 수행할 때는 행정기관에 보유한 공공 데이터를 참고하지만, 그것을 기초 자료로만 삼는다. 이에 더해 실제 사람들의 생각과 감정을 반영하기 위해 노력한다. 예를 들어 치안 취약 지역을 찾을 때, 범죄 신고 등 과거 범죄 발생 빈도가 높은 지역을 파악하는 것과 함께 사람들이 어떤 장소를 지날 때 가장 불안감을 느끼는지를 설문조사나 포커스그룹인터뷰(FGI) 등을 통해 파악하고 이를 종합적으로 반영한다.

모든 과제의 결과물은 세부적인 지도이다. 문제의 심각성에 따라 지도 위에 색깔로 표시함으로써 일목요연하게 상황을 파악할 수 있게 한다. 이때 골목 단위까지 세밀하게 분석하는 것이 골목지리학의 특징이다. 정교한 지도로 표현하는 지리학 방법론은 시각화의 장점을 크게 발휘한다.

골목지리학 과제는 행정기관 일선 공무원뿐만 아니라 지역 주민의 적극적인 참여를 통해 이루어지도록 최선을 다한다. 그러면 과제를 수행하는 과정 자체에서 문제의식이 공유되고 숙의와 토론을 거치는 동안 다양한 의견이 도출된다. 그리고 자연스럽게 해결 방안이 공유된다. 더 나아가 또 다른 문제를 협력하여 헤쳐나갈 혁신적인 경로가 형성된다.

골목지리학이 어떤 것이며 무엇을 지향하는지에 대해 대략 이해가 되었을 것이다. 앞에서 예로 든 과제들에 대해서는 뒤에서 더 자세히 살펴볼 것이다.

♀ 데이터 혁신과 중심 이동

골목지리학은 데이터 생산과 활용의 혁신을 지향한다. 데이터가 위협적인 파도나 멀리서 흐르는 강물이 아니라 깨끗한 생활용수처럼 관리되는 데 중점을 둔다. 먼저 데이터 관리의 주체를 이동하고자 한다. 어떤 주제의 데이터를 분석할 때, 데이터 기술자나 해당 사안 전문가가 중심이 되어 과제를 수행하여 결론을 내고 문제를 겪는 당사자는 이를 일방적으로 수용하는 경향이 있다. 이를 문제 당사자 중심으로 이동해야 할 것이다. 뒤에서도 여러 차례 설명하겠지만, 데이터 생산과 분석, 활용은 문제의식과 열정, 소명을 지닌 당사자가 가장 잘할 수 있기 때문이다.

전문가에 의해 만들어진 근사한 보고서가 데이터 관리의 결과물이 되는 관행도 지양해야 한다. 자기 문제의 해결 방안을 외부에 위탁하는 것으로 일관한다면, 연대하고 협력하여 다양한 문제에 맞서며 복리를 증진시키는 체력을 기를 수 없을 것이다. 앞에서 잠깐 언급했지만, 골목지리학은 결과뿐만 아니라 연대와 협력의 과정을 중요시한다. 문제를 진단하고 해결책을 모색하는 과정에서 협력과 연대와 이루어지고 숙의와 토론을 통해 공론이 형성된다면 이는 하나의 문제를 해결하는 차원을 뛰어넘어 영속적인 혁신 능력을 길러주는 역할을 한다.

나는 골목지리학을 통해 데이터 관리의 혁신과 새로운 철학을 구현하고 싶다. '누가 무엇을 어떻게 할 것인가?'에 대해 기존과 다른 시각을 제시하려 한다. '전문가들이 복잡한 도구를 통해 문제를 분석하고 해결책을 제시하며, 당사자는 이것을 일방적으로 받아들이는 결과 수용'에서 벗어나 '문제의식을 지닌 당사자가 주체가 되거나 참여하여 숙의와 토론을 거치며 협력하여 해결책을 찾아가는 과정'으로 패러다임 전환을 하려 한다. 이것이 여러 골목지리학 과제를 수행하며 확고히 굳어진 나의 데이터 철학이다. 이런 데이터야말로 피가 되고 살이 되어 사람의 행복에 이바지할 것이다.

Chapter 3   데이터 시각화 전략

📍 시각화의 힘

『주홍글씨』로 유명한 미국의 소설가 너새니얼 호손(Nathaniel Hawthorne)의 단편소설 중에 「큰 바위 얼굴」이 있다. 주인공 어니스트가 사는 마을에는 '큰 바위 얼굴'이라는 이름의 바위산이 있는데, 거대한 얼굴 모양을 하고 있다. 어니스트는 바위산과 닮은 위대한 사람이 등장할 것이라는 전설을 믿으며 성장한다. 그리고 그 인물이 나타나기를 간절히 기다린다. 어니스트는 살아가면서 큰 바위 얼굴과 닮은 네 사람을 만나지만, 그들의 부족한 사람됨에 결국 실망만 하고 만다. 그러다 사람들로부터 어니스트 자신이 큰 바위 얼굴과 가장 닮은 사람이라는 칭송을 듣게 된다.

자기계발 전문가들은 「큰 바위 얼굴」이 시각화의 힘을 잘 드러낸다고 말한다. 앙망하는 것을 눈으로 선명하게 보면서 의지를 굳게 한다면 그것에 가까워진다는 것이다. 예를 들어 다이어트를 할 때 몇 킬로그램을 감량하겠다고 마음으로 생각만 하는 대신 감량에 성공했을 때의 모습(주로 날씬한 연예인 사진)을 벽에 붙여놓고 그것을 수시로 쳐다보면서 의지를 다진다면 뜻을 이룰 가능성이 훨씬 커진다는 논리다. 그래서 자기계발 강사들은 "목표를 시각화하라"

라고 말한다.

시각화는 눈에 보이지 않는 추상적인 사물이나 상황을 구체적인 형상으로 보이게 만드는 방법론이다. 시각화의 영향력을 부정하는 사람은 거의 없다. 특히 자기계발 전문가들은 시각화가 놀라운 능력을 발휘한다며 칭송해 마지않는다. 그런데 자기계발보다 시각화가 더 큰 힘을 발휘하는 분야가 또 있다. 바로 데이터이다. 설문조사 결과는 수천 개의 행과 열에 수치가 가득한 표로 나온다. 한번 정리한 결과가 그렇다. 이것을 사람들에게 그대로 전달한다면 자세히 읽는 사람이 거의 없다. 그런데 원그래프나 막대그래프 등으로 시각화하면 내용이 잘 전달된다.

방대한 규모의 데이터를 원자료 그대로 살펴보는 것은 현실적으로 불가능하다. 그래서 데이터를 한눈에 이해할 수 있도록 그래프와 차트 등으로 정리해서 나타낸다. 이렇듯 데이터 분석 결과를 시각화 도구를 사용하여 표현하면 간결하고 명확한 의사소통이 가능해진다. 데이터를 시각화하면 결과에서 패턴과 이상치 등의 중요 정보를 쉽고 빠르게 발견할 수 있다. 또한 전달할 때도 사용자의 흥미를 유발하고 몰입도를 높이는 강점이 있다. 현재 데이터 시각화는 단순한 도구나 기법이 아니라 '전략'의 차원에서 인식된다.

📍 사람을 살리는 데이터 시각화

데이터 시각화의 사례로 자주 언급되는 인물로 나이팅게일(Florence Nightingale)이 있다. '백의의 천사'로 불리며 전 세계 사람의 존경과 사랑을 받고 있는 그녀는 간호사로서 아낌없이 헌신했다. 하지만 이것이 나이팅게일 업적의 전부는 아니다. 그녀는 데이터를 다루고 이를 시각적으로 표현하는 데도 인상적인 성과를 남겼다. 나이팅게

일은 1820년 영국의 상류층 가정에서 태어났다. 여성도 배워야 한다는 남다른 교육관을 가진 어머니 덕분에 아버지로부터 역사와 철학, 라틴어 등을 배웠다. 특히 어려서부터 수학과 통계에 관심이 많았다. 아홉 살 때는 과일과 채소들의 숫자를 세서 통계 테이블을 만들 정도였고, 스무 살에는 개인 수학 교사를 두고 통계학을 배웠다고 한다.

나이팅게일은 이집트와 유럽 등지를 여행하면서 낡은 병원 시스템의 문제점을 목격했다. 그리고 부모의 반대를 무릅쓰고, 당시 천대받는 직업이었던 간호사가 되기로 결심했다. 독일에서 간호 교육을 받고 나서, 1853년 런던 여성 간호소의 감독관이 되어 간호 환경을 크게 개선했다.

1854년 러시아와 연합국 간에 크림전쟁이 발발했고, 수많은 영국 군인이 다치고 처참하게 목숨을 잃었다. 부상병들은 피와 오물이 묻은 침대나 짚더미 위에서 잠을 잤고 벌레가 들끓는 환경에 방치되었다. 나이팅게일은 부상이 그다지 심각하지 않은 군인이 목숨을 잃는 원인이 청결하지 못한 병원 환경 탓이라고 보았다. 그래서 병원장에게 위생 상태를 개선할 것을 건의했으나 그 의견은 받아들여지지 않았다. 하지만 나이팅게일은 여기서 포기하지 않았다. 그녀는 말이나 글, 표를 통한 설득이 받아들이지 않자 데이터를 시각화하는 방법을 동원하기로 했다.

통계학을 공부했던 나이팅게일은 통일된 기준을 세워 데이터를 체계화하기 시작했다. 입원 내역, 부상, 질병, 사망자 등에 관한 내용을 2년 동안 매일 기록했다. 그렇게 통계를 만들고 분석하고 나서 전투에서 죽은 군인의 수보다 비위생적인 병원에서 죽은 군인의 수가 훨씬 더 많다는 것을 입증했다. 그리고 그 자료를 지도 형태의 그래프로 만들어 상부에 보고했는데, 이것이 이른바 장미 지도(rose diagram)이다.

　전쟁 중 부상으로 인한 사망을 빨간색, 전염병(위생 문제)으로 인한 사망을 파란색, 기타 이유로 인한 사망을 검은색으로 표시한 장미 지도는 군 병원의 실상을 여실히 드러내었다. 지도의 안쪽 부분은 부상으로 사망한 군인들이며 지도의 바깥 부분이 2차 감염으로 사망한 군인들인데, 이 숫자가 훨씬 많다는 것이 직관적으로 나타나 있다. 이를 접한 고위 관료의 인식이 바뀌었다. 정부는 병원의 위생을 개선했고, 필요한 음식과 약물 등의 비품을 병원에 제공했다. 이렇게 한 달이 지나자 입원 부상병들의 사망률이 42%에서 무려 2%까지 떨어졌다.

　나이팅게일의 장미 지도 사례는 사람을 향한 애정, 풍부하게 수집한 데이터, 직관적인 시각화가 문제를 발견하고 해결 방안을 찾

📍 **나이팅게일의 장미 지도[1]**

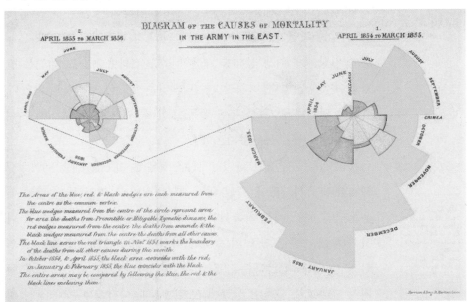

는 데 결정적 역할을 함을, 더 나아가 데이터가 사람을 살릴 수도 있음을 보여준다.

📍 지도를 통한 데이터 시각화

이 책의 원고를 마무리하던 즈음에 서점에서 독특하고 매력적인 책을 발견했다. 『눈에 보이지 않는 지도책』[2]이라는 제목의 이 간 행물은 데이터를 지도에 표시한 다양한 사례를 싣고 있었다. 지리 학 태동기의 지도부터 최근 코로나19 감염 경로를 나타낸 지도까 지 데이터 지리학의 꽤 긴 역사를 다룬 수작이다. 나는 이 책을 접 하기 전에는 저자의 다른 저술을 읽거나 강연을 들은 적이 없었다. 완전히 생소한 이름이었다.

그런데 오랫동안 대화를 나누며 의견을 주고받은 듯한 느낌이 들어 놀랍고 흥미로웠다. 지도와 데이터를 결합한다는 발상, 지도 로 시각화된 데이터가 사람들에게 통찰력과 영감, 창의력을 제공 할 수 있다는 확신은 내 생각이나 지향과 일치했다. 데이터를 시각 화한 지도 중에는 기존에 알고 있던 것도 있었고 처음 보는 것도 있었지만, 앞으로 데이터 지리학이 더 확산하는 계기가 되리라는 점에서 크게 고무되었다.

데이터를 시각화하는 것, 그중에서도 지도 위에 데이터를 시각 화한 역사는 꽤 오래되었다. 그리고 효과와 설득력이 컸다. 독일의 근대 지리학자 알렉산더 폰 훔볼트(Alexander von Humboldt)는 기 존의 단순한 지도가 아니라, 상세한 자연과학 정보가 포함된 특 별한 지도를 원했다. 그는 친구인 하인리히 베르크하우스(Heinrich Berghaus)에게 지도책의 제작을 부탁했다. 전 세계의 식물과 동물의 분포, 강과 바다, 활화산 분포, 자기 편각과 복각, 자기에너지 세기,

바다 조류, 기류, 산맥, 사막과 평원, 인종 분포, 산 고도와 강 길이 등을 표시한 데이터 지도였다. 이 지도책은 훔볼트가 세상을 떠난 후인 1838년 전반부가 나왔고 1848년에 출판이 완료되었다.[3] 총 75종의 지도는 과학이 본격적으로 체계를 잡기 이전에 만들어졌다고 믿기지 않을 정도의 걸작이었다.

이처럼 데이터의 중요성에 대한 인식이 부족하고 지리학이 발전하지 않았던 근대에도 데이터를 지도로 시각화함으로써 문제의 근본 원인을 파악하고 해결하려는 시도가 있었다. 또 다른 사례로 존 스노(John Snow, 1813~1858) 박사의 '콜레라 지도'를 들 수 있다.

📍 **베르크하우스의 지도[4]**

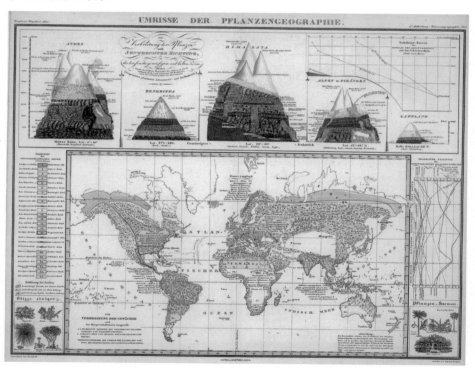

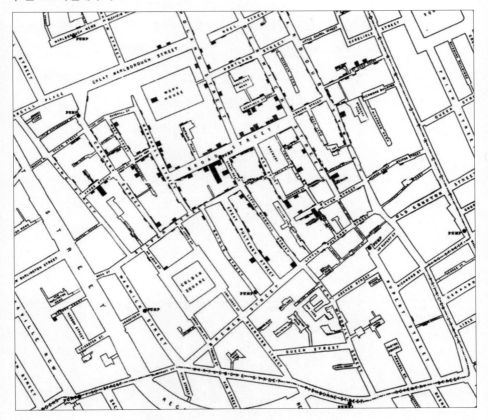

존 스노 박사는 마취과 의사로서 여왕의 출산을 도울 정도로 명성이 컸으나, 데이터와 지리에 대해서도 깊은 관심을 두고 있었다. 그가 의사로 왕성하게 활동하던 시기에 런던에 콜레라가 크게 전염된 일이 있었다. 그는 이 전염병의 원인이 오염된 물 때문이라고 추정했지만, 정확한 증거가 없었다.

콜레라와 물의 인과관계를 명확히 밝히기 위해 존 스노 박사가 선택한 방법은 지도였다. 그는 학생들과 함께 런던 소호 지구의 지도를 작성했다. 사망자가 발생한 지점과 새롭게 질병이 발병한 지점을 점으로 지도에 표시한 것이다. 소호 지구에서 사망한 500명을 지도에 점으로 표시했는데, 그 점은 브로드가와 렉싱턴가 교차로에 집중되어 있었다.

그런데 이 지역은 돈을 내지 않고도 물을 얻을 수 있는 펌프가 있는 곳이었다. 근방의 사람들은 상점에서 음료수를 사지 않고도 물을 얻을 수 있는 이 공용 펌프를 자주 찾았고, 결과적으로 이곳에 사는 사람들의 콜레라 전염률이 높았다.

물과 콜레라의 상관성이 명확해졌고 이 지도를 바탕으로 문제 해결의 가닥을 잡을 수 있었다. 공용 펌프에 잿물을 부어 마시지

📍 프랑스 통계그래픽국의 파리 지도(1882년)[6]

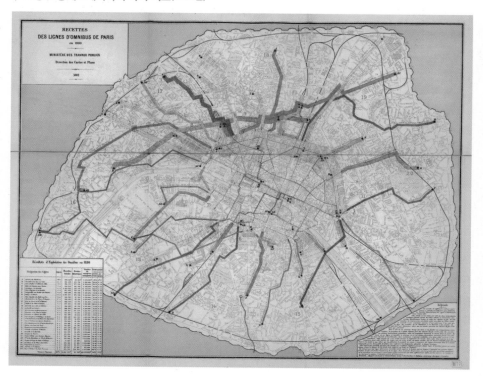

못하게 만듦으로써 사망자 수가 급격하게 줄어들었다. 이후 19세기 후반 독일의 미생물학자 로베르트 코흐(Robert Koch)에 의해 콜레라균이 발견되었고, 콜레라균이 있는 물을 마시면 감염된다는 것이 과학적으로 입증되었다.

존 스노 박사는 그 당시 과학이 미처 밝히지 못한 영역에서 데이터와 지리 정보의 힘을 발휘하여 수많은 목숨을 살린 셈이다. 그의 콜레라 지도는 질병 지리학(감염 지리학)의 문을 열었다. 또한 질병의 확산 경로를 연구하는 역학(疫學, epidemiology)의 선구적 형태로 인정받고 있다.

데이터가 담긴 정밀한 지도를 만들고 이를 정책에 활용하는 시각화 전략은 꽤 오랜 역사를 갖는다. 이는 국가 차원의 중요한 전략이 되기도 했다. 프랑스 정부는 이미 1800년대에 통계그래픽국이라는 전담 부서를 만들어 정책 수립과 시행을 위한 데이터 지도를 작성하였다.

Chapter 4 데이터와 인본주의

♥ 불행에 대응하기

나는 데이터가 사람을 향해야 한다고 믿는다. 데이터를 만들 때 사람을 고려해야 한다. 사람의 생각과 감정이 반영되지 않은 데이터는 건조한 문자와 숫자 모음에 지나지 않는다. 사람의 행복을 위해 데이터가 활용되어야 한다.

생업에 눌려 분주하게 살아가지만, 우리 사회의 불행에 대해 마음이 쏠리고 이런 문제를 해결하는 데 데이터가 어떻게 힘을 보탤수 있을지를 늘 고민하고 시도한다. 그것이 데이터를 업으로 삼고 살아가는 사람의 당연한 책무라 믿기 때문이다. 여기에 뜻을 같이하는 전문가들과 '공공의창'이라는 모임을 만들어 공공성이 있는 조사를 비영리로 해오고 있다. 특별히 재해로 고통을 겪는 사람들의 소식을 접하면, 같은 종류의 재해를 예방하거나 효과적으로 대응하는 데 데이터를 잘 활용하고자 노력해왔다.

산불은 대표적인 자연재해다. 주로 지방의 가난한 사람들이 큰 피해를 겪기에 상황이 더 나쁘다. 2020년 한 해 동안 전국에서 620건의 산불이 일어났다. 하루도 빠짐없이 화재가 발생해 산림 2,920ha가 소실됐다. 산림청에 따르면 최근 10년간 해마다 평균

474건의 산불로 1,120ha가 훼손됐으며, 최근 들어 그 수가 더 늘어나는 추세다.

산불은 대기가 건조한 3~5월에 특히 많이 일어난다. 산불을 발생 초기에 신속하게 진화하려면 준비된 소방 자원이 집결된 거점 장소가 중요하다고 보았다. 그래서 전국에서 발생한 산불 데이터와 소방서 정보를 분석하여 소방 대응을 최적화할 수 있는 지역별 거점 장소를 파악하고 '산불 예방 대응 거점 소방서 지도'를 만들었다. 봄철 산불 피해가 반복되지만, 획기적인 정책이 나오지 않는 상황에서 산불이 집중되는 시기만이라도 한시적인 거점 소방서를 구축하면 산불 예방과 대응의 효율성을 높일 수 있지 않겠느냐는 판단이었다.

데이터 분석과 지도 작성은 소방력 동원이나 대응이 상대적으로 양호한 수도권과 광역시를 제외한 7개 도 단위 지역을 대상으로 삼았다. 지리 정보 시스템(GIS, Geographic Information System)을 이용해 최근 5년간 산불 발생 위치 데이터와 전국 219개 소방서의 주소 데이터를 지도 위에 펼쳐놓고, 산불의 빈도와 발생지를 고려해 도별로 대응의 최적 위치에 있는 소방서 1~3위를 추렸다. 산불 다발 지역 사이 최적 지점과 가장 근접한 소방서가 거점 소방서로 제안되었다.

분석 결과 봄철 대형 산불이 자주 일어나는 강원도에서는 인제소방서가 거점 소방서로서 최적이었다. 충청북도는 괴산소방서, 충청남도는 예산소방서, 경상북도는 의성소방서, 경상남도는 밀양소방서, 전라북도는 김제소방서, 전라남도는 화순소방서가 최적으로 나타났다.

데이터 활용을 통해 산불 대응을 효과적으로 한 사례가 보도되기도 했다. 수도권 지역이라 우리의 산불 지도에서 빠지긴 했지만,

📍 산불 예방 대응 거점 소방서 지도

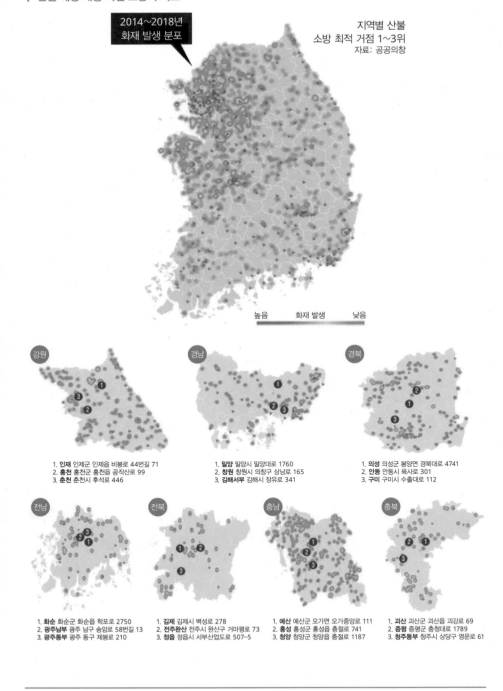

2014~2018년 화재 발생 분포

지역별 산불
소방 최적 거점 1~3위
자료: 공공의창

높음 ──── 화재 발생 ──── 낮음

강원
1. **인제** 인제군 인제읍 비봉로 44번길 71
2. **홍천** 홍천군 홍천읍 공작산로 99
3. **춘천** 춘천시 후석로 446

경남
1. **밀양** 밀양시 밀양대로 1760
2. **창원** 창원시 의창구 상남로 165
3. **김해서부** 김해시 장유로 341

경북
1. **의성** 의성군 봉양면 경북대로 4741
2. **안동** 안동시 육사로 301
3. **구미** 구미시 수출대로 112

전남
1. **화순** 화순군 화순읍 학포로 2750
2. **광주남부** 광주 남구 송암로 58번길 13
3. **광주동부** 광주 동구 제봉로 210

전북
1. **김제** 김제시 벽성로 278
2. **전주완산** 전주시 완산구 거마평로 73
3. **정읍** 정읍시 서부산업도로 507-5

충남
1. **예산** 예산군 오가면 오가중앙로 111
2. **홍성** 홍성군 홍성읍 충절로 741
3. **청양** 청양군 청양읍 충절로 1187

충북
1. **괴산** 괴산군 괴산읍 괴강로 69
2. **증평** 증평군 충청대로 1789
3. **청주동부** 청주시 상당구 영운로 61

경기도 파주시는 타 시군보다 면적이 넓고 산림도 많아 산불 발생 시 초기 대응이 어려운 한계가 있었다. 그런데 파주시는 2021년부터 산불을 크게 감소시켰고 피해도 줄였다. 산불 대응 센터와 거점 대기소를 신설하고 산불 진화대 인력과 처우를 개선하는 등 데이

📍 저층 주거지 밀집 지역 화재 예측 골목지도(은평구 역촌동)

● 2010년　　● 2011년　　● 2012년　　● 2013년　　● 2014년　　● 2015년　　● 2016년

■ A등급　　■ B등급　　■ C등급

터를 활용한 산불 대응 체계를 수립하고 효과적인 초기 대응과 예방 활동에 나선 결과이다.[7]

도시에서도 화재가 발생한다. 인구밀도가 상대적으로 높기에 안타까운 인명 사고가 일어나는 경우가 많다. 서울주택도시공사(SH)가 발표한 논문에 따르면 노후한 저층 주거지일수록 화재에 취약하다고 한다. 물리적 환경이 쇠퇴하다 보니 화재에 대한 취약성이 그렇지 않은 지역에 비해 더 큰 것이다. 화재 발생 시 5층 이하 저층 주거지에서 사망률이 가장 높았다. 소방차 출동 시간과 화재 피해액이 반비례하는 현상도 나타났다. 지역 특성에 맞는 화재 발생 대응이 필요한 실정이다. 이를 위해 데이터를 효과적으로 사용할 수 있을 것이다.

골목지리학 과제 중 하나로 저층 주거지 밀집 지역 화재 예측 골목지도를 작성하여 관할 소방서에 제공한 적이 있다. 화재 진압 취약 정도를 색으로 구분하여 표시함으로써 특별 관리를 가능하게 하고 화재 진압 장해물들을 제거하는 모의 훈련을 시행할 수 있게 했다. 그리고 편의점에 소화기 등 화재 진압 도구를 비치하고 활용하며, 이에 대해 교육하는 아이디어가 제시되기도 했다. 이 골목지리학 과제에 대해서는 뒤에서 더 자세히 다루겠다.

● 사람을 살리는 데이터

인구 감소는 우리 사회의 깊은 고민거리다. 정부는 출산율을 높이기 위해 안간힘을 쓰고 있다. 그런데 지난 20년 동안 강원도 강릉시나 경기도 오산시 정도의 제법 규모가 큰 기초자치단체 하나가 통째로 사라졌다는 통계가 나와 있다. 이유는 바로 '자살' 때문이다. 통계청에 따르면 1997년 이후 20년간 자살자가 21만 명이 넘고, 2015년 한 해만 1만 3,513명이 스스로 목숨을 끊었다.

한국은 자살률 1위의 오명을 쓴 국가이다. 2016년 인구 10만 명당 자살률은 28.7명이다. 2위인 일본의 18.7명과 비교해도 압도적인 수치다. 한국의 2014년 기준 자살자는 1만 3,836명이다. 교통사고 사망자 4,762명과 살인사건 사망자 760명 등 불의의 재해나 사고로 인한 사망자를 모두 합친 것보다 2배나 더 많다. 그런데 가족의 자살 사실을 숨기는 사회 인식에 비추어보았을 때 실제 자살자는 이보다 훨씬 더 많을 것이라 추측할 수 있다.

자살 문제의 심각성에 대해서는 모두가 깊이 공감하고 있다. 문재인 전 대통령도 '세계 자살 예방의 날' 다음 날인 2017년 9월 11일 수석보좌관회의 자리에서 이 문제에 대해 깊은 우려와 대책 마련의 시급성을 표현했다. 일본 등 다른 나라의 자살률 저하 사례를 참고하고, 실효성 있는 데이터 분석을 통해 합리적인 방안을 마련할 것을 지시했다. 장기간에 걸친 자살률 추이, 어르신과 청소년 등 연령별 자살률 등을 분석하고 지자체별 상황을 고려해 세밀한 대책을 마련할 것을 주문했다.

자살의 원인을 통계적으로 분석해보면 자살 예방이 현실적으로 가능함을 알 수 있다. 자살 위기에 처한 사람들을 파악하고 이들에 대한 응급 대책과 장기적 지원을 병행할 때 죽어가는 소중한 생명을 살릴 수 있다는 희망이 생긴다.

일본의 경우 2017년 7월 '자살 종합 대책'을 법률화했다. 빠른 통계분석을 통해 지역사회를 중심으로 한 맞춤형 예방을 시행하여 자살률을 크게 낮추었다는 성공 사례가 나와 있다.

각종 통계와 연구 결과는 자살이 경제적 어려움과 깊은 연관관계가 있음을 보여준다. 사회적 빈곤은 질 낮은 일자리, 열악한 주거 및 교육 환경 등이 복합적으로 얽힌 심각한 난맥상이다. 자살은 자살자 가족이 짊어져야 할 사적 영역을 넘어선 공공적 문제인 것이다. '자살은 사회적 타살'이라는 관점으로 우리 사회 전체가 문제를 해결하는 데 나서야 한다.

통계 데이터는 자살을 예방하는 데 유용하게 쓰일 수 있다. 자살 위기자와 실제 자살자의 데이터를 비교해보면 그 상관계수가 0.841로 높은 수준으로 나온다. 자살 위기자 관리를 통해 실제 자살자 수를 낮출 수 있다는 뜻이다. 그리고 일본의 성공 사례에서 보듯 지역 단위로 자살 위기자 분포를 살펴봄으로써 어떤 지역 거주자에 대해 역량을 집중할지 파악할 수 있을 것이다.

이러한 문제의식을 지니고 자살 위기를 지리 정보학적 데이터로 파악해보려 했다. 통계청의 각종 사회·경제 조사, 2006~2015년의 실제 자살자 데이터를 기초로 삼고, 여기에 여론조사 데이터를 결합했다. 전국 4,500명을 대상으로 조사했고 조사 항목은 '주변인과의 소통 정도', '체감하는 외로움 정도', '삶의 희망 정도', '최근 자살 충동 여부' 등이었다.

이렇게 행태 데이터와 인식 데이터를 머징한 결과를 전국 읍·면·동의 지리적 단위와 결합했다. 2006~2015년까지의 실제 자살자 수를 지수-P로, 2017년 자살 충동자 수를 지수-R로 환산하여 분석했다. 이 두 지수 간의 상관관계는 높았다. 그리고 자살 위기자 수를 A등급, B등급, C등급으로 구획해서 나타내었다.

그 결과 전국 17개 시·도, 252개 시·군·구, 3,491개 읍·면·동을 자살 위기자 비율이 높은 순서로 구분해 5개의 등급, 즉 A~E단계로 분류했고, 그것을 분석하여 2017~2018년 자살 위기자 예방 대응 지도를 작성했다. 이 지도는 실제 면적이 아닌 인구를 기준으로 삼아 실제 지도와는 차이가 있다. 하지만 이렇게 표시해야 정보의 왜곡된 인식을 피할 수 있는데, 이를 '카토그램'이라 명명했다.

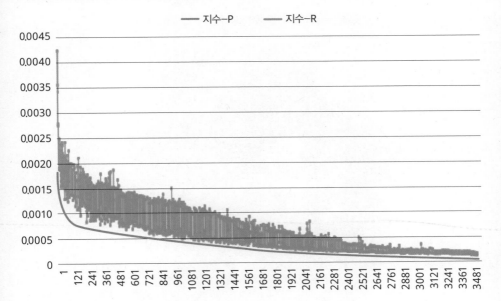

📍 자살 데이터와 자살 예측 데이터의 비교

17개 시·도별 자살 위험률의 앞자리는 서울특별시, 인천광역시, 경기도가 차지했다. 수도권 대도시에 자살 위기자가 많은 것으로 나타났다. 자살 위험률이 낮은 순위를 보면 전라남도, 전라북도, 경상북도, 강원도였다.

252개 시·군·구별로 자살 위험률이 높은 지역은 경기도 남양주시, 경기도 의정부시, 경기도 오산시, 인천광역시 계양구 순이었고, 반대로 자살 위험률이 낮은 지역은 전라남도 구례군, 경상남도 하동군, 경상북도 울릉군, 전라남도 곡성군 순이었다.

더 세분화하여 3,491개 읍·면·동 중 자살 위험률이 높은 지역은 경기도 남양주시 화도읍, 경기도 남양주시 진접읍, 경상남도 김해시 내외동, 경기도 광주시 오포읍 순으로 나타났다. 자살 위험률이 낮은 지역은 충청북도 영동군 용화면, 경상남도 함안군 여항면, 강원도 삼척시 신기면, 충청북도 제천시 한수면 순이었다.

📍 252개 시·군·구별 자살 위기자 대응 예방 지도

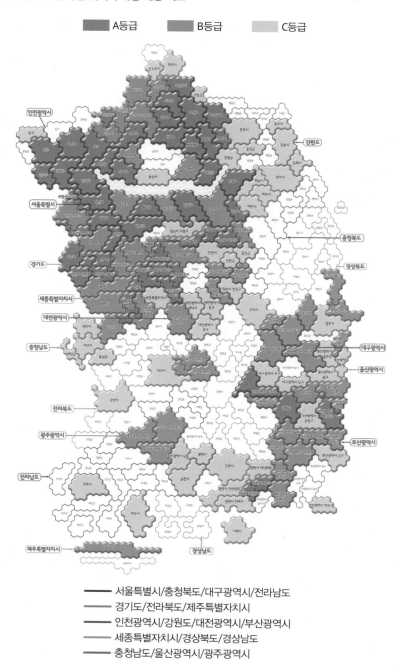

■ A등급   ■ B등급   ■ C등급

─── 서울특별시/충청북도/대구광역시/전라남도
─── 경기도/전라북도/제주특별자치시
─── 인천광역시/강원도/대전광역시/부산광역시
─── 세종특별자치시/경상북도/경상남도
─── 충청남도/울산광역시/광주광역시

♀ **3,491개 읍·면·동별 자살 위기자 대응 예방 지도**

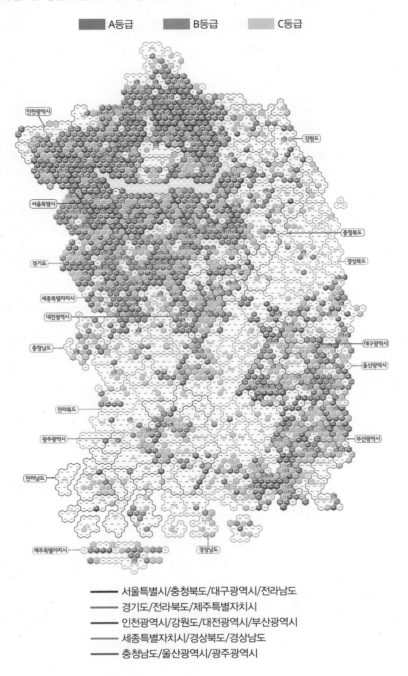

서울특별시 25개 구 중 17개 구, 경기도 44개 시·군·구 중 19곳이 위험이 가장 큰 A등급에 속했다. 대도시를 벗어나면 자살 위기자 비율이 줄어들지만, 같은 광역시와 도 안에서도 읍·면·동에 따라 큰 격차를 보였다.

연령별로 보면 서울 강북에는 20대와 30대가 위험했고, 강남 지역에서는 30대 중반에서 40대 중반 자살 위기자가 많았다. 강원도, 대구, 경북, 경기도 등의 지역에서는 40대와 50대, 제주도는 40대와 60대 중에서 자살 위기자가 많음도 파악되었다.

이 조사를 통해 자살에 관한 유의미한 인구통계학적 사실을 확인했다. 자살자와 자살 위기자 대부분의 주거 형태가 '월세'이며 주거 면적이 '20평 이하'였다. 현재 우리 사회에서 빈곤 문제와 자살이 깊은 상관관계에 있음을 실증적으로 파악할 수 있었다.

지리 정보학적 방법론을 통해 지역별 자살 위기자의 분포를 파악했다. 이 정보를 근거로 실질적인 자살 예방 인프라를 확충하게 되기를 바란다.

전문가들이 역설하는 것처럼 자살 고위험 지역의 특징과 분포를 분석하고 이를 복지 정책, 주거 정책과 연결하여 대응책을 마련하는 것이 시급해 보인다.

물론 자살의 근본 동기가 되는 사회경제적 요인이나 문화적 배경을 단기간에 바꿀 수는 없다. 하지만 자살 위기자가 많은 지역에 복지 지원을 확대하고 응급 대응 체계를 갖추는 방식으로 시급한 문제를 완화할 수는 있을 것이다.

지리 정보학 방법론이 벼랑 끝에 놓인 사람들의 손을 붙잡는 동아줄의 역할을 할 수도 있다. 이렇듯 데이터는 사람을 기반으로 삼아야 하고 사람을 향해야 한다. 그것이 본령이다.

📍 자살 위험률과 관련성이 큰 인구사회학적 변수

지역	구분	연령1	연령2	세대 구성	주택 유형	주택 면적	점유 형태	자살자 수
서울 특별시	강북	20~39세		3세대+ 1인 가구	다세대	20평 이하	보증금 있는 월세	
	강남	35~44세		1세대+ 1인 가구	다세대+ 단독	20평 이하	보증금 있는 월세	
경기도	시 단위	20~29세		1인 가구	다세대	20평 이하	월세+사글세	
	군 단위	25~29세	46~54세	1인 가구+ 1세대+ 2세대	단독+ 연립	20평 이하	월세+사글세	
인천광역시		30~39세		1인 가구+ 1세대	단독+ 연립	20평 이하	월세+사글세	
강원도		40~54세		3세대+ 1세대	단독	20평 이하	보증금 없는 월세+사글세	
대전·충남·충북		20~29세	40~49세	3세대	연립	21~39평	월세+사글세	
대구·경북		40~44세		1인 가구	다세대	20평 이하	월세+사글세	
부산·울산·경남		20~34세		3세대+ 1인 가구	다세대+ 연립	20평 이하	월세+사글세	
광주·전남·전북		25~29세	35~39세	1세대+ 2세대	단독+ 아파트	20평 이하	월세+사글세	
제주도		40~49세	60~69세	2세대+ 3세대	단독		월세+사글세	

Chapter 5

소명의식과 열정

📍 인생을 걸다

『배를 엮다』라는 일본의 베스트셀러 소설이 있다. 선박을 만드는 이야기는 아니다. 사전을 만드는 과정을 배를 건조하는 것에 비유했다. 한 출판사에서 새로운 사전을 만드는데, 개성 강한 편집자들이 소명의식을 갖고 열정을 불태우는 모습이 큰 감동을 준다. 주인 공들은 말한다. "사전은 '말'의 바다를 건너는 배, 편집자는 그 바다를 건너 배를 엮어 간다."[8]

사전을 만드는 데 엄청난 공력이 들어간다. 웹스터라는 인물은 37년을 쏟아부으며 세상을 떠나기 직전까지 편찬에 매달렸다. 경비를 마련하기 위해 집을 저당 잡히기도 했다. 그는 2판의 부록 수정 작업을 마무리하고 이틀 후에 눈을 감았다고 한다. 영국과 언어 사용이 달라진 미국 상황에 맞는 사전을 출간하겠다는 소명의식과 전 생애를 투자하는 열정이 『웹스터 사전』을 가능하게 했다.

나는 지도를 만들 때 가끔 사전을 만드는 과정을 떠올린다. 지도 제작은 사전을 만드는 만큼의 헌신이 필요하다. 이러한 헌신은 유용한 지리 데이터를 제공하겠다는 소명에서 비롯되며 열정으로 뒷받침되어야 한다고 믿는다.

한국에서 근대적 지도의 시대를 연 인물이 김정호이다. 그는 조선 후기 〈청구도〉, 〈동여도〉, 〈대동여지도〉의 3대 지도를 제작한 학자이다. 1804년(순조 4년)에 태어나 1866년(고종 3년)에 사망한 것으로 추정된다. 가계와 생애에 관한 기록이 거의 없어 평민 출신으로 짐작된다. 서양의 과학기술을 받아들여 축척을 동일하게 적용한 과학적인 전국 지도를 제작하고자 했다. 또 많은 사람이 이용할 수 있도록 1861년(철종 12년)에 전국 지도인 〈대동여지도〉 22첩을 목판본으로 찍어내었다. 다양한 지도 제작과 함께 국토 정보를 효율적이고 체계적으로 이해할 수 있도록 지리지의 편찬에도 매진했다.[9]

〈대동여지도〉는 3층 높이 정도의 공간이 있어야만 전체를 펼쳐 볼 수 있을 만큼 거대한 크기다. 축척은 실물의 16만 분의 1 크기다. 그래서 김정호는 〈대동여지도〉를 200여 개의 조각으로 나눠서 제작한 후 다시 연결하여 접었다가 펼칠 수 있도록 고안했다. 〈대동여지도〉는 김정호가 창안한 기호 체계로 기록되어 과거에 일일이 한자로 써넣었던 지도에 비해 편리하고 직관적인 지도이다. 서양의 과학기술을 받아들여 훨씬 정확해졌으며, 대량 인쇄 보급도 가능했고, 인구와 면적 등이 조사된 통계자료까지 담고 있다.

김정호의 〈대동여지도〉 제작 과정은 상상력이 가미되어 소설과 드라마로 소개되었다. 혹한의 칼바람과 눈보라를 헤치며 높은 산을 오르는 장면과 전국 각지를 여러 차례 답사하며 실측하느라 발이 부르트고 온몸 중 성한 곳 하나 없는 상태가 되기까지 집요하게 매달리는 모습을 접하며 깊이 감동했다. 기반 정보나 선행 연구가 열악한 상황에서 새로운 과학기술을 익혀가며 정밀한 지도를 만드는 데 어마어마한 헌신이 필요했음은 분명하다. 김정호는 무엇 때문에 이 엄청난 작업에 몰두했을까? 무엇이 그가 걸작을 만들어내도록 이끌었을까? 그가 높은 관직에 올랐다거나 부를 축적했다는

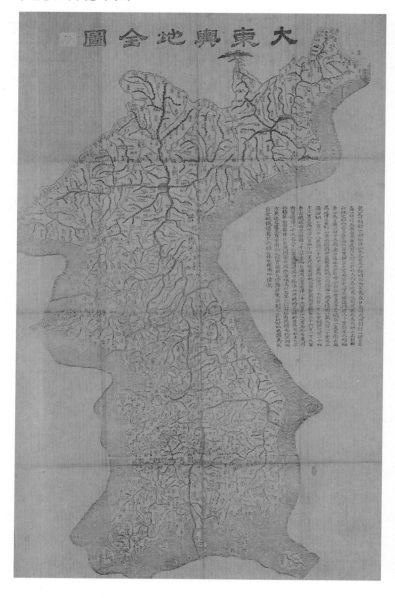

기록을 찾을 수 없는 것을 보면 입신양명이나 부귀영화가 그의 목표는 아니었을 것이다. 아마도 제대로 된 국토 정보를 제공하겠다는 일념에 불타지 않았을까? 이런 소명의식이 없었다면 그는 활화산 같은 열정을 불태우지도, 시대의 걸작을 만들어내지도 못했을 것이다. 좋은 지도가 탄생하기 위해 가장 필요한 것은 소명의식과 열정이 아닐까.

📍 데이터로 빈곤에 맞서다

사회복지 전문가 찰스 부스(Charles Booth, 1840~1916)는 영국 복지 제도의 탄생에 크게 기여했으며, 특히 1908년 양로연금법의 제정에 큰 역할을 한 인물이다. 그는 빈곤의 원인과 책임을 개인에게 돌리던 편견을 타파하고 빈곤의 개념과 원인에 대한 진전된 시각을 제시했다. 빈곤의 원인이 일시적인 일자리를 가진 노동자와 저임금, 노령, 질병, 낮은 교육 등에 있음을 주목하고 빈곤이 개인적 과실로부터 비롯된 것이 아니라 사회 정책의 실패로 말미암았다는 결론을 내렸다.

그가 새로운 견해를 펼치는 데는 철저한 조사가 기반이 되었다. 선입견에 치우침 없이 과학적이고 객관적인 방법으로 사실 조사를 진행했다. 이 조사를 바탕으로 그는 빈곤의 다양한 원인과 모습을 제시하며 빈곤 정책 패러다임을 바꾸고자 했다. 그는 빈곤의 실상을 정확하고 세세하게 파악하고 이를 시각적 데이터로 만들었다. 그가 선택한 전략은 지도였다.

기초 자료가 부족하던 시대에 찰스 부스는 어떻게 정교한 빈곤 지도를 만들어낼 수 있었을까? 그의 방법은 놀랍게도 가가호호(家家戶戶) 직접 방문이었다. 빈곤의 원인과 실상을 밝혀 이를 줄이

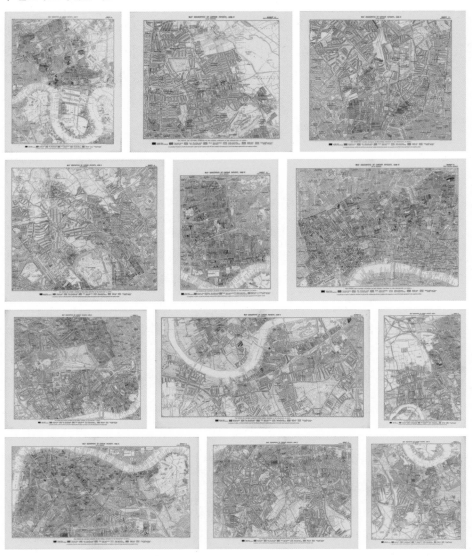

겠다는 소명의식이 열정을 불러왔고 그 열정 속에 빈곤 지도가 탄
생했다. 이 빈곤 지도는 훗날 시카고의 사회운동가 플로렌스 켈리
(Florence Kelley)와 필라델피아의 흑인운동 지도자 W. E. B. 듀보이

스(William Edward Burghardt Du Bois)가 지도를 만드는 데 영감을 주었다.[10] 찰스 부스의 소명의식과 열정이 탄생시킨 여러 장의 지도는 세상의 편견을 없애고 사회조사와 사회운동의 새로운 방향을 제시해준 것이다.

📍 데이터보다 강한 것

〈마이너리티 리포트〉는 예언자의 도움을 받아, 범죄의 시간과 장소는 물론 인물까지 예측해 범죄 예정자를 검거한다는 내용의 영화다. 현실에선 어떨까. 인공지능이 예언자를 대신하고 있다. 나라마다 예측 시스템의 명칭은 다르지만, 범죄와 연관된 여러 빅데이터를 컴퓨터가 학습하고 패턴을 분석해 범죄 지역과 시간을 예측하는 방식은 어디든 비슷하다. 그렇다면 빅데이터와 인공지능이 활용되기 이전엔 어땠을까. 지금과 크게 다르지 않다. 영화 〈살인의 추억〉에 나오는 박두만 형사(송강호 역)가 발로 뛰며 정보를 수집하여 패턴을 읽는 '발 수사'가 빅데이터와 인공지능의 아버지쯤 될 것이다.

반면 다른 점도 있는데, 바로 소명의식이다. 사건을 반드시 해결해 피해자의 고통을 줄이고, 사회정의를 실현하겠다는 소명의식. 빅데이터와 인공지능엔 소명의식이 없다. 예컨대 기초자치단체의 주택과 또는 치수과 공무원이 '내년에는 무슨 수를 써서라도, 폭우로 주택이 침수돼 주민들 눈에서 피눈물 흘리는 모습을 더는 안 보겠다'라고 결심을 다지는 소명의식이다. 아무리 좋은 데이터 분석 결과라 할지라도 소명의식이 따라주지 않으면, 그 결과는 대부분 캐비닛으로 들어가든지, 컴퓨터에서 잠을 자는 것으로 끝난다. 내가 데이터 사업에서 데이터가 2%이고, 소명의식이 98%라고 강조하는 것은 이 때문이다.

Chapter 6　　# 당사자와 전문가

📍 누가 데이터의 주인인가?

골목지리학 과제 수행을 위해 전국 각지를 다니며 많은 사람을 만난다. 그런데 그분들 중에는 데이터에 관한 고정된 시각을 지닌 분들도 있다. 데이터는 복잡하고 다루기 어려운 영역이며, 미래의 새로운 경제적 부가가치라는 것이다. 이른바 전문가 프레임이라고 할 수 있다.

그렇다면 관점을 바꾸어 소비자 프레임으로 데이터에 대해 생각해보자. 주민등록초본을 인터넷(정부24, https://www.gov.kr)으로 발급하면 비용이 들지 않는다. 그런데 읍·면·동 행정복지센터나 무인 민원발급기를 이용하면 200원에서 400원이 든다. 이 사실을 아는지 모르는지 행정복지센터에 어려운 걸음을 해서 비용까지 지급하며 주민등록초본을 발급하는 사람이 아직 꽤 많다. 거동이 불편하거나 경제적으로 어려운 분들이 시간과 비용을 들이는 것 같아서 안타깝다.

주민등록초본을 떼기 위해 행정복지센터를 찾은 적이 있다. 한 손에는 어떤 서류를 뗄 건지를 적은 종이를 들고, 남은 한 손으로는 기계에서 순번표를 뽑아 민원인 의자에 앉았다. 초등학교 교실

칠판을 바라보고 있는 학생들처럼 다소곳하게 민원 처리를 기다리는 사람들. 한 명도 빠짐없이 모두 어르신이다. 400원을 내고 초본을 받아들었다. 폐지 줍는 어르신에게 400원은 땀이 쏟아지는 무더위에 10kg의 무게와 수백 미터의 이동 거리를 의미한다. 400원은 회계상 기타수익일까, 잡수익일까. 별생각을 하면서 기다렸다. 사실 나는 인터넷으로 주민등록초본을 뗄 수 있다는 것을 알고 있었다. 그러나 스트레스를 만나 좁은 공간에 갇혔는지 알고 있는 일도 기억에서 꺼내오지 못하고 실수를 저질렀다. 그 사실을 깨닫는 순간 스트레스는 두 배가 되었다. 하지만 이번 일은 스트레스가 세 배랄까.

추가적인 스트레스의 진원지는 두 곳이었다. 정부가 가지고 있는 데이터를 왜 나보고 다시 가지고 오라는 것일까. 나의 신체적 능력과 연구 용역을 맡은 사람의 정부 충성도를 측정하려는 의도가 아니라면, 개선의 여지가 있어 보인다. 나머지 한 곳은 공공에 대한 본질적인 물음이다. 공공 서비스가 신체적·사회적·경제적 약자를 역차별하고 있다는 점이다. 인터넷을 이용하여 민원 서류를 발급받는 이들은 업무 공간이 실내이고 컴퓨터를 이용하는 사무직일 가능성이 있다. 이러한 추론을 바탕으로 보면 젊을수록, 고학력일수록 월평균 가구 소득이 일정 수준 이상일 가능성이 있다. 반면 읍·면·동 행정복지센터에 직접 방문하여 돈을 내고 민원 서류를 발급받는 이들은 거주지 중심으로 경제활동을 하거나 일상생활을 꾸려가는 자영업자 혹은 고연령층으로 거동이 불편하거나 월평균 가구 소득이 일정 수준 이하일 가능성이 있다. 약자가 공공 서비스를 받는 데 그렇지 않은 이들보다 시간, 돈, 체력을 더 많이 쓰는 셈이다. 당장 읍·면·동 행정복지센터에 방문하여 민원 서류를 발급받을 때 내는 수수료부터 없애면 좋겠다. 민원 서류는 부처와 기관별로 약 270개가 존재한다. 디지털 세상에서 약자가 역차별받지 않도록 정부가 관심을 기울여야 한다.

우리는 지금 모든 것이 연결된다는 지능 정보화 사회로 가고 있다. 최근 언론에서 불치병을 고치는 데 1회 치료비가 25억 원인 신약이 개발되었다는 소식을 접했다. 아프지 않고 오래 사는 것. 건강에 대한 우리의 관심은 시대를 관통하는 대세가 된 지 오래다. 앞으로도 사서 먹기 힘들 정도의 가격표가 붙은 신약들이 쏟아져 나올 것이다. 이러한 신약의 다수는 일반 국민의 의료 데이터와 특정 질병으로 고통받는 이들의 의료 데이터를 기반으로 패턴을 분석하고 학습한 인공지능을 통해 개발되었을 것이다. 이 신약의 주인된 권리를 주장할 수 있는 사람들은 누구일까. 우리는 신약을 얼마를 주고 사야 할까.

지능 정보화 사회를 어떻게 준비할 것인지에 따라 민주주의와 시장경제의 한계와 오류를 극복해낼 수 있는 계기가 마련될 수도 있고, 반대로 대형 자본과 최고 지식을 갖춘 이들이 살아남고 중산층은 붕괴하며 초양극화 사회로 진행될 수도 있다. 지능 정보화 사회는 기존 사회경제 시스템의 진일보일 수도 있고, 모든 것을 리셋 (reset)하는 차원이 다른 진화일 수도 있다. 천사의 얼굴과 악마의 얼굴 중 어떤 얼굴이 우리에게 미소 지을까는 우리가 결정할 수 있는 문제다.

데이터 기술과 패러다임은 그 역사가 짧다. 아직 시장의 규칙은 결정되지 않았다. 그 결정권이 데이터의 주인에게 주어져야 한다. 특히 데이터는 사회경제적 양극화를 심화시키거나 완화할 수 있음에 주목할 필요가 있다. 휴먼 데이터 등을 기업이 대가 없이 활용하는 것은 합리적이지 않다. 나는 '기업 데이터 세금' 같은 보완 장치가 도입되는 게 옳다고 본다. 데이터로 인한 이익은 기본소득,

참여소득, 기초연금의 확대 등의 사회 정책을 통해 재분배되어야 한다.

전문가와 부가가치를 만드는 기업에 데이터 활용의 우선권이 주어지는 게 공정하다는 판단은 극복되어야 한다. 마이클 샌델(Michael Sandel) 하버드대학 교수는 『공정하다는 착각』이라는 책을 통해 능력대로 공정한 사회가 사실 공정한 사회가 아니고 계급사회처럼 불공정함을 용인한다고 말한다. 다시 말해 우리가 공정하다고 믿는 현대사회가 성공한 사람에게는 내가 잘해서 성공했다는, 실패한 사람에게는 자신이 부족해서 실패했다는 착각을 심어준다는 것이다. 누군가 성공했다면 개인의 재능 때문이건, 노력 때문이건 공공재 위에서 만들어진 결과이기 때문에 그 성공을 온전히 개인의 몫으로 단정할 수 없다는 것이다. 더 나아가 성공의 오만함과 실패의 자책감은 공정한 사회를 방해하고 연대와 협력을 통한 공공선을 어렵게 만든다고 말한다. 이 논리는 데이터 주도권에도 그대로 적용되어야 할 것이다.

여러 차례 강조하지만, 데이터는 사람을 향해야 한다. 그중에서도 공공 데이터의 목표는 혁신과 사회적 가치 창출을 지원하는 방향으로 설정되어야 하며 생명 유지, 생활 안정, 민생 지원 등에 활용되어야 한다. 이를 위해서는 공공 데이터에 관한 패러다임이 바뀌어야 한다. 전문가 프레임에서 벗어나 소비자 프레임으로 전환해야 한다. 공공 데이터를 다루는 기관의 자기 정체성 확립이 중요하다. 데이터를 수집하고 개방하는 데 그쳐서는 안 되며, 적극적인 자기 역할이 필요하다. 이것은 선택이 아니라 필수이다. 2020년 12월 10일부터 「데이터 기반 행정 활성화법」이 시행되고 있기 때문이다. 이 법은 데이터를 기반으로 한 행정의 활성화에 필요한 사항을 정함으로써 객관적이고 과학적인 행정을 통해 공공기관의 책임성, 대응성 및 신뢰성을 높이고 국민의 삶의 질을 향상시키는 것을 목적으로 한다. 법 시행 전까지만 해도 공공기관의 역할은 주로 데이터를 민간에 개방하는 일이었다. 이제는 공공기관이 소명의식을 가지고 데이터를 적극 활용해야 한다. 데이터 기반 행정 자체가 소명의식 없이 행정 혁신으로 직결될 것이라는 기대는 지속 가능하지 않다.

전문가와 기술 관점에 빠져 데이터의 크기에 집착하는 태도도 바람직하지 못하다. 데이터의 크기보다 목표와 문제의식이 더 중요하다. 이에 따라 많은 데이터가 필요할 때도 있고 적은 데이터로 충분할 때도 있다. 빅데이터(big data)에 빅퀘스천(big question)이 빠져 있다면 이는 거대한 쓰레기 더미나 마찬가지다.

📍 누가 더 잘할 수 있을까?

지역 현안과 관련된 데이터 사업을 진행한다고 생각해보자. 데이터 전문가, IT 엔지니어, 당사자(주민이나 현장 공무원) 중 누가 이 일을 가장 잘 수행할 수 있을까? 모두의 역할이 잘 어우러지면 가장 이상적이다. 하지만 굳이 골라야 한다면 나는 당사자라고 단언할 수 있다. 데이터 사업의 핵심이 될 문제의식을 지녔으며 절박함을 느끼기 때문이다. 따라서 당사자가 주도하고 데이터 전문가와 IT 엔지니어는 화력을 증강해주는 역할을 맡는 게 바람직하다.

당사자도 데이터 전문가의 역량을 갖출 수 있다. 이것은 질문을 날카롭게 만드는 힘과 연관되어 있다. 즉 문제의식을 지니고 혁신의 마음가짐을 갖는 것이다. 혁신은 기술이나 효율과 다르다. 나는 이 차이를 설명할 때 영화 두 편을 예로 들곤 한다. 〈머니볼〉과 〈쇼생크 탈출〉이다. 〈머니볼〉은 적은 비용으로 프로야구단을 효과적으로 운영하는 오클랜드 어슬레틱스 구단을 다루고 있다. 이 구단은 철저한 분석으로 효율성을 추구한다. 이 팀은 잘 운영되지만 위대한 단계로 올라서지 못한다. 진정한 변화가 일어나지 않는다. 반면 〈쇼생크 탈출〉은 혁신의 메시지를 전한다. 바깥세상에 나가는 것을 두려워하는 장기수가 변화를 받아들이고 진정한 자유를 누리게 된다. 데이터 활용이 기술과 효율성 차원에 머물러서는 안 된다. 공동체와 지역을 변화시키고 사람의 행복을 가져오는 혁신을 지향해야 한다. 이 일은 문제의식을 지닌 데이터의 주인, 즉 당사자

♀ 플로렌스 켈리의 시카고 급여 지도[11]

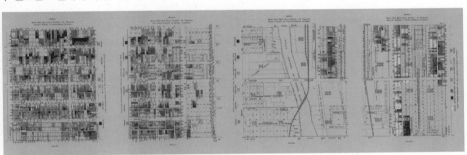

♀ W. E. B. 듀보이스의 필라델피아 인종 지도[12]

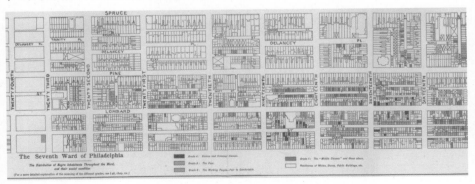

가 가장 잘 해낼 수 있다.

앞에서 찰스 부스의 빈곤 지도를 소개했었다. 찰스 부스는 컴퓨터 기술이 없던 시대의 사람이다. 그는 데이터 전문가도 지리학자도 아니다. 그런데도 정교한 지도를 만들어냈다. 빈곤의 사회적 책임을 규명하겠다는 혁신의 의지와 문제의식이 밑바탕이 된 것이다. 그에게서 영향을 받아 빈곤 지도를 만든 플로렌스 켈리와 W. E. B. 듀보이스도 마찬가지다. 이들은 사회운동가이다. 전문적으로 데이터나 IT 기술 교육을 받지 않았음에도 탁월한 데이터 지도를 만들어냈다. 문제의식에 불타는 데이터의 당사자인 그들은 혁신을 지향했고, 혁신에 이르기 위한 전략 중 하나로 효과적으로 시각화된 데이터 지도를 골랐던 것이다.

Chapter 7

골목에서 일어나는 혁신

📍 왜 골목인가?

골목지리학이 다루는 기본 단위는 '집계구'이다. 집계구는 인구 규모(최적 500명), 사회경제적 동질성(주택 유형, 지가, 생활권)을 고려하여 구축한 통계분석 단위다. 개인 데이터의 식별성을 낮추고 통계 유의성 확보를 위하여 설정한다. 매년 통계청에서 업데이트한다. 이 집계구는 쉽게 말하자면 작은 지역 생활 단위인 골목이라 할 수 있다.

골목은 자치의 기본 단위가 된다. 주민의 일상 속 만남에서 골목은 공간적 개념을 넘어 자치적 개념으로 살아 있다. 사람이 만나고 활동하는 골목골목에는 고유의 가치가 있고 문화가 살아 숨 쉰다. 수십, 수백 가지 서로 다른 삶의 가치들이 왕래하며 작은 공동체를 이루는 공간이 바로 골목이다.

특히 코로나19를 겪으면서 골목의 진가가 발휘되었다. 접촉이 사라진 언택트(untact) 시대의 암울함 속에서 컨택트(contact)가 존재했던 공간이 되었다. 골목은 이타성과 복지와 보육이 공존하며, 안전망 역할을 수행한다. 골목은 이웃과 통하는 실핏줄이자, 작지만 수없이 많은 주민 간 연대와 협력이라는 적혈구를 만들어 세상이라는 대동맥으로 밀어내는 역할을 한다. 아픈 이웃의 건강을 걱정해주고 이웃의 사춘기 자녀의 변화에도 관심과 배려를 아끼지 않는 골목이 중요하다. 골목의 세세한 변화에 신속하게 반응하는, 지원하되 간섭하지 않는 지방정부가 필요하다.

비대면이 확대된 상황에서 골목은 대안적 소통 공간이다. 오랜 기간 대규모 예산을 들여 짓는 운동장과 공연장도 필요하겠지만, 골목이 공론장이 되고 운동장이 되고 공연장이 될 수 있어야 한다. 공공의 이익과 지역의 이익이 충돌하는 님비 현상도 골목이 살아 있다는 것을 간과하기 때문에 발생한다. 지역 사업에 주민 지분이나 이익을 보장하는 것이 대안이다. 자치 역량을 강화한다는 말은 의사결정권을 보장한다는 말과 같다. 골목은 생존하기 위해 과감하고 구체적으로 움직인다. TV 프로그램 〈백종원의 골목식당〉이 인기를 얻는 이유 중 하나도 시청자가 골목이 회생하는 것을 지켜보며 희열을 느끼기 때문일 것이다. 골목이 중요하고 골목의 데이터가 가치 있다. 골목에서 혁신이 시작되고 더 큰 불길이 되어 세상을 바꾼다.

📍 혁신의 근육 키우기

앞에서 골목지리학이 과제 수행 '과정'에 초점을 둔다고 밝혔다. 물론 현안 분석과 해결 방안 도출이라는 결과에 집중해야 한다. 이는 당연한 일이다. 하지만 골목지리학은 당면 문제 해결책을 찾는 일회적인 결과보다 더 큰 것을 안겨준다. 골목에서 혁신의 근육이 커가도록 만들어준다. 이는 골목지리학을 수행하는 과정에서 일어난다. 먼저 다양한 층위의 소통이 일어난다. 문제의 진단을 위해, 해결 방안 수립을 위해 머리를 맞대고 의견을 모은다. 설문조사, 포커스그룹인터뷰, 숙의토론 등 소통 방식도 다양하다. 이러한 소통 과정에서 만남이 일어나고 협력과 연대의 씨앗이 생긴다.

그리고 주민들이 골목 문제 해결을 주도하는 능력이 생긴다. 골목지리학은 데이터 전문가가 그럴듯해 보이는 지도 한 장을 던져주고 가는 식으로 끝나지 않는다. 정보를 수집하고 데이터를 지도에 시각화하며 이를 바탕으로 해결책을 찾아가는 과정에 당사자인 주민이 직접 참여한다. 그러면서 문제 해결 능력을 배운다. 공동체에 협력과 연대의 기풍이 생기고 다른 문제에 맞설 혁신의 근육을 키우는 것이다.

쉽게 해결되는 일은 좀처럼 없다. 수많은 인격과 가치, 이해관계가 어우러진 지역 공동체의 문제 역시 마찬가지다. 엉클어진 실타래처럼 꼬여 있으며 복합적이다. 풀기가 무척 어렵다. 쾌도난마(快刀亂麻)가 좀처럼 실현되지 않는다. 한 문제를 잘 해결한다 해도 마찬가지다. 곧이어 또 다른 문제가 일어나 주민의 행복을 해치며 고민거리가 될 것이다. 그런데 골목 공동체가 혁신의 역량을 갖추고 있다면, 주체적으로 문제를 해결한 경험을 지니고 있다면 이에 맞서기가 한결 수월하다.

그래서 골목지리학의 수행 과정이 중요하다. 골목지리학을 통해 얻는 것은 지도 한 장이 아니라 소통과 협력, 문제 해결과 혁신의 역량이다. 골목지리학를 수행하는 사람으로서 가장 큰 보람은 골목 공동체가 혁신의 근육을 키워가는 것을 바라보는 일이다.

미국의 신학자 라인홀드 니버(Reinhold Niebuhr)의 기도문은 널리 알려져 있다. "주님, 바꿀 수 없는 것은 받아들이는 평온함을, 바꿀 수 있는 것은 바꾸는 용기를, 그 차이를 분별하는 지혜를 주옵소서!" 니버가 원한 평온함과 용기, 분별력은 세상을 변화시키는 혁신의 능력이라고 생각한다. 골목에서 소통하고 협력하며 문제에 맞서는 과정에서 이러한 혁신의 힘이 자라고 정착될 수 있으리라.

📍 데이터 사업에서 데이터는 2%

지방자치단체와 함께 다양한 데이터 사업을 진행하면서 내린 결론이 있다. 데이터 사업에서 데이터의 중요성은 2% 남짓에 지나지 않는다는 것이다. 98%는 참여하는 사람의 혁신 의지와 문제의식이다. 사업을 수행하는 집행자가 그 취지에 충실하지 못하면 골목지도는 종잇조각에 불과한 것이다.

　데이터의 보안에 지나치게 예민하게 굴 필요가 없다. 보안보다는 해당 부서, 협력 부서, 지역 주민들과 함께 공유하고 토론하여 사업을 함께 결정하고 집행하는 것이 더 효과적이다. 그리고 정밀하고 깊이 있게 분석하는 것보다는 실천하는 것이 더 중요하다. 사업 성공의 지름길 중 하나는 빨리 시행하여 빨리 실수하는 것이다. 따라서 이러한 실수와 위험 부담을 조직이 공유하는 리더십이 중요하다. 데이터 사업 경험을 축적하며 깨달은 이런 내용을 '데이터 기반 행정의 3원칙'으로 정리하여 공유하고 있다.

📍 데이터 기반 행정의 3원칙

보안이 중요하다. (×)	▶	**1. 협력이 중요하다.**	—	공유, 숙의, 토론
데이터가 중요하다. (×)	▶	**2. 마인드가 중요하다.**	—	혁신, 헌신, 봉사
분석이 중요하다. (×)	▶	**3. 실천이 중요하다.**	—	현장, 지도, 집계

part 2

골목지리학이란
무엇인가?

골목지리학의 탄생

Chapter 1

지리학 전성시대

📍 공간의 관점에서 세상을 본다

최근 몇 년 사이 서점의 인문 분야 베스트셀러 목록에 조금은 낯선 분야의 책들이 이름을 올리고 있다. 바로 지리학 관련 도서들이다. '공간', '지정학', '지리학' 등의 단어를 포함한 세미나들도 인기를 끄는 추세다. 전통을 가진 영역이면서도 현대인들에게 잊혔던 지리학이 새롭게 떠오르는 중임을 체감할 수 있다.

지리학은 구체적인 공간을 매개로 인간과 사회를 이해하는 방식이자 관점이다. 산맥과 하천, 바다, 사막 등 자연적 특징을 시작으로 천연자원이나 기후에 이르기까지 특정 지역의 환경이 인구, 역사, 문화, 사회구조 등의 인간 삶의 양태와 어떻게 관련을 맺는지, 그리고 인접 지역과 어떻게 상호작용하는지를 탐구하고 규명해내는 지적 작업이라 정의할 수 있다.

사실 우리는 공간을 중심으로 인간과 사회를 바라보는 데 익숙하지 않다. 그보다는 사람 간의 관계와 사회적 구조를 중심으로 사고하는 경향이 강하다. 그 속에서도 특히 물질적 가치, 돈의 움직임에 큰 관심을 둔다. 그리고 시간의 흐름 속에서 중요한 사건과 변화의 의미를 고찰하기도 한다.

요약해서 말하자면 우리는 정치학적·경제학적·역사학적 틀을 통해 인간과 사회를 보는 것이 자연스럽다. 그러면서 공간을 통해 세상을 보는 지리학은 소외되어왔던 것이 사실이다.

지리학이 그 유용성을 자랑하면서 큰 관심을 끌었던 시기는 유럽의 제국주의가 발흥하기 시작하던 대항해기로부터 신대륙 발견과 식민지 개척기가 아닐까 한다. 풍요롭고 신비로우며 새로운 땅과 그곳에 이르는 경로를 향한 강렬한 호기심과 탐욕은 당시의 지배층과 탐험가들을 지리학으로 이끌기에 충분했다.

이후 지리학은 인간과 자연환경 간의 복잡다단한 관계와 상호작용을 규명하는 방향으로 발전했다. 특별히 낯선 곳의 낯선 사람들을 이해하는 데 효과적이었으며, 역사가 왜 이렇게 움직였는지에 대한 통찰력을 제공해주었다.

더 나아가 국가 간의 역학관계를 이해하고 재규정하는 외교 전략을 세우는 데 중요한 역할을 했다. 구체적으로는 어디에 살아야 할지, 어디에 어떤 구조물을 지어야 할지 등 이른바 '입지'에 대한 실용적 아이디어도 선사했다.

📍 정보혁명 시대의 꽃

그 중요성에도 불구하고 지리학의 가치는 좀처럼 부각되지 않았었다. 그런데 공간에 대한 진지한 열정이 새로운 국면을 맞이한 계기는 무척 역설적이었다. 정보통신혁명과 교통의 발전으로 거리의 장벽이 무너지면서부터였다. 이 때문에 공간의 중요성을 덜 느끼게 되었지만, 실제로는 공간의 가치가 더 중요해졌다.

이것은 이미 예정된 일이었을지도 모른다. 모든 인간의 삶은 구체적인 공간에 기반을 두고 있다. 그것을 해석하고 담아낼 수단이 부족했을 뿐이다. 'GIS(지리 정보 시스템)'란 정보혁명의 산물이 탄생한 지금은 공간과 연계된 정보를 자유롭게 누릴 수 있게 되었고 이 혜택을 마다할 사람은 없다. 우리는 지리학 전성시대로 들어섰다.

4차 산업혁명으로 불리는 세계적인 변화의 흐름 속에서 지리 정보, 공간 정보의 가치는 더욱 그 빛을 발하고 있다. 정보 전문가들에 따르면 우리가 정보라고 부르는 것들의 80% 이상이 지리 정보를 포함하고 있다고 한다. 우리 삶에서 일어나는 거의 모든 일은 지표의 한 공간 위에서 벌어지기 때문이다.

GIS는 현재 빅데이터, 사물인터넷 기술과 결합하여 다양한 융합형 솔루션으로 서비스되고 있다. 기존의 건설, 환경, 원격 탐사, 안보, 안전 분야는 물론이고 게임, 레저, 금융, 마케팅, 경영, 정책 개발, 선거 등 다양한 분야에 활용된다.

📍 지리학과 데이터, IT 기술 기반 구글 지도

구글은 지리에 사활을 걸다시피 했다. 풍부하면서 정밀한 지리 정보를 확보하고 이것을 바탕으로 자율주행 자동차 사업을 비롯한 각종 교통 관련 사업과 위치를 기반으로 한 엔터테인먼트·레저·관광·광고 사업 등을 펼치기 위함이다.

지리적 공간에는 역사, 즉 인간의 누적된 삶이 녹아 있다. 자연 또는 인공 구조물, 인접 지역과의 상호작용 결정체이다. 또한 먹고 자고 일하고 사랑하는 오늘의 현장이다. 이러한 씨줄과 날줄이 교차하며 공간의 특징이 규정된다. 요컨대 지리학은 세상을 속속들이 들여다보는 강력한 렌즈가 된다.

Chapter 2

매크로 지리학과 마이크로 지리학

📍 **매크로 지리학**

지구를 방문한 외계인에게 세계를 설명한다는 상상을 해보자. 아마 지구본이나 세계 지도를 사용할 것이다.

아시아와 유럽, 남북 아메리카, 아프리카, 오세아니아 대륙을 짚어가며 그 지역의 특징과 중요 국가를 이야기할 듯하다. 그리고 대륙 사이의 태평양, 대서양, 인도양 등 대양에 관해서도 언급할 가능성이 크다. 더 자세하게는 극동, 중국, 인도, 동남아시아, 중동, 서유럽, 러시아, 동유럽, 북유럽, 미국, 캐나다, 남미, 아프리카, 오세아니아 등 세계를 중요 권역으로 나누어 상세한 설명을 할 수도 있다.

해박한 지식을 가진 사람이라면 모든 국가를 하나하나 짚어가며 각각의 자연적 특징과 경제, 역사, 정치, 사회, 문화 등에 대해 흥미진진한 이야기를 풀어놓기도 할 것이다.

거칠게 말하자면 이것이 거시 지리학(macro geography)의 영역이다. 작게는 국가 단위, 크게는 대륙 단위의 지리를 연구하는 학문 분야다. 그런데 지리학은 경제학과는 달리 거시와 미시를 나누는 경향이 훨씬 적다고 한다. 어쨌든 경계를 크게 두어 넓은 단위의 지리 현상과 상호 관계를 파악하는 데 중점을 둔다.

거시 지리학은 '지정학(geopolitics)'과도 관련이 깊다. 이것은 경제와 정치외교 관점에서 지리를 고찰하는데, 지리적인 위치와 특징이 해당 국가나 국가 간의 역학관계에 미치는 정치·경제·군사적 영향을 큰 틀에서 조망한다.

거시 지리학과 지정학은 현대사회의 리더에게 필수 불가결한 지식이다. 한 국가의 정치 지도자이거나 이를 꿈꾸는 사람이라면, 자기 나라의 지정학상 특수성을 이해해야 하며, 더 나아가 이웃 나라나 중요 국가와의 관계를 설정해야 한다. 또한 외교 관계의 중점을 어디에 둘지, 어떻게 확장할지에 대한 비전도 있어야 한다. 그러려면 세계를 아우르는 지정학과 중요 권역, 각 나라에 대한 상세한 지식이 필수적이다.

거대 기업을 이끄는 경영자 역시 마찬가지다. 전 세계를 시장으로 삼는다면 각 대륙, 권역, 각 국가의 특징과 문화에 대해 상세히 알고 있어야 한다.

현대사회에서 거시 지리학은 무척 유용하다. 또한 인류가 지식과 기술 발전을 축적하여 이루어낸 금자탑이기도 하다. 하늘에 닿을 듯 드높고 험준한 산맥, 거센 파도가 몰아치는 대양, 끝없이 펼쳐진 사막은 천연의 장벽이었다. 고대인들에게 산맥과 대양, 사막 너머는 호기심과 동경의 대상이 되었다. 그곳은 신들의 거주지였다. 그들의 신과 영웅은 모두 그곳에서 왔다.

그러나 교통과 통신의 발전은 장벽을 무력화시켰고 그 너머의 세계에 대한 이해를 증진시켰다. 현대인들은 적어도 지구 안의 세계에 대해서는 어렴풋이나마 알게 되었다.

◉ 마이크로 지리학

앞에서 매크로 지리학의 가치와 중요성을 이야기했다. 그런데 우리가 사는 공간을 이해하는 데 매크로 지리학만으로 충분할까? 매크로 지리학은 우리가 발을 딛고 서 있는 바로 이 자리를 다루는 것이 아니라 아주 큰 지역을 하나로 묶어 설명하기 때문이다.

전 세계를 아우르는 웅대한 비전이나 계획의 실현을 위해 매크로 지리학의 거시적 관점이 유용하지만, 한 지역이나 한 동네의 구체적 문제와 마주쳤을 때는 제 몫을 하기 어렵다. 너무 광범위해서 거칠고 추상적인 해답만 내놓을 뿐이다.

그래서 한편으로는 좁은 단위의 지역을 연구하는 마이크로 지리학(micro geography)이 병행될 필요가 있다. 그렇다면 마이크로 지리학의 범위는 어느 정도일까? 앞서도 말했듯 현대 지리학은 굳이 거시와 미시를 기계적으로 나누지 않기에 경계를 설정하기가 모호하다. 다만 지역을 할 수 있는 한 잘게 쪼개어 분석하는 것을 마이크로 지리학의 관점이라고 규정하겠다. 나는 마이크로 지리학 프로젝트를 수행하면서 대도시의 기초 행정구역을 수백 개의 소단위로 나누어 분석한 경험이 여러 차례 있다.

마이크로 지리학에 대한 평범한 오해가 한 가지 있다. 행정구역 단위로 생각하는 것이다. 우리는 흔히 행정상의 구획이 실제 지리적 세계를 분절시킨다는 착각에 빠지곤 한다. 물론 행정구역은 도로나 산, 하천 등의 지형지물을 중심으로 나뉜 경우가 많아서 실제 생활 단위와 겹치기도 한다.

하지만 반드시 그런 것은 아니다. 대도시의 경우는 읍·면·동 단위가 의미가 없는 경우가 많다. 젊은이들이 '홍대 앞'이라 부르는 곳은 서울시 마포구 서교동과 동교동이 걸친 지역이다. 그런데 서교동과 동교동 일부 지역은 홍대 앞과 전혀 관련이 없는 주택가 또는 소형 사무실 밀집가이다. 그리고 마포구 합정동과 연남동 일부도 홍대 앞 지역에 들어간다.

행정구역 단위의 사고는 효율적인 면이 존재함에도 편견을 심어줄 위험성이 있다. 같은 행정동에 속한 소단위 지역들이 비슷한 경향을 보일 것이라는 착각에 자주 빠진다. 선거에 입후보한 정치인들은 지지도가 높거나 낮은 행정동을 하나의 성향으로 분류하기도 한다. 매장 입점을 고려하는 기업 역시 특정 행정동의 평균적인 소비 수준이나 환경을 기준으로 그 행정동을 획일적으로 받아들이는 경향이 있다. 마이크로 지리학은 행정구역에 얽매이지 않는다. 서로 다른 행정동에 속한 곳들을 하나의 구획으로 묶기도 하고, 행정동을 더 세분화하여 들어가기도 한다. 그런 점에서 마이크로 지리학은 생활 지리학이기도 하다.

이 책이 말하는 골목지리학이 마이크로 지리학이다. 나는 골목지리학 방법론을 고안하여 일을 시작할 당시에 '마이크로 지리 정보학'이라는 이름을 사용했다. 마이크로 지리학 방법론에 데이터를 결합한 것이기 때문이다. 그런데 명칭 자체가 어렵고 전문적인 느낌을 주어 접근을 방해할 수도 있겠다고 판단했다. 그래서 지금은 '골목지리학'으로 이름을 바꾸어 사용하고 있다.

Chapter 3

지리학, 데이터와 결합하다

📍 지리학은 많은 이름을 갖는다

지리학이라는 단어 앞에 또 다른 단어가 오는 경우를 익숙하게 보았을 것이다. 예를 들어 '범죄 지리학'은 범죄 유형, 빈도 등과 지역의 상관관계를 파악하고자 한다. '의료 지리학'은 지역에 따른 질병, 전염 경로, 의료 체계 등을 탐구한다. '경제 지리학'은 경제활동의 지역적 분포와 이동을 연구한다. 그 하위의 '산업 지리학'은 지역별 산업 분포와 발전 정도 등을 주요 관심사로 삼는다.

앞에서 말한 '지정학'은 '국제정치 지리학'으로 달리 표현할 수 있을 것이다. 그 밖에도 많은 지리학이 존재한다. 최근에는 '퀴어(queer) 지리학'이라는 용어까지 등장했을 정도이다.

지역, 즉 물리적 공간을 중심에 놓고 특정 주제를 연구한다면 얼마든지 다른 이름의 지리학이 나올 수 있다. 그것은 지리학이 다양한 학문과 지식, 정보를 담아내는 역할을 하기 때문일 것이다. 즉 특정 정보와 유기적으로 결합하는 특성이 있다.

지리 정보학은 중앙정부나 지방자치단체가 활용하면 정책 지리학, 기업이 활용하면 경영 지리학, 선거에 활용하면 선거 지리학이 된다. 다양한 현실 분야로 응용될 수 있다.

내가 수행해온 마이크로 지리 정보학 프로젝트들에도 낯선 이름이 붙었다. 이를 정책 지리학, 경영지리 정보학, 시정 지리학, 구정 지리학, 골목지리학 등으로 불렀지만 더 자세히는 방범 지리학, 문화행정 지리학, 질병관리 지리학, 체육행정 지리학, 일자리 지리학, 대중교통 지리학, 주차 지리학으로 분류하기도 했다.

특히 찾아가는 지리학으로서 혁신을 목표로 지리에 데이터를 결합하는 시도를 했다. 이처럼 지리 정보학은 공간과 정보가 결합하여 해당 사안에 대한 정보를 극대화시켜주는 역할을 하는데, 그 결과물은 주로 '지도'의 형태로 나온다. 현황과 문제점이 일목요연하게 드러나는 지도는 의사결정을 하는 데 중요한 참고 자료로 쓰인다.

◉ 지리 정보학에서 사용하는 데이터

현대사회는 데이터의 시대라고 불러도 지나침이 없다. 그만큼 방대한 데이터가 생산되며, 이를 수집하고 해석하여 대응하는 능력이 정치나 경영의 성패를 좌우하기도 한다.

지리 정보학에서도 데이터가 폭넓게 사용된다. 나는 이 데이터를 두 가지 종류로 나누어 접근한다.

첫째, 행태 데이터이다. 인구통계학이나 경제조사 등으로 이미 주어진 자료이다. 여기에는 비슷한 사안에서 사람들이 어떻게 반응하고 행동했는지에 대한 내용도 포함한다. 기업이든 정부든 어떤 정책을 수립할 때는 환경을 분석하고 정량적인 기초 자료를 확보한다. 이것은 모두 사회경제적인 데이터이다. 주로 계량화되어 있고 객관성이 있기에 활용하기 편리하다.

그런데 이미 사용된 자료, 과거의 자료라는 한계가 있다. 또한 수치 이면에 인간 심리를 포착하는 데 어려움을 겪을 수도 있다. 그래서 이것만으로는 부족하다. 단순히 사회경제적 행태 데이터만으로는 전체적인 그림을 그리기 어렵다.

둘째, 인지 데이터이다. 나는 '멘탈 마이닝(mental mining, 마음을 캐는 작업)'이라는 용어를 즐겨 쓴다. 이것은 데이터의 근저에 있는 심리적이고 정서적인, 다르게 표현하자면 인문학적인 정보까지 찾아내는 것이다. 이를 '인식 데이터'라고도 하는데 주로 여론조사를 통해 확보할 수 있다.

물론 여론조사 그 자체로 충분하지는 않다. 사람의 깊은 심리 영역까지 파악할 수 있는 인식 데이터를 얻기 위해서는 면밀한 준비와 실행을 거쳐야 한다. 여론조사를 할 때 어떤 항목으로 구성할 것인지, 어떤 조사 방법을 취할 것인지, 조사 결과 속에서 어떤 유의미한 통계를 찾아낼 것인지에 대한 총체적인 마인드를 갖고 접근해야 한다. 즉 질문을 날카롭게 만들어야 한다.

여론조사에는 단순 설문조사 차원을 넘어 포커스그룹인터뷰, 숙의토론 등 다양한 방법이 있다. 방법을 선택할 때는 편의에 치우치지 않고 그 사안에서 멘탈 마이닝을 가장 잘할 수 있는 것이 무엇인지를 따져본다. 데이터는 사람으로부터 나오고 사람을 향해야 한다는 것이 그동안 데이터 과제를 수행하며 내린 결론이다. 그래서 행태 데이터보다 인지 데이터에 더 큰 비중을 두고 과제를 수행하고 있다.

Chapter 4

골목지리학이라는 발상

♀ 골목지리학의 문제 해결 과정

나는 지리학의 본질적인 유용성과 가치에 주목했고, 이를 구체적인 현실 문제 해결에 적용할 방안을 찾고 싶었다.

먼저 분석의 단위를 잘게 쪼개는 것이 좋겠다고 판단했다. 여러 사람의 복잡다단한 삶이 펼쳐지는 공간 영역은 무척 다양하고 복합적이다. 현안을 둘러싼 이해관계와 의견 역시 단순한 행정구역상 주소지만으로 파악할 수 없다. 골목마다 다른 상황이 존재한다. 세분화할수록 더욱 정교한 정보를 얻을 수 있다. 그래서 '마이크로' 관점을 도입하기로 했다.

다음으로는 마이크로 지리학에 데이터를 결합하여 실태를 파악하고 문제를 해결할 의미 있는 정보를 산출하는 방법론을 세우는 것이었다. 직업적으로 사회조사를 해오면서 쌓은 경험과 문제의식을 바탕으로 공간에 정보를 입히는 과정을 정립하려 했다. 즉 지리정보학의 체계화였다. 이런 고민과 노력을 거쳐서 '마이크로 지리정보학'이라고 이름 붙인 새로운 제안을 내놓게 되었다. 그리고 많은 사람이 쉽게 접근할 수 있도록 '골목지리학'이라는 친근한 이름을 붙였다.

골목지리학을 통한 문제 해결 과정을 간단히 소개하겠다. 출발은 목표와 문제의식이며 혁신 의지다. 관심사와 문제점부터 파악한다. 중앙정부, 기업, 지자체, 선거 입후보자 누구든 마찬가지다. 이 관심사와 문제는 특정 지역과 연관되어 있는데, 해당 지역을 최대한 잘게 세그먼테이션(segmentation)한다.

다음 단계는 데이터의 수집이다. 조직 내에서 각종 보고서, 현황, 연감 등의 문서로 존재하는 자료와 기존 통계 수치를 검토한다. 앞에서 말한 행태 데이터이다. 그리고 가장 효과적이라고 판단하는 방식을 정해 사람들을 만나고 생각을 듣는다. 필요하다면 여러 조사 방법을 병행하기도 한다. 인식 데이터가 최대한 반영되도록 멘탈 마이닝에 힘을 쏟는다. 이때 세그먼테이션한 작은 단위를 근간으로 삼는다.

이렇게 수집·분석한 데이터를 세분화된 지역 단위에 적용하여 지리적인 정보로 전환한다. 주로 상세한 지도 형태로 분석 결과를 얻는다. 이를 통해 문제 해결의 단서를 얻을 수 있다. 어떤 지역에 집중할 것인지, 동선을 어떻게 짤 것인지, 정책의 흐름은 어떻게 가져갈 것인지 그 윤곽이 드러난다.

요약하자면 정량적·정서적 데이터의 균형을 바탕으로 통계, 분석 등의 사회경제적 데이터와 사안에 대한 사회조사를 융합한 정보를 지도로 이미지화하고 이것을 문제 해결에 활용하는 것이다. 이 과정을 묶어서 시스템화한 것이 골목지리학이다.

◉ 생명력을 가진 지도 만들기

마이크로 지리 정보학은 기존 지리 정보 시스템과 차별성이 있다. 고급 카페를 창업하려는 사람이 있다고 하자. 그가 접하는 지리 정보는 상권 지도와 브랜드별 카페 분포도이다. 이를 통해 특정 지역에 유명 브랜드 카페가 밀집되어 있음을 알게 되었다. 그런데 이 정보를 바탕으로 입지를 정하기가 어렵다. 유명 브랜드 카페가 밀집한 구간에 경쟁이 치열해서 피해야 할지, 아니면 상권이 발달한 지역으로 보고 진입해야 할지 판단할 수 없기 때문이다.

그런데 카페 입지를 정하기 위해 마이크로 지리 정보학을 이용한다면 효과적인 접근을 할 수 있다. 목표는 이미 주어졌다. 첫 단계로 후보 지역을 최대한 잘게 쪼갠다. 그리고 나뉜 지역 단위로 나이, 성별, 직업, 소득수준 등의 인구·사회·경제적 정량 데이터를 수집하고, 이와 함께 섬세한 조사를 통해 사람들의 속마음, 즉 인식 데이터를 파악한다. 그리고 두 데이터를 융합한다.

이때 기계적인 결합을 시도하지 않도록 해야 한다. 만약 소득수준이라는 정량 데이터에 접근한다면 '소득수준이 높을수록 고가의 커피를 소비할 가능성이 크다'는 편견을 갖기 쉽다. 인식 데이터 조사를 위한 구체적인 질문이 필요하다. 프리미엄 커피를 좋아하는지, 어느 정도 가격이면 거부감 없이 사서 마실 수 있는지 등에 대해 자세히 확인해야 한다.

이렇게 인식 데이터를 파악하는 과정을 거쳐 일정한 소득수준을 넘어서면 커피 가격에 민감하지 않다는 점을 파악하게 된다. 즉 소득수준이 가장 높은 세그먼트 구간을 후보지로 정하는 오류를 범하지 않고 일정 소득수준 이상의 세그먼트 구간들을 모두 후보지로 삼을 수 있다.

이런 분석을 거쳐 세분화된 구간별로 입지의 장단점, 경쟁력을 도출한 지도를 얻고 이를 바탕으로 최적의 선택을 시도할 수 있다.

📍 골목지리학의 강점

첫째, 세분화를 통해 다양한 상황을 파악할 수 있다. 특정 지역 전체를 뭉뚱그려 규정할 때는 동시에 존재하는 다른 양상을 파악할 수 없다. 잘게 쪼개는 것은 이런 위험을 방지해준다. 다양성을 충분히 반영할 수 있다.

둘째, 정량적·정서적 데이터를 모두 수집한다. 기존 지리 정보가 행태 데이터, 정량적인 수치 데이터를 주로 다루었다면 마이크로 지리 정보학은 다양한 방법의 여론조사를 통해 감성적인 인식 데이터까지 함께 수집하여 활용한다. 멘탈 마이닝을 거침으로써 직관과 분석 두 방법을 모두 활용할 수 있게 했다.

셋째, 여러 데이터를 융합하고 빅데이터를 활용한다. 인구주택총조사 같은 기관 데이터를 활용하는 것은 물론, 한 문제를 해결할 때 그 문제와 직접적인 관련이 있는 데이터뿐 아니라 부가적인 문제까지 함께 고민하여 여러 데이터를 융합한다.

넷째, 시각적으로 표현함으로써 이해도를 높인다. 지리 정보의 대표적인 표현 형태는 지도이다. 수치로 된 자료들을 지도로 표현함으로써 현상과 과제를 일목요연하게 파악할 수 있다.

다섯째, 대안을 제시한다. 다양한 데이터를 중첩한 결과로 만들어진 지도는 현상을 전체적이고 복합적으로 바라볼 수 있는 안목을 갖게 한다. 그 안목은 통찰력을 가져다주고 창의적인 아이디어를 포함한 적절한 대안을 마련하게 한다.

Chapter 5

골목지리학의 실제

📍 골목지리학의 데이터 분석 방법

앞에서 골목지리학의 진행 과정을 설명했는데, 이에 덧붙여 더 자세히 알아보자. 골목지리학 데이터 분석 방법은 크게 회귀분석 값의 활용, 군집분석 변수값의 적용, 선호·예측·발생 요인 등의 비례할당 분석의 세 가지로 나눌 수 있다.

먼저 회귀분석 값을 활용하는 방법을 알아보자. 1단계는 데이터 수집 단계로 성별, 연령, 지역, 소득, 주택 유형, 주거 면적, 주거 형태, 가구 구성, 여론조사 결과 등 데이터를 수집한다. 2단계에서는 수집된 데이터 중 목표 변수에 영향을 주는 변수와 값을 회귀분석으로 확인한다. 그리고 반복 과정을 통해 영향이 높은 변수(값)를 확인 적용한다. 3단계에서는 1~2단계를 거쳐 최종 얻은 값을 지수(index)로 활용한다.

회귀분석은 하나의 종속변수에 영향을 주는 변인이 무엇이고 그 변인 중 가장 큰 영향을 미치는 변인이 무엇인지, 또 종속변수를 설명해줄 수 있는 가장 적합한 모형이 무엇인지를 밝히는 통계적 방법이다.[13]

상관관계 vs 인과관계

회귀분석 값 활용

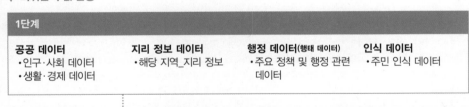

1단계

공공 데이터
- 인구·사회 데이터
- 생활·경제 데이터

지리 정보 데이터
- 해당 지역_지리 정보

행정 데이터(행태 데이터)
- 주요 정책 및 행정 관련 데이터

인식 데이터
- 주민 인식 데이터

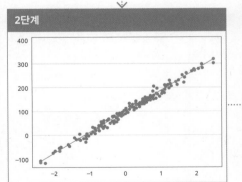

2단계

3단계

두 번째로 군집변수 변수값을 적용하는 방법이다. 역시 3단계를 거친다. 1단계는 데이터 수집 단계로 성별, 연령, 지역, 소득, 주택 유형, 주거 면적, 주거 형태, 가구 구성, 여론조사 결과 등 데이터를 수집한다. 2단계에서는 수집된 데이터를 군집분석하여 예측력을 높이는 과정을 반복한다. 반복 과정에서 설명력이 떨어지는 변수를 제거한다. 3단계에서는 1~2단계를 거쳐 최종으로 얻은 군집을 지수(index)로 활용한다.

군집분석은 여러 특성에 기초하여 동일 집단을 여러 집단으로 분류하는 분석이다. 즉 대상자들이 지닌 다양한 속성의 유사성을 바탕으로 동질적인 집단으로 묶어주는 방법이다. 각 개체 간의 거리를 잰 다음 가까운 것들끼리 묶어 가능하면 빨리 안정된 답을 찾는 일종의 알고리즘이라 할 수 있다. 군집분석을 통해 몇 개의 군집으로 분류할지는 연구자의 재량에 따른다. 연구자의 선택에 따라 세분화 정도가 달라지고, 군집의 거리(군집분석이 '타당하다' 혹은 '잘

♀ 군집변수 변수값 적용

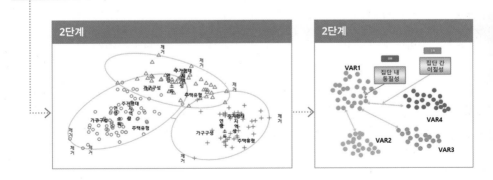

됐다' 등의 표현이 가능함)도 선택될 수 있다. 군집분석은 현대사회에서 주로 마케팅의 시장세분화 과정에서 사용된다. 그 외에 생물분류학(생물을 특성에 따라 분류), 의학(증세에 따라 분류된 환자에 대한 처방을 결정), 심리학(성격 유형에 따른 개인들의 분류), 인류학(석기나 화석 등에 근거한 문화발달 과정 분류) 등에서도 쓰인다.[14]

세 번째 방법은 선호·예측·발생 요인 등의 비례 할당 분석이다. 1단계는 성별, 연령, 지역, 소득, 주택 유형, 주거 면적, 주거 형태, 가구 구성, 여론조사 결과 등 데이터를 수집한다. 2단계에서는 수집된 데이터 중 목표 변수에 영향을 주는 변수의 값을 비례 할당하여 목표값에 반영한다. 3단계에는 1~2단계를 거쳐 얻은 최종값을 지수로 활용한다.

♀ 선호·예측·발생 요인 등의 비례 할당 분석

1단계

공공 데이터	지리 정보 데이터	행정 데이터(행태 데이터)	인식 데이터
•인구·사회 데이터 •생활·경제 데이터	•해당 지역_지리 정보	•주요 정책 및 행정 관련 데이터	•주민 인식 데이터

2단계

	var_1	var_2	var_3	var_4	var_5	var_6
상장동01sa	3.77864	1.80600	0.12160	0.50470	0.37278	0.18844
상장동02sa	3.17634	0.08385	0.00760	0.00721	0.00654	0.03365
상장동03sa	3.11928	0.17415	0.00760	0.00721	1.07256	0.00673
상장동04sa	4.09564	0.31605	0.00760	0.00721	0.80442	0.00673
상장동05sa	2.75156	0.18060	0.00760	0.00721	0.90906	.00673
상장동06sa	2.59306	0.19995	0.14440	0.00721	0.34662	0.89509
상장동07sa	2.16828	0.19350	0.09880	0.00721	0.51666	0.73357
상장동08sa	2.98614	0.48375	0.45600	0.00721	0.00654	2.00554
상장동09sa	3.25242	0.69660	0.53200	0.00721	0.00654	2.18725
상장동10sa	3.34118	0.79335	0.52440	0.00721	0.00654	2.18725
상장동11sa	3.15732	0.68370	0.12920	0.00721	0.00654	0.00673
상장동12sa	3.17000	0.79335	0.06080	0.00721	0.52320	0.00673
상장동13sa	2.87202	0.34830	0.09120	0.00721	0.00654	1.04315
상장동14sa	2.09854	0.50310	0.00760	0.00721	0.00654	0.04038
상장동15sa	3.04320	1.10940	0.25080	0.67053	0.15696	0.00673

3단계

	index	rank	class
상장동01sa	6.77216	9	A
상장동02sa	3.31519	83	D
상장동03sa	4.38753	58	C
상장동04sa	5.23765	30	B
상장동05sa	3.86276	70	D
상장동06sa	4.18633	64	C
상장동07sa	3.71802	75	D
상장동08sa	5.94518	17	B
상장동09sa	6.68202	10	A
상장동10sa	6.85993	7	A
상장동11sa	3.99070	67	D
상장동12sa	4.56129	50	C
상장동13sa	4.36842	59	C
상장동14sa	2.66337	87	E
상장동15sa	5.23762	31	B

📍 사회적 인정

골목지리학의 방법론은 특허를 받은 기술로 중앙정부와 지방자치단체, 정당, 기업 등에서 폭넓게 활용되어왔다. 이 방법이 체계화된 이후에는 『마이크로 지리 정보학』이라는 이름의 책을 내어 새로운 발상과 시도를 공유하기도 했다. 이 책은 과제 수행 경험이 더 쌓임에 따라 앞선 책을 대폭 증보한 것이다. 그리고 사회문제 해결에 공헌한다는 이유로 과학기술정보통신부 장관 표창을 받기도 했다. 기억에 남는 골목지리학 과제로는 2017년《경향신문》과 함께한 자살 위기자 예측 분석(85% 적중), 2019년 서울연구원과 함께한 저층 주거지 화재 예측 분석(60% 적중), 2021년 부산 MBC와 함께한 복지 사각지대 예측 분석(85% 적중), 구청장협의회와 함께한 코로나19 지역 발생 예측 분석(93% 적중) 등이 있다.

Chapter 6

코로나 이후,
새로운 사회 가치와 골목지리학

📍 사회적 가치

미국의 시스템공학자 도넬라 H. 메도즈(Donella H. Meadows) 등이 집필한 『성장의 한계』라는 책이 2021년 출판되어 주목을 받았다.[15] 그런데 이 책의 초판은 이미 50년 전에 출간된 것이다. 그 이후 1,000만 부 이상 팔리며 세계적으로 성장에 관한 논란을 일으켰다. 그리고 코로나19 상황이 이 책의 개정판이 나오는 계기가 되었다. 환경문제를 다룬 1972년의 고전이 50년 가까운 세월이 흘러서 다시 찾아왔다.

　『성장의 한계』는 기후변화, 핵 위협, 환경 파괴, 질병, 인권 탄압, 기아 등은 한 나라에 국한하지 않고 전 지구적인 걱정거리가 되었음을 환기하고 인류 문명의 지속 가능성에 의문을 던진다. 미덕으로 자리 잡은 더 많은 생산과 더 많은 소비 속에 지구, 인류, 문명과 같은 근본적인 가치는 가려졌다고 꼬집는다. 세계 경제는 그 어느 때보다 성장했지만, 자원 감소와 환경 파괴가 뒤따랐다. 이러한 패턴의 성장은 오히려 성장 여력을 감소시키고 도시로 감염병을 유입시켰다고 보았다.

　『성장의 한계』는 18개월간 컴퓨터 모형을 사용하여 1900년에서 2100년까지 전 세계의 인구, 농업생산, 천연자원, 산업생산, 오염의 추세를 제시했다. 이 책의 결론은 명확하다. 첫째, 성장에는 물리적 한계가 있다. 21세기의 어느 시점에 천연자원, 인구, 산업생산, 식량이 걷잡을 수 없게 위축되고 붕괴할 것이다. 둘째, 전환이 가능하다. 성장 추세를 바꾼다면 생태·경제적으로 지속 가능하며 더 평등하고 공정한 사회를 설계할 수 있다. 셋째, 시간이 중요하다. 일찍 시작할수록 성공할 가능성이 커진다는 것이다. 『성장의 한계』 2002년 개정판의 예측은 실제 추이와 거의 일치하는 양상을 보였다. 2012년 호주의 물리학자 그레이엄 터너(Graeme Turner)도 이 책의 예측과 현실이 일치함을 발견했다. 그리고 2023년 현재 인류는 성장의 한계를 겪으며 붕괴를 향해 나아가고 있다.

이제 사회적 가치가 전면에 대두되는 시대다. 사회적 가치에 대해 제프 멀간(Geoff Mulgan)은 "한 사회에서 어떤 현상, 사물, 행위 등이 구성원에게 의미 있고 바람직하다고 인정되는 것"이라 정의하고 마크 업턴(Mark Upton)은 "한 지역의 경제적·사회적·환경적 복리(well-being)를 증진하는 것"이라고 했다. 즉 사회적 가치란 사회적·경제적·환경적·문화적 영역에서 공공의 이익과 공동체 발전에 기여하는 가치다.

이제 인류는 성장을 향해 달리던 관성에서 벗어나 지속 가능성과 평등, 공정성을 지향하는 가치의 이동을 해나가야 한다. 코로나19가 변화의 절박성을 더욱 일깨워주었다. 코로나 시대는 사회 리더십과 거버넌스의 중요성을 확장시켰다. '사회적 거리 두기'는 사람 사이의 밀접 접촉을 막자는 의미이지만, 방역 기술로써 효과를 내려면 '사회체제로부터 거리 두기'가 필요하다. 노동과 경제활동은 말할 것도 없고 교육, 종교, 가족, 젠더, 복지, 보건의료 등 기존 체제 대부분을 바꾸지 않으면 절반의 거리 두기를 면치 못한다는 지

적이다.[16]

세계적인 경제학자 장하준 교수는 코로나 국면에서 "1929년 대공황, 2008년 금융위기 때보다 더 큰 위기가 올 수 있다. 하지만 지금은 과감하게 돈을 풀어야 할 때다. 금융이 아닌 사람을 살리는 고용 유지와 소득 보전에 쏟아부어야 한다"고 강조했다. 그리고 "지금은 국민을 안전하고 건강하게 지키는 게 제일 중요하다. 주객이 전도된 경제체제를 정상화하는 계기로 삼고 사람을 살리는 경제, 인간을 위한 복지에 힘을 쏟아야 할 때다"라고 역설한다.[17]

다수의 전문가는 포스트 코로나 시대의 특징을 과거와의 단절, 거대 전환, 가속화라고 규정하고 있다. 이는 어쩌면 현상을 진단하는 일에 불과할지도 모른다. 우리는 미래를 예측하는 것에 익숙하다. 그러나 지금은 미래를 개척해야 할 때이고, 지향할 가치는 '복원'일 것이다. 복원을 위해 지속 가능하지 않은 것은 무엇이고, 방향을 수정해야 하는 것은 무엇인지, 또 예상보다 빨리 찾아올 미래는 무엇인지 살펴봐야 한다. 포스트 코로나는 경제적 가치에 가려졌던 인간, 자연, 평등, 상생 등 사회적 가치를 다시 복원하는 일이 되어야 한다.

📍 자치의 새로운 방향

코로나19는 지역 자치의 새로운 지향점에 눈뜨게 했다. 의료, 보육, 요양 등 돌봄이 어우러진 도시가 필요하다는 인식이 커졌다. 도시 공간을 분리된 용도가 아니라 여러 용도의 결합이나 혼합이 이루어지는 다양성이 있는 장소로 변화시키는 것이 사회에 생동감을 가져올 수 있으며 의료 서비스, 보육 및 요양 시설과 같은 돌봄의 사회적 네트워크가 잘 갖춰진 도시가 좋은 도시라는 주장이 설득력을 얻고 있다. 도시계획의 모든 부분에 사람, 환경, 인권이 녹아 있어야 한다는 것이다.[18] 이제 지역 자치는 생명, 공공, 복지 패러다임 전환을 수용해야 한다.

코로나는 작은 커뮤니티의 소중함을 드러내었다. 언컨택트는 외로움, 소외감 등의 정신건강 문제를 초래하며 양극화를 고착화시키는 계기가 되었다. 이런 상황에서 같이 밥 먹고 감기 걸리면 감기약도 사다 주고 생일도 축하해주는 작은 커뮤니티가 절실해졌다. 사실 완전한 언컨택트는 존재할 수 없다. 언컨택트는 계속 연결하고 새로운 방식으로 연결하는 트렌드로 보는 것이 합리적이다. 물질에서 문화로 가치가 이동하는 과정으로 이해하면 된다.

새로운 컨택트는 골목 단위에서 일어날 수 있다. 골목 안의 다양한 커뮤니티 활동을 지원할 필요가 있다. 미시적 자치 공간에서 언컨택트는 로컬 컨택트, 세미 컨택트로 발현될 수 있도록 자치의 방향을 잡아야 할 것이다.[19]

코로나로 많은 사람이 고통을 겪는 중에 한 구청에서 코로나19로 바뀐 삶의 애환을 나누고 서로를 격려해주는 주민 토론이 열렸다. 긴장, 낯섦, 두려움, 외로움 등의 감정이 뒤섞인 경험담이 이어졌다. 집안 사정에 따라 발생하는 여가의 차이도 확인할 수 있었고, 세상과 삶에 겸허함을 느낀 이들도 많았다.

입으로 불어 소리를 내는 목관악기 전공 여대생은 비말 때문에 과외가 끊겨 컴퓨터 프로그램을 배우기 시작했고, 동네 식당을 운영하는 분들은 도시락 사업을 시작했다. 주민들 삶의 변화는 직접적이고 구체적이었다. 지방정부의 코로나19 대응을 살펴보면 지역 방역, 주민 건강, 민생 지원 등 크게 세 가지로 구분된다. 특히 집안에 갇혀 있는 어린이를 위한 '집콕 선물꾸러미'와 저소득층을 위한 '위생용품 선물꾸러미' 배달, 어르신들의 하루하루 건강을 점검하는 행복 콜센터 운영, 비대면 독서 지원 프로그램인 '방구석 도서관' 사업, 헌혈 및 착한 소비 캠페인, 천마스크 제작 자원봉사 모두 지방정부의 작품이다. 코로나19 대응 과정을 통해 중앙정부뿐만 아니라 지방정부의 역할이 얼마나 중요한지 증명됐다.

코로나를 완전히 이기는 효과적인 방법은 행복한 골목을 만드는 것이다. 우울함이 염증성 호흡기질환과 연관되어 있음을 여론조사를 통해 확인한 데이터가 있다. 우울하면 사람뿐 아니라 골목도 건강할 수 없다. 다양성과 생동감이 넘치는 골목엔 범죄도 없고 골목 주차난도 없고, 생활쓰레기 불법 투기도 없다. 건강한 골목은 지역사회의 면역력을 강화한다. 골목의 면역력을 강화하는 것이 한국 사회의 면역력을 강화하는 지름길이 될 수 있다. 과거에도 골목은 지름길이었다.

시민의 연대와 협력을 이끌어낼 지역 리더십이 절실한 때이다. 코로나19 초기 방역을 성공적으로 할 수 있었던 결정적 이유는 시민의 연대와 협력이었다. 선진국이 사태 초기 우왕좌왕했던 까닭은 한국보다 기술력과 경제력에서 뒤처졌기 때문이 아니다. 시민의 연대와 협력이 부족한 탓이 컸다. 연대와 협력은 리더십에 대한 신뢰가 있을 때 발휘된다. 따라서 시민이 연대하고 협력할 수 있는 길을 열어주어야 한다.[20]

2021년 초, 지방자치데이터연구소가 전국 성인 남녀 1,000명을 대상으로 전화 조사를 했다. 우리나라 지방정부의 코로나 대응이 세계적 수준이라고 평가하는 국민이 58%였다. 지방정부는 민관 협치를 일상화해야 한다(70%), 사회간접자본보다 사람에 직접투자를 더 많이 해야 한다(63%), 동네 작은 커뮤니티가 우리 삶에 안전망이 될 수 있도록 지원해야 한다(51%) 등의 여론이 높을수록 지방정부의 코로나 대응을 세계적인 수준으로 인정하고 있었다. 이러한 여론을 담을 수 있는 곳이 바로 골목이다.

자치분권이 총론에선 사회적 필요성을 인정받음에도 각론에서 반대 여론에 막히는 상황을 개선하려면, 지방의회가 골목과 지방정부를 연결하는 훌륭한 소통창구가 되어야 한다. 동장이나 통장도 골목이 안고 있는 과제가 무엇인지, 어떻게 해결 가능한지 부단히 살펴보고 노력해야 한다.

코로나 이후 새로운 지역 자치는 주민의 숙의와 토론으로 대안을 모색하는 방향으로 재편되어야 할 것이다. 현재의 전 지구적 기후 위기와 그 대안으로 제시된 그린뉴딜은 정치의 문제이고 불평등의 문제라 할 수 있다. 그린뉴딜은 분권적이고 주민 참여적이어야 한다. 지역 주민과의 공론장 형성, 주민들의 지분 참여나 이익 공유 등을 적극적으로 도모하는 과정에서 지방정부가 역할을 해야 한다. 캐나다의 작가이자 사회운동가인 나오미 클라인(Naomi Klein)은 "주민이 소유와 이익 분배에 참여한다면, 시설 유치에 반대하는 님비 현상 대신 시설 유치를 환영하는 현수막이 걸릴 것이다"라고 역설했다.[21] 주민 참여의 중요성이 커지는 시점에서 골목지리학은 문제를 놓고 주민과 소통하며 협력하는 좋은 계기가 될 수 있을 것이다.

전문가들은 코로나19 이후 산업의 지구화, 생활의 도시화, 가치의 금융화, 환경의 시장화라는 4개의 큰 체제에 균열이 갔다고 말한다. 이와 함께 지구의 자본주의 문명은 새로운 전환을 받아들일 수밖에 없다고 한다. 그리고 미래를 위한 담론운동의 세 가지 원칙을 제시한다. 첫째, 경제 조직을 시장에 맡기지 말 것, 둘째, 무한한 욕망에 질서를 부여할 것, 셋째, 사회적 방역 시스템을 갖출 것이다. 이러한 담론운동을 전개함으로써 무한한 경제성장이 아닌 인간, 자연, 사회에 모두 좋은 경제로 전환해야 한다는 것이다.[22] 전문가들이 제시한 전환의 방향을 시스템 루프로 구성해보았다.

♥ 전문가들이 제시한 대전환 방향

(다이어그램 내 텍스트)
- 리더십 +
- 생명·복지·공공 (의료·보육·요양) +
- 시민의 세세한 삶에 관여 (커뮤니티 지원) +
- 시민성 (연대와 협력) +
- 숙의와 토론 (강한 민주주의) +
- 새로운 담론운동 (경제 대안) +

♥ 전문가 의견을 바탕으로 재구성한 자치 전략 방향

(다이어그램 내 텍스트)
- 돌봄/안전
- 자치 문화
- 미래 가치
- 공동체

Chapter 7

골목지리학의 철학

    사람을 행복하게 하는 데이터 활용을 위한 좋은 지침, 혁신의 원칙에 대해 오랫동안 고민해왔다. 그러면서 '조직시민행동(organizational citizenship behavior)'을 발견하고 여기에 고무되어 깊이 빠져들었다. 경영학에서 1980년대 유행하다 최근에 연구가 다시 활발해졌는데, 이는 조직시민행동이 사회 변화의 필요한 조건 중 하나라는 방증일 것이다.

    조직시민행동은 인디애나대학의 데니스 오건(Dennis Organ) 교수가 그 개념을 조직행동 연구에 도입하면서 본격적으로 소개되었다. 이 글에서는 그 내용을 간략히 소개하겠다.

    조직시민행동은 조직 구성원 스스로가 조직을 위해 행하는 자발적인 행동으로, 직무기술서에 열거된 핵심 과업 이상으로 조직의 효율성 증진에 기여하는 행동을 말한다. 즉 직무에 대한 최소한의 요구를 넘어서서 조직을 위해 과업 수행을 지원하는 사회적·심리적 맥락의 유지와 강화에 기여하는 행동을 일컫는다. 따라서 자유재량적이다.

    공식적인 조직의 시스템으로 명시되지 않지만 추가적으로 업무를 할당받고 자발적으로 구성원들을 돕고 조직의 방침을 준수하고 조직 발전과 관련된 분야의 전문성을 지속적으로 개발하고 조직을 발전시키거나 조직을 방어하고 직무에 대해 긍정적인 태도를 표현하고 불편함도 감수하는 등의 행동이다.

조직시민행동은 이타주의(altruism), 성실성(conscientiousness), 스포츠맨십(sportsmanship), 예의(courtesy), 시민 덕목(civic virtue) 등 다섯 가지 하위 차원으로 구분된다. 데니스 오건 등의 『Organizational Citizenship Behavior』(2005)에 소개되어 널리 알려진, 다섯 가지 항목은 다음과 같다.

① **이타주의(Altruism):** 자기 직무상 필수적이지는 않더라도, 도움이 필요한 다른 구성원들을 아무런 대가 없이 자발적으로 도와주는 행동을 의미한다.

② **성실성(conscientiousness):** '양심성'으로 번역하기도 한다. 조직 구성원이 자기 양심에 따라 조직의 명시적·암묵적 규칙을 충실히 수행하는 것이다. 조직이 요구하는 최저 수준 이상을 감당하는 것인데, 조직 구성원들이 갈등 상황에 처했을 때 더욱 나타나기 쉽다.

③ **스포츠맨십(sportsmanship):** '신사적 행동'으로 번역하기도 한다. 자신에게 불합리한 상황에서도 긍정적인 자세로 정정당당하게 대응하는 행동이다. 조직 내 갈등과 문제가 발생하더라도 불평이나 비난하는 대신 가능하면 조직 생활의 고충이나 불편함을 스스로 해결하려 한다.

④ **예의(courtesy):** 자신의 업무나 의사결정, 행동, 개인적 사정 등으로 인해 다른 구성원이 갑작기 당황하거나 어려움을 겪는 일이 생기지 않도록 구성원 간 정보를 공유하거나 미리 조치하는 행동이다.

⑤ **시민 덕목(civicvirtue):** '시민정신'으로도 번역한다. 조직 내 다양한 공식적·비공식적 활동에 관심을 갖고 적극 참여하는 행동이다. 조직 내 상황에 대해 책임감을 가지고 기꺼이 참여하며 몰입한다.

그런데 조직시민행동은 행위자의 헌신만을 강요하는 개념이 아니다. 조직시민행동은 직업만족도와 긍정적인 영향 관계에 있다. 이는 학문적으로 통계적으로 검증됐다. '어차피 5~6년 하다 그만둘 계획이었어'라고 생각하는 공무원이 아니라면 조직시민행동은 공직자에게 필수이다. 그리고 데이터를 통한 혁신을 추구하는 이들에게 중요한 지침을 제공할 것이다.

📍 골목지리학 3원칙

나는 지방정부와 함께 골목지리학 과제를 수행하면서 세 가지 원칙을 정했다. 사회적 약자, 찾아가는 행정, 협치가 그것이다.

골목 지리 정보학의 사회문제 해결 초점: 사회적 약자

① 인간의 존엄성을 유지하는 기본 권리로서 인권 보호

② 재난과 사고로부터 안전한 근로·생활 환경의 유지

③ 건강한 생활이 가능한 보건복지의 제공

④ 노동권의 보장과 근로조건의 향상

⑤ 사회적 약자에 대한 기회 제공과 사회통합

⑥ 대기업, 중소기업 간의 상생과 협력

⑦ 품위 있는 삶을 누릴 수 있는 양질의 일자리 창출

⑧ 지역사회 활성화와 공동체 복원

⑨ 경제활동을 통한 이익이 지역에 순환되는 지역 경제 공헌

⑩ 윤리적 생산과 유통을 포함한 기업의 자발적인 사회적 책임 이행

⑪ 환경의 지속 가능성 보전

⑫ 시민적 권리로서 민주적 의사결정과 참여의 실현

⑬ 그 밖에 공동체의 이익 실현과 공공성 강화

사회적 약자에 관한 내용은 2014년 당시 문재인 의원이 사회적 가치 기본법을 발의할 때 제기했던 것을 그대로 옮겨왔다. 골목지리학 과제는 사회적 약자에 대한 기회 제공과 사회통합을 지향한다. 이와 관련된 사례로는 방문 건강 관리 간호사 서비스 확대, 독거노인 응급 안전 서비스 제공, 장애인·노인 등 수요자별 특성·사회보장 정보 등의 빅데이터 분석을 통해 수요자 맞춤형 복지 서비스 제공 등이 있다. 이는 문재인 정부 당시 대한민국 국정 과제로 설정되었다. 국민 기본생활을 보장하는 맞춤형 사회보장(42번), 건강하고 품위 있는 노후생활 보장(43번), 건강보험 보장성 강화 및 예방 중심 건강 관리 지원(44번)이 여기에 해당한다.

골목지리학의 사회문제 해결 방식: 찾아가기

골목지리학의 과제가 다루는 현안의 수혜자가 될 사람들은 고립되거나 정보에 취약한 경우가 많다. 지방정부 등 행정기관에서 훌륭한 서비스를 도입해도 그 사실을 잘 몰라서 이용하지 못하곤 한다. 설사 안다고 하더라도 시간이 없거나 건강 문제 등으로 방문할 여건이 안 되는 사람도 많다. 따라서 골목지리학을 통한 행정 서비스는 정책 수혜자를 '찾아가는' 데 초점을 맞춘다.

찾아가는 행정의 정부부처 사례를 찾아보면 고용노동부의 '찾아가는 현장 노동청', 문화재청의 '찾아가는 문화유산 교육', 여성가족부의 '청소년 근로 권익 보호를 위한 찾아가는 거리 상담', 농촌진흥청의 '찾아가는 수출 현장 종합 기술 지원' 등이 있다.

지방자치단체도 찾아가는 행정 서비스 수행에 적극적이다. 충청남도 아산시는 '찾아가는 방과 후 학교', 전라북도는 '찾아가는 경로당 건강 관리', 경상남도는 '찾아가는 산부인과', 경기도 가평군은 찾아가는 '이동 빨래방'을 도입했다.

골목지리학의 사회문제 해결 구조: 협치

골목지리학은 사회문제 해결에 있어 경쟁이 아닌 협치를 기본적 구조로 선택한다. 행정기관과 주민이 협력하고, 주민끼리 협력하는 방식이다. 그리고 정부·기업·시민사회의 거버넌스(governance)를 제시한다. 정부와 기업, 시민사회는 전통적으로 그 역할이 구분되었다. 정부는 공공 서비스를 제공하고 자원을 재분배했다. 기업은 영리를 추구하고 시민사회는 자선과 기부, 자원봉사를 수행했다. 그러나 골목지리학은 사회문제 해결을 위해 정부, 기업, 시민사회 등 다양한 주체들의 참여를 바탕으로 한 공동 대응, 즉 '협력적 거버넌스'를 새로운 사회 운영 원리로 추구한다.

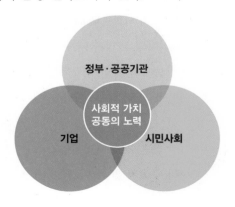

part 3

지역 난제 해결에
도전한다

골목지리학의 탄생

Chapter 1

정책 효과를 골목길 구석까지

📍 지역 행정에서 지리 정보학의 유용성

지리 정보학적 접근 방법은 정부와 각급 지자체의 정책 수립과 행정에 무척 유용하게 쓰일 수 있다. 특히 공간을 세분화하여 데이터를 분석하는 특징으로 지역 정책에 효과적이다. 말하자면 정책의 효과를 골목길 단위까지 이르게 함으로써 주민에게 일대일의 맞춤 서비스를 가능하게 한다.

해당 지역을 행정상의 구획에 얽매이지 않고 특징에 따라 세세하게 나누고 나서 기존 기초 데이터를 분석한 바탕 위에 잘 설계된 설문조사를 통해 인식 데이터를 수집하고 종합함으로써 미세 단위별 현황을 상세하게 파악하고, 이러한 지리 정보를 바탕으로 각각의 공간에 따라 차별화된 정책을 수립하고 시행한다.

정책 사안별로 아주 미시적인 공간 단위의 특징을 파악하고 있다면, 그에 따른 행정 서비스의 수요를 조절할 수 있으며 효과적인 전달 체계를 고안하기에 편리하다. 해당 장소에 신속하게 접근하는 경로를 미리 구축해놓을 수도 있다.

지역을 큼직큼직한 덩어리로 뭉뚱그려 파악할 때는 하위 지역별 특수성이 고려되지 않아 정책의 틈새로 누수가 생기곤 한다. 또한 행정상으로나 관습상으로 기존에 나누어놓은 구획을 고집할 때는 다양한 특성이 혼재된 지역을 하나로 다룸으로써 정책 효과가 반감되기도 한다.

마이크로 지리 정보학은 이런 위험을 극복하고 골목 하나하나, 심지어 건물 하나하나에 이르는 특징을 반영한 행정이 이루어지도록 돕는다.

📍 문제와 해결 방안을 지도를 통해 선명하게 파악

한 지역 내의 행정 수요나 문제점을 선명하게 드러내고 해결의 실마리를 찾는 데는 지리 정보학의 산물인 지도가 무척 효과적이다. 이때 문제를 정의하고 정책 목표를 분명히 하는 것이 출발점이다. 그리고 해당 지역을 수십에서 수천 개의 아주 작은 단위로 쪼갠 다음 쪼개진 단위의 문제 정도를 색으로 표시한다. 대개는 심각한 지역을 빨간색으로 표시한다. 그 외의 부가 정보도 크기를 달리하는 도형 등을 통해 시각적으로 표시한다. 그러면 문제 현황이 직관적으로 보인다. 부분적인 문제와 전체 현황을 동시에 살펴봄으로써 해결책을 찾는 데도 도움을 준다.

예를 들어 주차 문제라면 주차 민원이 심각한 지역일수록 A등급 파란색, B등급 빨간색, C등급 노란색으로 표시하고 주차 위반 단속 건수에 따라 크기를 달리한 원으로 부가하는 방식이다.

이렇게 데이터를 반영한 지도를 완성해놓고 보면 문제가 한눈에 드러난다. 주차장이 이미 포화 상태이거나 더는 지을 수 없는데도 분쟁이 잦은 지역이 드러나면 이곳에는 셔틀버스 운영, 시민 토론 등의 대안을 찾아야 할 것이다. 이때 계량화된 데이터뿐 아니라 사람들의 구체적인 감정과 의견을 묻는 인식 데이터 수집도 병행해야 한다. 불편의 정도, 해결 방안에 관한 의견 등이 계량화된 데이터와 융합된 상태에서 대안을 마련하는 것이 좋다.

📍 지리 데이터의 활용 사례

잘게 나뉜 공간에 따라 다원화된 특징을 갖는 현대사회에서 지리 정보의 활용은 증가 추세에 있다. 특히 선진적인 시스템을 갖춘 기관에서는 데이터를 효과적으로 수집하고 이에 따른 행정 체계를 갖추는 데 역점을 둔다.

대표적인 사례로 미국의 대표 도시 뉴욕을 들 수 있다. 뉴욕시는 시청 산하에 데이터 분석 센터를 운영하면서 작은 도로나 건물 단위까지 이르는 공간 정보를 수집하고 이를 분석하여 정책에 적극 활용하고 있다. 소방서의 경우, 관내 30만 개 건물의 화재 위험성을 파악하여 예방 관리에 주력하고 화재 발생 시에는 대응 시간을 기존의 3분의 2로 줄이고 있다.

또한 시 건축과는 불법 개조 및 용도 변경 건물 데이터를 확보하고 우선순위를 설정하여 단속 성과를 5배나 늘려 안전 관리에 효과를 보았다. 시 위생과도 세금 납부와 폐유 처리 비용 데이터를 파악하고 분석하여 집중 감시 대상을 선정하여 관리함으로써 단속 성과를 2배 이상 높였다.

브라질의 리우데자네이루도 지리 정보 운용에 적극적이다. 이곳에서는 도시환경 통합 관리 시스템을 구축했다. 지역 내 존재하는 30여 개 기관이 관리하는 정보와 프로세스를 단일 체계로 통합한 것이다. 이를 통해 자연재해, 교통, 전력 공급 등을 체계적으로 관리하는 지능형 운영 시스템을 도입할 수 있었다.

미국 LA의 범죄 예측 시스템도 마이크로 데이터 분석을 잘 활용한 체계이다. 미세 데이터를 상세하게 분석하여 세분화된 지역별로 위험도를 파악하는데, 특정 날짜에 어떤 지역이 특히 위험한지까지 예측하는 능력을 갖추었다. 그래서 관내 경찰관에게 현재 어떤 곳이 가장 위험한지를 알려주고 다른 지역보다 더욱 주의를 기울일 것을 요청하고 있다.

이렇듯 지역 공간별 데이터를 세분화하여 광범위하게 수집하고 이를 정책 목표에 따라 적절히 분석한다면 지역의 한정된 자원을 효율적으로 배분함으로써 정책 효과를 높일 수 있다.

이러한 지리 정보학적 방법론을 지역 정책에 활용하는 사례는 점차 늘고 있다. 고질적 지역 현안인 주차, 대중교통, 방범, 질병 관리, 복지, 고용 등에서부터 문화, 상생, 금융, 체육, 소통 등에 이르기까지 다양한 영역에서 골목지리학을 도입하여 성과를 낳았다. 이에 대해 더 자세히 알아보겠다.

Chapter 2

아파트에 숨은 복지 사각지대

📍 포착되지 않은 위기 가구의 비극

2022년 경기도 수원시의 한 다세대주택에서 어머니와 두 딸이 숨진 채 발견되었다. 이웃에서 악취가 난다는 주민 신고를 접수한 경찰이 출동했을 때 이들은 사망한 지 꽤 시간이 지나 시신이 부패한 상태였다. 세 모녀는 병이 심했다. 어머니는 암을, 두 자녀는 희소 난치병을 앓고 있는 상태였다. 아버지와 아들도 병으로 세상을 떠난 상태였다.

세 모녀는 실제 주거지와 주민등록상 주소지가 일치하지 않았다. 2004년에 경기도 화성시로 주민등록을 옮겼지만 채권자를 피해 전입신고를 하지 않은 채 수원시의 월세방을 전전했다. 세 모녀는 2021년 2월부터 건강보험료를 내지 못하고 있었는데, 이 사실을 인지한 건강보험공단이 주민등록상 주소지로 건강보험료 체납 사실을 통보하였고, 관할 행정복지센터에서 세 모녀에게 복지 안내문을 우편으로 발송하기도 했다. 하지만 해당 지역에 거주하지 않는 세 모녀는 이런 복지 안내문을 받지 못했다. 아무런 공적 도움을 받지 못한 것은 물론이다. 이른바 복지 사각지대에 놓인 것이다.

생계의 위기에 처한 사람이 사회복지 혜택을 받지 못하는 이른바 복지 사각지대 문제는 2014년 2월의 송파 세 모녀 사건 이후 수면 위로 떠올랐다. 이 사건은 한국 사회를 비통에 젖게 만들었다. 한 단독주택 지하에 세 들어 살던 어머니와 두 딸이 생활고를 이기지 못하고 스스로 목숨을 끊었다. 그들은 "죄송합니다. 마지막 집세와 공과금입니다"라는 메모와 함께 70만 원을 남기고 세상을 등졌다. 세 모녀가 복지 체계의 도움을 받지 못했기에 이 사건은 한국 사회의 복지와 사회안전망의 한계를 드러내었다.

정치권은 급히 대책 마련에 나섰고, '송파 세모녀법'이 국회를 통과했다. 기초생활수급자 기준이 넓어졌고 건강보험료 체납과 단수 등 위기 정보를 통해 취약 계층을 사전에 찾아내는 시스템이 마련됐다. 그러나 이런 대책만으로는 비극의 재발을 막을 수 없었다. 증평 모녀 사건, 성북동 네 모녀 사건, 부산 모녀 사건, 수원 세 모녀 사건, 신촌 모녀 사건 등 불행이 꼬리를 물고 일어났다. 현재의 시스템, 중앙정부 중심의 대책, 주민등록 주소지에 근거한 복지 대상자 발굴 등으로는 복지 사각지대의 비극을 막을 수 없다. 골목 단위의 이웃 간 연대로 촘촘한 그물을 짜야만 한다.

📍 부산광역시 연제구의 시도

부산광역시 연제구도 복지 사각지대에 대해 깊은 문제의식을 지녔다. 숨어 있는 위기 가정은 점점 늘고 있지만, 그 파악은 무척 어려웠다. 특히 한국 사회가 코로나19에 집중 대응하는 동안 복지 사각지대 포착이 더뎠고 그사이에 사각지대 범위는 더 넓어지고 있다. 부산광역시를 예로 들면, 2019년 대비 2020년의 복지 사각지대가 2배 증가했다. 복지 사각지대에 대한 지방정부의 관심이 그 어느 때보다 절실한 긴급재난 상황에 처한 것이다.

현재 지방정부는 복지 사각지대 추정 데이터를 사회보장정보원에서 받고 있다. 하지만 이것은 제한된 인원만이 활용 가능한 한계가 있다. 이런 상황에서 연제구는 복지 상태 긴급 진단을 위한 주민 여론조사를 통해 복지 정책에 참고할 수 있는 기초 자료를 확보하고자 했다. 이를 통해 12개 행정동별, 423개 골목길별 사각지대 발생을 예측하여 향후 복지 정책에 반영한다는 계획이었다.

2021년 8월 23일부터 11월 22일까지 약 3개월에 걸쳐 복지 사각지대 골목지도 작성 작업이 진행되었다. 공공 데이터와 주민 설문에 의한 인식 데이터를 결합하여 분석 결과를 도출하고 복지 사각지대 완화에 다방면으로 활용할 수 있도록 과제를 수행했다. 복지 사각지대 발생을 예측한 골목 단위 근거 자료를 마련하려 한 것이다. 그리고 복지 사각지대가 공공 데이터에 잘 반영되지 않는다는 특징을 고려해 주민 인식 분석에 특히 공을 들였다.

📍 복지 사각지대 관련 인식 조사 결과

복지 사각지대와 관련한 인식 조사의 첫 번째는 복지 혜택 필요 계층이 필요한 복지 정보를 누리고 있는지에 관한 것이다. 안타깝게도 복지 혜택이 필요한 계층의 복지 정보는 부족했다. 복지 혜택의 종류와 그에 따른 정보가 어느 정도 있는지에 대한 질문에 대해 인지 42.6%(매우 잘 앎 3.5%, 대체로 잘 앎 39.2%), 비인지 57.4%(대체로 모름 43.1%, 전혀 모름 14.2%)로 답했다.

여성, 나이가 많을수록, 자가, 연립, 40평 이상, 1세대 가정이 복지 정보를 인지하는 비율이 상대적으로 높았고 남성, 나이가 적을수록, 월세, 단독, 20평 미만, 3세대 가정에서 복지 정보를 모른다고 답한 비율이 더 높았다. 이를 통해 볼 때 복지 정보에 취약한 계층

◉ 복지 정보 인지 여부 (단위: %)

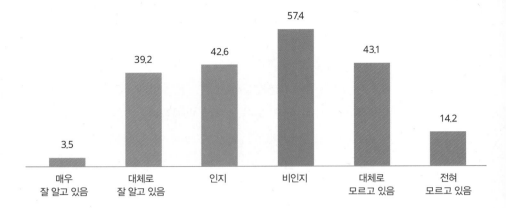

매우 잘 알고 있음	대체로 잘 알고 있음	인지	비인지	대체로 모르고 있음	전혀 모르고 있음
3.5	39.2	42.6	57.4	43.1	14.2

◉ 복지 사각지대 추정 (단위: %)

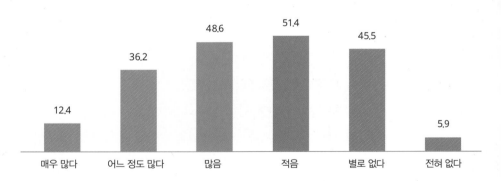

매우 많다	어느 정도 많다	많음	적음	별로 없다	전혀 없다
12.4	36.2	48.6	51.4	45.5	5.9

이 대체로 추가적인 복지 혜택이 필요한 계층일 가능성이 크다. 따라서 현장 중심의 적극적인 복지 정책 추진이 필요한 상황이다.

복지 사각지대가 얼마나 될지 추정해보라는 질문에 대해 많음 48.6%(매우 많음 12.4%, 어느 정도 많음 36.2%), 적음 51.4%(별로 없음 45.5%, 전혀 없음 5.9%)로 답했다. 주민의 절반가량이 생활터 안에서 복지 사각지대를 지각하고 있었다. 복지 사각지대가 많을 것이라고 답한 층은 월세, 다세대·연립, 20평대 미만 거주자가 상대적으로 많았다. 그런데 예상한 수치보다 복지 사각지대에 놓여 있는 주민들이 많을 수도 있다. 특히 복지 관련 정보가 부족하다고 답했으면서 복지 사각지대가 적을 것이라고 추정한 주민이 많이 거주하는 지역은 상대적으로 복지 사각지대가 많지만 복지 정보가 부족한 곳일 수 있다는 판단이다.

주민 인식 설문조사 결과 복지 사각지대 발생에 가장 많은 영향을 미치는 변수는 병원 못 감, 실업, 생활고 순으로 나타났다. 그리고 복지 사각지대 발생을 초기에 감지하고 선제적으로 대응할 수 있는 특징적 현상으로는 병원 못 감, 휴대전화 사용 중단 등으로 나타났다. 이런 조짐은 생활 패턴으로 가까운 지인이나 이웃 등이 식별할 수 있는 요인이다. 따라서 병원에 와야 할 사람이 오지 못하

📍 **복지 사각지대 발생 패턴 분석: 상관관계 분석**

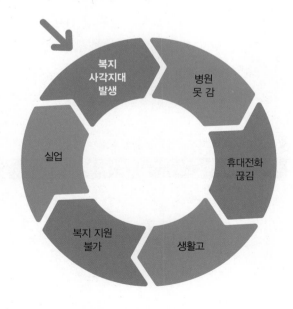

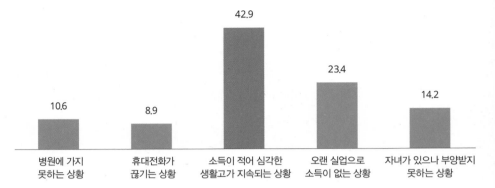

◉ 복지 사각지대 가장 심각한 문제   (단위: %)

- 병원에 가지 못하는 상황: 10.6
- 휴대전화가 끊기는 상황: 8.9
- 소득이 적어 심각한 생활고가 지속되는 상황: 42.9
- 오랜 실업으로 소득이 없는 상황: 23.4
- 자녀가 있으나 부양받지 못하는 상황: 14.2

고 있는 경우를 파악하기 위해 동네 병·의원이 방문 패턴을 감지하는 제도를 마련할 필요가 있다. 휴대전화 요금을 내지 못해 사용이 정지되는 것은 사회적·개인적 소통의 단절이라는 심각한 문제를 일으킨다. 도움의 손길이 차단될 수 있기에 절박함을 반영한 대책이 필요하다.

복지 사각지대에서 발생하는 가장 심각한 문제가 무엇인지에 대한 질문을 통해 인식을 확인하였다. 소득이 적어 심각한 생활고가 지속되는 상황, 오랜 실업으로 소득이 없는 상황, 자녀가 있으나 부양받지 못하는 상황, 병원에 가지 못하는 상황, 휴대전화가 끊기는

◉ 복지 사각지대 지각에 영향을 준 변수들

회귀분석	표준화 계수	유의 확률
병원 못 감	.374	.000
휴대전화 끊김	.048	.390
생활고(식사 거름)	.155	.003
실업(소득 없음)	.203	.000
복지 지원	.044	.355

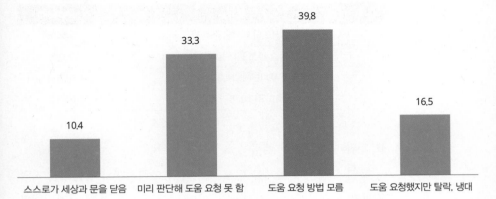

복지 요청 장애 요인 (단위: %)

스스로가 세상과 문을 닫음	미리 판단해 도움 요청 못 함	도움 요청 방법 모름	도움 요청했지만 탈락, 냉대
10.4	33.3	39.8	16.5

상황 등의 순으로 조사되었다.

복지 요청의 장애 요인을 물었다. 복지 혜택이 필요할 때 받을 수 있는지를 확인하는 데 걸림돌이 되는 것이 무엇인지 확인하고자 한 것이다. 도움 요청 방법을 모르는 경우가 39.8%로 가장 많았다. 여성, 나이가 많을수록, 전세, 단독·원룸 거주자가 상대적으로 높은 비중이었다. 그리고 자신의 사정이 이웃에 알려지는 것이 두렵거나 복지 지원 심사 기준이 엄격하기에 도움을 받지 못할 것이라 미리 판단해 도움을 요청하지 못하는 경우가 33.3%였다. 남성, 나이가 적을수록, 월세, 다세대·연립 거주자가 상대적으로 많았다. 그 밖에 도움을 요청했는데 탈락하거나 냉대를 받았다는 응답이 16.5%, 스스로 세상과 문을 닫았다는 응답이 10.4%로 나타났다.

요약하자면, 복지 요청 절차를 잘 모르거나 거절의 두려움 때문에 복지 요청을 하지 못하는 사람이 많은 현실이다. 이것은 앞에서 말한 복지 사각지대의 여러 불행한 사건들에서 반복해서 나타나는 현상이기도 하다. 까다로운 신청 절차, 이유를 정확히 알기 어려운 거절 등 불합리한 시스템이 복지 요청을 가로막고 있다. 정확한 정

📍 복지 사각지대와 지역 문제의 상관관계 분석

지역 문제	상관계수
코로나19 이후 우울증 증가	0.440
밤길 안전 문제 발생	0.428
골목 주차난(불법 주차) 심각	0.303
감기·독감 자주 걸림	0.237

보 전달과 적극적인 행정이 요구된다.

복지 사각지대 문제를 다루면서 복지 사각지대와 일반적인 지역 문제의 상관관계도 살펴보았다. 여러 지역 문제가 복지 사각지대와 높은 상관관계를 보였다. 그중에서 코로나19 이후 우울증 증가와 밤길 안전 문제가 가장 높은 상관성을 보였고, 그다음으로 골목 주차난과 감기·독감 등이 상관성을 나타냈다. 우울증은 자살과 밀접한 관련이 있으며, 밤길 안전은 일상 안전의 대표적인 사항이므로 별도의 대책이 필요하다고 판단된다.

바꾸어 생각하면 복지 사각지대가 없는 동네는 주민이 건강하고 주차 문제로 싸움이 잘 일어나지 않고 생활 안전이 보장되고 우울증 없이 유쾌하다는 결론이다. 이는 복지 사각지대를 일부 소외 계층의 문제로 다루는 기존 시각을 극복해야 함을 여실히 보여 준다.

복지 사각지대에 대응하는 방안에 대해 여러 측면에서 조사하였다. 먼저 주변 어려운 이웃을 돕고 지역 문제를 해결하기 위해 구청이 관내 각종 협회와 단체 등과 정책 협약을 맺고 공동으로 노력하는 것에 대해 공감하는 비율이 71.8%로 높았다. 여성, 나이가 적을수록, 월세, 연립, 20~30평대, 2·3세대 가정에서 상대적으로 공감이 많았다. 또한 주변 어려운 이웃을 돕고 지역 문제 해결을 위해 통장의 역할을 확대하는 것에 대한 공감 비율도 65.0%로 높게 나

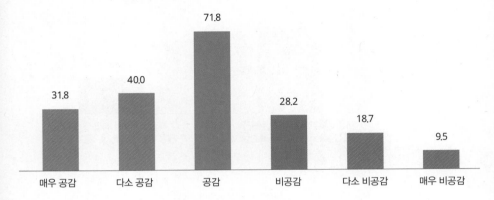

(단위: %)

71.8

40.0

31.8

28.2

18.7

9.5

매우 공감　　다소 공감　　공감　　비공감　　다소 비공감　　매우 비공감

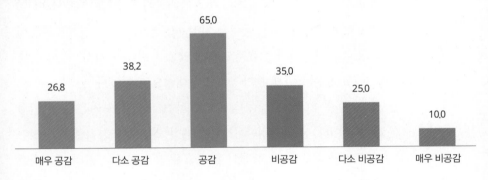

📍 통장의 역할이 강화되어야 한다

(단위: %)

65.0

38.2

35.0

26.8

25.0

10.0

매우 공감　　다소 공감　　공감　　비공감　　다소 비공감　　매우 비공감

타났다. 여성, 전세, 연립, 20평 미만, 3세대 가정이 상대적으로 더 공감하는 것으로 나타났다. 이 결과는 복지 사각지대 대응을 위해 지역 협치 체제 구축이 중요함을 드러내고 있다.

　주민들은 복지 사각지대 대응의 우선순위를 어떻게 인식하고 있을까? 지방자치단체의 재정 압박이 있더라도 복지 확대가 필요하다고 생각하는 사람이 더 많은 것으로 나타났다. 재정 압박을 전제

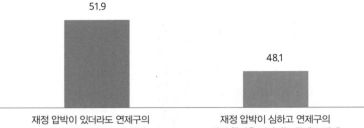

📍 재정 압박을 전제로 한 상태에서 복지 확대에 대한 찬반 의견 (단위: %)

51.9
재정 압박이 있더라도 연제구의
재정 형편이 가능하므로 찬성

48.1
재정 압박이 심하고 연제구의
재정 형편을 넘어서는 문제로 반대

로 한 상황에서 경제적으로 어려운 사람에게 더 많은 지원을 해야 한다는 주장에 대해 "재정 압박이 있더라도 구의 재정 형편이 가능하므로 찬성한다"는 여론이 51.9%로 "재정 압박이 심하고 구의 재정 형편을 넘어서는 문제이기에 반대한다"는 여론 48.1%보다 약간(오차 범위 내) 앞섰다. 찬성은 남성, 40~50대, 자가, 연립, 20평 미만, 3세대 가정에서 상대적으로 높았으며 반대는 여성, 60세 이상, 단독, 40평 이상, 1세대 가정에서 상대적으로 높았다.

복지 사각지대를 찾아내고 대응하는 일의 주도권은 누가 발휘하는 것이 가장 바람직할까? 이에 대한 인식도 조사하였다. 규정된 예산 지원 외에 복지 혜택이 필요한 주민이 처한 상황의 심각성에 따라 사회복지사 등의 의견으로 추가 지원이 가능하도록 제도를 개선하는 것에 대한 의견을 물었다. 현장의 상황이 지원 내용에 반영되는 것이 중요하므로 긍정적이라는 응답이 58.0%, 복지사의 의견이 임의로 반영되면 예산 오남용의 우려가 있어 부정적이라는 응답이 42.0%였다. 긍정적 의견은 40~50대, 월세, 다세대, 20평 미만, 3세대 가정에서 상대적으로 높았고 부정적 의견은 60세 이상, 자가, 단독, 30평대, 1세대 가정에서 상대적으로 높았다. 요컨대 복지 사각지대 대응에서 엄격한 규정보다는 현장에 의사결정권을 더 많

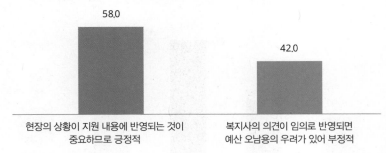

◆ 현장 사회복지사 지위와 역할 확대에 관한 의견

(단위: %)

58.0

42.0

현장의 상황이 지원 내용에 반영되는 것이
중요하므로 긍정적

복지사의 의견이 임의로 반영되면
예산 오남용의 우려가 있어 부정적

이 주어야 한다는 의견이 우세하다.

　현장 사회복지사의 의견이 복지 사각지대 발굴과 지원에 직접 반영되도록 해야 한다는 차원을 넘어 사회복지사가 위기 가정의 교육, 금융채무, 공과금, 일자리, 폭력 상담 등을 종합적으로 해결할 수 있도록 강력한 권한을 주는 방안 도입에 대해서도 질문해보았다. 그 결과 대부분 문제가 종합적으로 발생하므로 근본적인 문제 해결에 긍정적이라는 응답이 53.6%로 과도한 권한으로 지원하는 것이 사생활 침해 등으로 부정적이라는 응답 46.4%보다 높게 나타났다. 긍정 의견은 여성, 40~50대, 자가, 다세대, 20평대, 2세대 가정에서 상대적으로 많았고 부정 의견은 남성, 60세 이상, 전세, 연

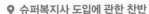

◆ 슈퍼복지사 도입에 관한 찬반

(단위: %)

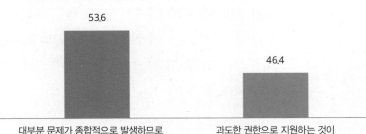

53.6

46.4

대부분 문제가 종합적으로 발생하므로
근본적인 문제 해결에 긍정적

과도한 권한으로 지원하는 것이
사생활 침해 등으로 부정적

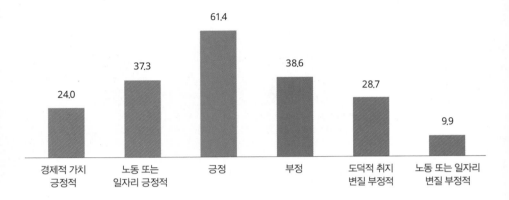

⊙ 사회적 행동에 대한 경제적 가치 전환 여론 (단위: %)

- 경제적 가치 긍정적: 24.0
- 노동 또는 일자리 긍정적: 37.3
- 긍정: 61.4
- 부정: 38.6
- 도덕적 취지 변질 부정적: 28.7
- 노동 또는 일자리 변질 부정적: 9.9

립, 30평대, 1세대 가정에서 상대적으로 많았다. 이런 의견을 고려해볼 때 이른바 '슈퍼복지사'의 운용을 검토해볼 만하다.

복지 사각지대 발견과 대응 등 사회복지 확대를 위해 선행과 자원봉사 등의 자발적인 사회적 행동을 선별하여 이것을 돈으로 보상하는 것에 대해 찬반 의견을 물었다. 그 결과 찬성이 61.4%로 반대 38.6%보다 높게 나타났다.

자세한 내용을 보면 선행·자원봉사 등을 경제적 가치로 인정하는 것에 긍정적 24.0%, 선행·자원봉사 등을 노동 또는 일자리로 인정하는 것에 긍정적 37.3%, 선행·자원봉사 등의 도덕적 취지가 변질할 수 있기에 부정적 28.7%, 선행·자원봉사 등이 노동 또는 일자리로 변질될 수 있기에 부정적 9.9%였다.

긍정은 남성, 나이가 많을수록, 월세, 연립, 평수가 작을수록 상대적으로 높았고 부정은 여성, 자가, 단독, 평수가 클수록 상대적으로 높았다.

📍 연제구의 복지 사각지대 대응 지도

부산광역시 연제구의 복지 사각지대 대응 골목지도는 다음의 지침 아래 작성되었다.

부산광역시 연제구의 복지 사각지대 발굴 골목지도는 조감 → 동선 → 거점의 3단계를 거쳐 활용하도록 작성되었다.

📍 부산광역시 연제구 복지 사각지대 대응 골목지도 지침

– 행정구역을 소지역으로 나눔
– 등급이 높을수록 사각지대 발굴 지원 노력이 더 많이 필요한 지역임. 즉 A ← B ← C ← D ← E의 중요도

❶ 등급 지역 면적은 거주지 밀도와 깊은 상관관계가 있음. 즉 밀도가 낮으면 면적이 넓고 밀도가 높으면 면적이 작음. 전국적으로 매우 드문 사례: 거주자는 없지만, 주민등록상에 등록된 곳일 가능성이 큼.
예) 공단, 항만, 재개발 일부 기간

❷ 번호는 해당 지역의 고유 번호. 보고서의 읍·면·동별 통계표의 고유번호와 일치

❸ 지물의 이름. 해당 지역을 쉽게 파악할 수 있도록 직접 지정한 지물명. 온라인 지도상의 지물을 그대로 사용한 경우도 있음.

❹ 등급 색상이 없는 지역은 해당 주소지에 거주자 등록이 없는 곳임.

📍 조감 → 동선 → 거점

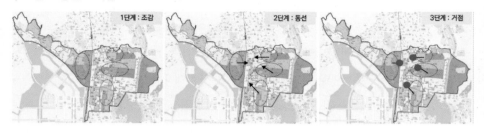

1단계는 조감(have a bird's eye view)이다. 활용 초기에는 A·B등급 또는 A·B·C등급을 묶어서 위치 정보를 확인하여 활용한다. 처음부터 등급별로 활용 정도를 세분화하면 좋지만, 익숙해지려면 시간이 걸릴 수 있기 때문이다.

2단계는 동선(traffic line) 확인이다. 골목지도의 등급 정보 거주지 기반 수요 예측 정보에는 동선 정보가 없다. 따라서 지역을 이해하고 있는 사람, 예를 들어 지방의원이나 읍·면·동장 등의 조언을 구하는 게 효과적일 것이다.

3단계는 거점(foothold) 확보이다. 주민 소통 장소를 확정한다. 이때 공간 확보 현장 확인은 필수이다. 읍·면·동별 2~5개의 거점을 확보하는 게 바람직하다.

각종 데이터를 종합하여 복지 사각지대 골목지도를 작성하였다. 이때 영향변수는 인구 규모, 남성, 40~50대, 월세, 다세대, 20평 미만, 3세대(부모·부부·자녀)였다. 그 결과 A등급 81개, B등급 75개, C등급 125개, D등급 66개, E등급 76개 소지역으로 구분되었다.

골목지도로 작성된 데이터 검증을 위해 연제구 통합돌봄본부 접수 내역과 예측 등급을 비교해보았다. 접수 내역 중 48%가 A등급, 15.5%가 B등급, 13.4%가 C등급에 포함되었다. 즉 76.9%가 등급 내 포함되었다.

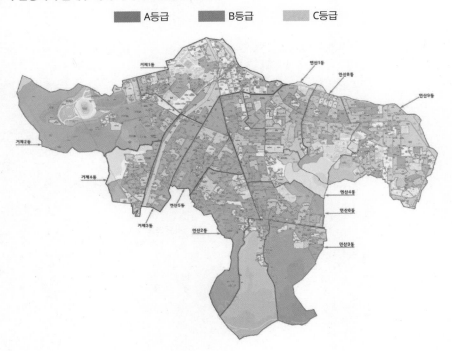

📍 부산광역시 연제구 복지 사각지대 대응 골목지도

A등급　　B등급　　C등급

　　그리고 2020년 연산9동 긴급복지지원 수급자 268명 중 중복 지원을 제외한 61명의 거주지 주소와 골목지도 데이터를 비교해보았다. 접수 내역 중 8.2%가 A등급, 24.6%가 B등급, 45.9%가 C등급에 포함되었다. 즉 78.7%가 등급 내 포함되었다.

　　이 두 검증 사례를 통해 찾아가는 주민 돌봄 대상자 발굴이 능동적으로 진행될 경우 예측률이 높아질 것임을 확인할 수 있다.

📍 **복지 사각지대 발견과 대응을 위한 제안**

① 찾아가는 복지해설가 운영과 조례 제정을 제안하였다. 복지 사각지대 발굴은 시혜적 복지의 출발이 아니라 복지 주권의 시작으

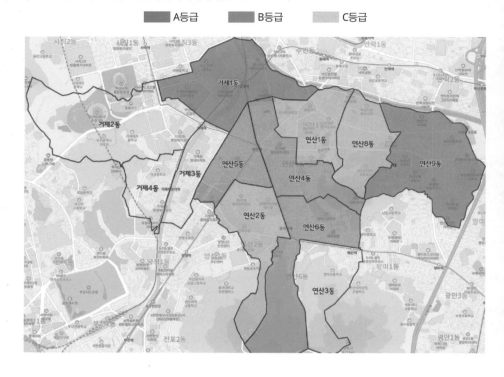

♟ #부산광역시 연제구 복지 사각지대 행정동별 지도

로 보아야 한다. 주민 여론조사에서 확인된 사실은 도움의 손길이 필요한 사람이 복지 정책에 대한 정보가 부족하고 도움 거절의 두려움 때문에 쉽게 도움을 요청하지 못하고 있다는 것이다. 따라서 시·군·구 차원에서 골목으로 찾아가는 복지해설사를 모집하여 교육함으로써 이들이 활발하게 활동할 수 있도록 하는 것이 효과적이다. 이에 대한 조례 제정 또한 검토해볼 수 있다. 시범 사업으로 A등급 구·군 또는 읍·면·동에서 시행하는 것이 효과적이리라 본다.

　② 지역 화폐나 상품권을 지역 병·의원 의료비 지급과 통신요금 납부에 이용하는 정책을 제안하였다. 대부분의 지역 화폐와 상품권 제도는 지역 경제 활성화 정책의 하나로 추진되었다. 그래서 사

회복지 관점이 부족한 경향이 있다. 이의 취지를 확대하여 사회경제적 취약 계층에 한해 통신비, 교육비, 주거비, 지역 병·의원 의료비 등에 지출할 수 있도록 정책 확대가 검토되어야 하겠다. 진료비 등은 후불카드 제도도 고려할 필요가 있다. 이에 따른 시범 사업도 필요해 보인다.

③ 슈퍼복지사 제도의 신설 검토를 제안하였다. 앞에서 주민 인식 조사에 대해 다룰 때 슈퍼복지사의 필요성에 공감하는 의견이 많음을 보았다. 복지 사각지대의 신규 발굴도 중요하지만, 발굴된 사회경제적 취약 계층의 지원 규모와 내용의 한계를 극복하는 일도 중요한 문제이다. 따라서 한 가정의 의식주는 물론 교육, 교통, 금융, 일자리, 건강 등에 대한 종합적인 컨설팅과 지원을 책임지고 할 수 있는 슈퍼복지사 제도를 검토할 필요가 있다. 슈퍼복지사는 일대일 밀착 지원을 할 수 있도록 설계하며 적절한 권한이 부여되고 예산이 충분히 반영되어야 한다. 이 제도는 A·B등급 행정동 시범 사업으로 추진할 것을 권하였다.

④ 찾아가는 복지 사각지대 발굴팀의 활동 거점을 확보해야 함을 강조하였다. 해당 읍·면·동의 등급별 데이터를 참고하여 찾아가는 발굴 활동 계획을 수립하고 집행하는 것이 바람직하다. 거점을 기준으로 매월 A등급 5회, B등급 3회, C등급 2회, D·E등급 1회 정도 방문이 적합해 보인다. 가가호호 방문과 거리 인터뷰, 육안 관찰 등 찾아가는 복지 상담소와 연계하면 효과적일 것이다. 이때 '어르신 통합돌봄'과 연계할 수 있는 체크리스트를 개발하면 긍정적인 결과를 낳을 것이다.

⑤ 긴급복지지원 수급자(원) 등의 인보증 제도 도입을 건의했다. 갑작스러운 위기 상황을 맞고 생계유지 등이 곤란한 위기 가구를 신속하게 지원하고 이 가구가 조기에 위기 상황에서 벗어나게 함

으로써 만성적 빈곤 등을 방지하기 위해 인보증 제도를 제안한 것이다. 주요 내용은 생계비 지원, 의료비 지원, 주거비 지원, 난방비 지원 등에서 기초지방의원, 통합돌봄본부 직원, 거주지 주민 통장 등 세 사람의 인보증으로 지급이 결정될 수 있도록 보건복지부 등 관계 기관과 협의할 필요가 있다. 이때 각종 서류 준비 등 복잡한 절차와 도움 거절 부담감을 줄여주는 일이 긴요하다.

⑥ 65세 이상 주민 생활 안정 일자리 공급에 대한 제안이다. 이는 A등급 읍·면·동에서 시행하면 효과적일 것이다. 고령 어르신이 일상 활동을 안정적으로 지속할 때 인건비 형식으로 지원하는 방식이다. 지급의 대상이 되는 활동은 약 먹기, 약속했던 신체 활동 실천, 약속했던 독서 실천, 담당 직원에게 하루 1회 전화하기, 집안 청소와 세탁, 지인과 가족에게 하루 1회 이상 전화하기, 긍정적인 생각하기, 화분에 물 주기, 화분 이동시키기 등을 고려해볼 수 있다.

⑦ A·B등급 골목을 대상으로 한 찾아가는 보건소 사업이다. 주민들의 주요 질병인 고혈압, 당뇨, 퇴행성관절염, 치매 등에 대한 예방과 기본 진료를 위한 찾아가는 보건소 사업을 추진하자는 것이다. 이 과정에서 일상생활용품, 건강기능용품, 보건위생용품 등의 키트를 전달한다. 이때 사전에 해당 지점에 현수막 등을 설치하여 찾아가는 보건소 사업을 공지하는 게 효과적이다. 또한 사업 과정에서 확보된 데이터는 여타 복지 사업과 구청 사업 데이터와 연계 활용하는 게 바람직할 것이다.

⑧ A·B·C등급 골목을 대상으로 한 찾아가는 문화 공연이다. 이 제안에 대해 '창문 열고 골목 콘서트'라는 이름을 붙였다. 3~4월, 10~11월 4개월간 특정 요일·시간·골목을 특정하여 30분가량의 음악 공연을 진행하는 것이다. 바이올린, 전자피아노 등 각

종 연주와 성악, 뮤지컬 등 정서적 안정감과 지역 유대감을 강화할 수 있는 콘셉트로 공연을 기획한다. 인근 대학 문화 동아리에 협업을 제안하거나 공모 사업으로 추진하는 것도 효과적이다. 작은 골목에서 열리는 게릴라 콘서트는 지역의 장기적 무형의 인적 자산으로 축적될 것이다.

⑨ A·B등급 골목을 주요 복지 정책과 사업의 소통·홍보 포인트로 삼아야 함을 강조했다. 기초자치단체가 추진하는 각종 복지 정책과 사업에 대한 여론 수렴, 기본 계획이 나온 주민 정책과 사업에 대한 의견 청취 등을 위한 거점으로 A·B등급 골목이 적합하다. 이곳에서 정책 찬반 스티커 붙이기, 복지 제도 설명 현수막 게시 등을 진행하면 효과적이다. 이러한 지점 고정은 소통과 홍보의 효과와 신뢰를 더할 수 있다.

⑩ A등급 행정동을 대상으로 긴급복지지원 연속·중복 수급자(원)와 일대일 끈 잇기 사업 추진을 제안했다. 지역 사회보장 협의체와 협조하여 1가정 1단체(지역 주민 단체 또는 종교 단체 등) 결연 운동을 추진하는 것이다. 자원봉사센터와 연계한 자원봉사를 조직하면 더욱 효과적일 것이다.

⑪ 복지 사각지대 해소를 위한 정책 협약도 필요하다. 거의 모든 곳에서 지역 경제는 난관에 봉착해 있다. 재정 자립도 어려운 상황이다. 그런데 복지 사각지대는 늘고 있지만, 정부의 재정 투입만으로는 해결하기 쉽지 않은 상황이다. 이런 상황에서 복지 사각지대 발굴을 위한 공동 노력과 공동 모금을 연중 추진하고 협력할 것을 약속하는 지역 내 협약이 필요하다. 예를 들어 보건의료 계열 협회, 이·미용 관련 협회 등과 지역 복지 사각지대 문제 해소를 위한 공동 노력을 다짐하는 것이다. A등급 시군 및 A·B등급 행정동을 중심으로 활동을 독려하는 게 바람직하다.

⑫ 복지통장 교육과 활동 강화로 복지 사각지대 해소에 노력해야 함을 강조하였다. 통장의 역할을 달라진 시대에 맞게 현대화할 필요가 있다. 통장이 골목 복지의 중심에 서야 한다. 통장을 대상으로 보건복지부의 복지 사각지대 발굴 매뉴얼 교육을 진행하고 활동을 촉진할 필요가 있다. 교육과 활동에 따르는 교육비와 활동비를 추가로 지급하는 게 합리적이다. 그리고 성과를 내는 통장에 대해 가벼운 포상을 하는 게 좋다. 이러한 활동이 어려운 통장은 교체를 건의하는 것이 바람직하다. 복지와 연계하여 통장 선출 방식을 현대화하고 새로운 제도화를 추진하는 게 맞다고 본다. 이 제안은 A등급 행정동에서 먼저 실시할 것을 제안했다. 또한 A·B등급 골목에도 적합하다.

📍 골목 협치 구축: 경기도 안산시

경기도 안산시도 복지 사각지대 발굴에 대한 깊은 고민과 문제의식을 가지고 있었다. 견실한 복지 정책을 수립하고 재원을 확보한다 하더라도 수혜 대상자를 찾아 전달하는 체계를 갖추지 못한다면 실효성을 거두기 어렵기 때문이다. 복지의 손길이 미치지 못하는 곳에서 홀로 외롭게 죽어가는 무연고 사망자가 늘어가고 있다는 언론 보도는 이런 상처를 아프게 드러낸다. 그래서 복지 사각지대에서 신음하는 위기 가정이 없는지, 이들에게 어떻게 효과적으로 다가갈지에 대해 고심해왔다. 하지만 이런 조사에 투입할 인력과 시간이 부족하기에 애를 먹을 수밖에 없었다. 복지 사각지대 주민 데이터를 확보하기는 쉽지 않다. 현재 중앙정부가 제공하는 단수·단전 데이터 등을 바탕으로 복지 사각지대 가구를 예측하는 방식을 써왔는데, 이마저 개인정보 활용 제한으로 어렵게 되었고 정확도도 5% 미만에 그쳤다. 그렇다고 복지 관련 공무원이 모두 조사에만 나설 수도 없는 노릇이다.

안산시에서 복지 사각지대를 효과적으로 찾는 데 이용한 것이 골목지리학이다. 지도를 통해 복지 사각지대에 놓인 사람들이 어디에 거주하는지를 파악한다면 그 관리와 대응이 한결 수월해질 것이다.

안산시는 복지 사각지대 파악을 위한 행정 활동을 펼치면서 정보를 보완하고 확충하기 위해 민간으로부터 도움을 받기로 했다. 해당 지역을 속속들이 알고 있는 사람은 그 지역 공인중개사라고 판단하고 공인중개사협회와 협력하여 복지 사각지대 정보를 수집했다. 주요 종교 시설, 전기 검침원(한국전력 안산 지사), 가스 검침원(안산 지역 도시가스 공급업체), 야쿠르트 판매원, 통장협의회 등에도 도움을 요청했다.

정해진 경로로 지역을 순회하는 야쿠르트 배달원은 주민들의 사정을 속속들이 아는 사람 중 하나이다. 또한 가스 검침원과 전기 검침원들은 어떤 집을 방문했을 때 가스 사용량이나 전기 사용량을 통해 그 집의 상황을 미루어 짐작할 수 있다. 가스 사용량이 급격히 줄었다거나 사용을 전혀 하지 않으면 그 집에 문제가 있다고 생각할 것이다. 쓰레기 분리수거 여부로도 해당 집의 상황을 파악할 수 있다.

통장·반장들도 지역 주민의 사정에 대해 자세히 알 수 있는 위치다. 주요 종교 시설과 주민 봉사 모임 등에서도 빈곤층 가정에 대한 정보를 일부 보유하고 있다. 이렇듯 민간이 파악하고 있거나 발굴할 수 있는 데이터를 취합하는 게 관건이다. 안산시는 이들 기관과 제휴를 체결하고 성과가 있는 기관에는 인센티브를 제공했으며 '찾아가는 동 주민센터(찾동)' 서비스와의 연계도 고려했다. 이런 민

♀ 경기도 안산시 초지동 복지 사각지대 예측 지도

A등급　　　B등급　　　C등급

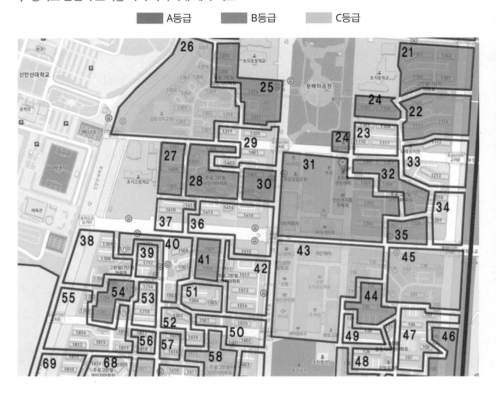

관 협력을 바탕으로 정보 체계를 구축하고, 문제가 발생했을 때 사회복지과에 신고할 수 있는 시스템을 구축함으로써 복지 사각지대를 줄이고 긴급 대응 역량을 높이는 데 큰 도움을 받을 수 있다.

안산시의 정책은 효과적이었다. 나는 안산시 정책 추진과는 별개로 지역 복지 사각지대를 파악하기 위한 기초 연구에 착수했다. 마침 안산 지역의 한 단체가 연구를 의뢰했고 다른 지역의 복지 행정에도 활용할 체계를 만들 수 있으리라 판단했기 때문이다. 내가 복지 사각지대를 추정한 데이터 지도는 안산시가 그랬던 것처럼 공인중개사협회 등 민간의 정보와 복지 수급 데이터, 통계청 데이터 등을 취합하여 작성했다.

또한 안산시는 서울특별시가 시행하여 일정 부분 성과를 거둔 '찾동'을 벤치마킹하여 안산형 찾아가는 동 주민센터를 구축했다. 먼저 복지 담당 인력을 동별 5명 내외로 확대했다. 방문 간호사와 사회복지 인력을 신규로 채용하고 동별로 배치하는 방식이다. 이와 함께 복지 플래너를 만들어서 생애 주기별로 방문 복지를 실행한다. 구체적인 방법으로 '우리 아이 복지 플래너'는 임산부와 만 2세 이하 영유아 가정을 찾아간다. '빈곤 위기 가정 복지 플래너'는 수급자 및 저소득 복지 사각지대 가정을 찾아간다. '어르신 복지 플래너'는 65세 이상 어르신의 제2인생을 설계하는 데 조력한다.

그리고 앞에서 말했듯 민관 협력을 강화함으로써 복지 사각지대를 찾아내고 긴급 대응 체계를 갖추었다. 마지막으로 발굴된 소외 계층을 체계적으로 관리하는 것이다. 복지, 보건, 고용, 마을 자원 등에 대한 원스톱 통합 서비스를 제공한다. 예를 들면 어르신 일자리 활용 사례를 관리하고 금융복지상담사 등을 배치하는 것이다. 종합 상담 창구를 설치해서 전담 인력을 상시 배치하고, 동 주민센터에서 사례들을 관리하면서 복지 시설 등의 민간 자원과 연계하는 구심점으로 삼는다.

Chapter 3

주거복지 사각지대 해소:
반지하 거주자의 안전과 삶의 질 개선

📍 주거 취약 계층의 고통

2022년 8월 서울에는 집중호우가 쏟아졌다. 수많은 피해가 생겼는데, 주거환경이 열악한 저소득층의 고통이 상대적으로 더 컸다. 안타까운 소식도 들렸다. 관악구 반지하의 장애인 가족 세 명이 침수로 목숨을 잃은 것이다. 예상치 못했던 자연재해 앞에서 저소득 서민의 집은 안전의 역할을 다하지 못했다. 반지하 거주 가족의 불행은 우리 사회 주거복지 사각지대의 해소에 대한 관심을 불러일으켰다. 급하게는 곧 닥쳐올 2023년 장마철에 대비해야 한다. 여기에 도움이 되는 데이터를 제공하고 골목지도를 만들고자 했다. 여론조사기관 리서치뷰와 함께 수도권 반지하 거주자 208명을 설문조사했다. 그리고 주거 취약 계층 주민들을 직접 만나 구체적인 이야기를 들었다. 그리고 침수 위험이 큰 지역을 예측해 서울 침수 위험지도를 제작했다.

2022년 8월 집중호우 때 더 심하긴 했지만, 반지하 거주자의 고통은 늘 존재해왔다. 호우 때 침수는 그중 대표적인 것이다. 침수 사고를 경험한 주민은 재산 피해와 함께 트라우마를 겪곤 한다. 상처가 오래 남고 공포에 휩싸인다. 수해로 모든 것을 잃고 마치 그런

일이 없었던 것처럼 살기는 어렵다.

> 아주 빠른 속도로, 정말로 순식간에 가진 모든 것을 잃던 장면이 떠오른다. 반년이 지났는데도 그때가 꿈에 나온다. 최근에도 수해가 또 나면 아끼는 전자기기와 옷을 높은 곳으로 옮겨둬야겠다는 자구책을 세우고 있다. - 최○○(27)

침수 피해를 직접 겪지 않은 반지하 거주자도 자신과 같은 환경의 사람들이 고통을 당하는 것을 보면서 두려움에 시달린다. 특히 수해 피해가 컸던 지역의 주민들은 나도 똑같이 죽을 수도 있었을 것이란 트라우마가 심하다.

> 비가 많이 와서 물소리가 나면 가슴이 두근거린다. 비가 내리면 계단에서부터 물이 내려오는데, 그 소리를 듣고 겁을 먹은 적이 한두 번이 아니다. 지난해 여름 폭우가 내릴 때 집에 있을 수밖에 없었고, 이럴 때 어떻게 해야 하는지 행동 요령을 들은 적도 없어서 집주인에게 괜찮겠느냐고 물어보기만 했다. - 이○○(37)

그런데 주거 공간에서 비롯된 트라우마는 여러 트라우마 중에서도 공론화하기 어려운 주제에 속한다. 정부 차원의 실태 조사도 이뤄진 적이 없다. 주거 사각지대는 수해와 같은 재난 상황이 아니더라도 오래 거주할수록 거주자의 정신건강을 해친다.

📍 반지하에 사는 사람들

반지하 거주자는 '저소득층', '고령층', '1인 가구'에 집중되어 있다. 혼자 산다는 응답이 55.8%로 가장 많았고, 2명 중 1명은 60대 이상(56.3%)이었으며, 월소득 150만 원 미만인 사람이 절반 이상(58.2%)이었다.

반지하에 살면서 가장 크게 느끼는 스트레스가 무엇인지 물었

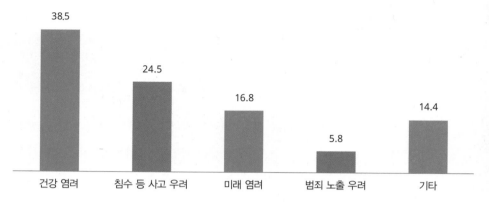

반지하 거주에 따른 가장 큰 스트레스

(단위: %)

건강 염려	침수 등 사고 우려	미래 염려	범죄 노출 우려	기타
38.5	24.5	16.8	5.8	14.4

자료: 리서치뷰, 서울신문

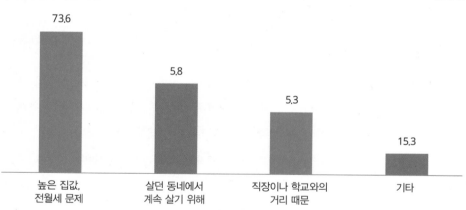

반지하에 사는 이유

(단위: %)

높은 집값, 전월세 문제	살던 동네에서 계속 살기 위해	직장이나 학교와의 거리 때문	기타
73.6	5.8	5.3	15.3

자료: 리서치뷰, 서울신문

다. 응답자의 38.5%가 "반지하 거주로 건강이 나빠질까 염려된다"고 답했다. 24.5%가 침수 등 사고 우려, 16.8%는 반지하를 벗어나지 못할 것에 대한 염려, 5.8%는 각종 범죄 노출 우려를 꼽았다. 건강이 염려된다는 응답 비율은 여성(42.0%), 40대(56.0%)와 30대 이하

(50.0%)에서 비교적 높았다. 침수 등 사고에 대한 우려를 꼽은 응답은 재난 시 대처가 어려운 60대 이상(27.4%)에서 많았고, 반지하를 벗어나지 못할 것에 대한 염려는 30대 이하(25.0%), 범죄 노출에 대한 우려감은 여성(10.1%) 그룹에서 비교적 많았다.

반지하 거주 이유로 10명 중 7명(73.6%)이 높은 집값과 전월세 문제를 꼽았다. '살던 동네에서 계속 살기 위해'라는 응답은 미성년 자녀와 함께 거주하는 그룹(10.3%)에서, '직장이나 학교와의 거리 문제'를 꼽은 응답은 여성(8.7%)에서 비교적 높았다.

반지하 거주자들은 다양한 질병에 시달리는 것으로 조사되었다. 반지하에 거주하면서 우려되거나 발생한 질병으로 호흡기질환(37.5%)을 가장 많이 꼽았다. 13.0%는 피부질환, 12.5%는 고혈압 등 만성질환, 12.5%는 우울증 등 정신질환, 3.8%는 소화기질환을 들었다. 환기가 어려워 호흡기질환 등 각종 질병을 겪을 수밖에 없는 환경이 주요 원인으로 보인다. 국립환경과학원이 2009~2011년 다세대·연립주택 층수별 실내 공기 오염물질 농도를 측정해 발표한 자료에 따르면 지하 주택의 부유 곰팡이와 휘발성 유기화합물 농도는 매우 높은 수준이다. 신체질환 외에 주목할 점은 '우울증'을 꼽은 응답자가 다른 연령대와 비교해 40대(36.0%)와 30대 이하(15.0%)에서 많았다는 사실이다. 40대와 30대 이하는 앞선 조사에서 건강 염려, 반지하를 벗어나지 못할 수도 있다는 두려움을 가장 많이 표출한 연령대이기도 하다. 거주 기간별로는 5년 미만 7.5%, 5~10년 미만 11.3%, 10년 이상의 22.6%가 우울증을 앓고 있거나 우려된다고 답했다. 이처럼 반지하에 오래 거주할수록 정신건강 걱정이 컸다.

반지하 거주에 따른 가장 큰 고통으로는 응답자의 절반가량인 48.1%가 냉난방 문제를 지목했다. 성별·연령 관계없이 모두 40%

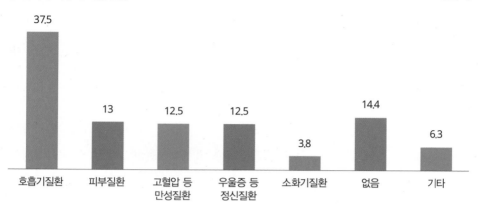

♀ 반지하 거주에 따른 질병

(단위: %)

호흡기질환	피부질환	고혈압 등 만성질환	우울증 등 정신질환	소화기질환	없음	기타
37.5	13	12.5	12.5	3.8	14.4	6.3

자료: 리서치뷰, 서울신문

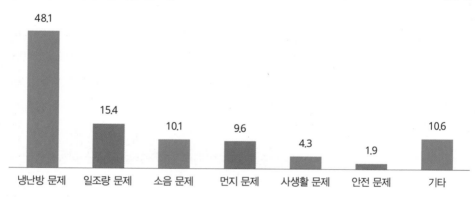

♀ 반지하 거주에 따르는 가장 큰 고통

(단위: %)

냉난방 문제	일조량 문제	소음 문제	먼지 문제	사생활 문제	안전 문제	기타
48.1	15.4	10.1	9.6	4.3	1.9	10.6

자료: 리서치뷰, 서울신문

를 넘었다. 이 밖에 일조량 문제(15.4%), 소음 문제(10.1%), 먼지 문제 (9.6%), 사생활 문제(4.3%), 안전 문제(1.9%)를 우려하는 응답이 뒤를 이었다. 반지하 거주자 중 저소득층이 많은 만큼 냉난방비 문제를 염려하는 사람이 많았기 때문이라고 추정된다.

📍 구체적인 삶의 여건을 반영하지 못한 반지하 대책

침수 사고 이후 서울시는 반지하 주택을 단계적으로 없애겠다는 정책을 내놨다. 이른바 '반지하 가구 이주 지원 대책'이다. 그런데 이 정책은 주민 삶을 세심하게 살피지 못했다. 이주 후의 생활 여건 변화가 고려되지 않았다. 전세임대·매입임대 등 공공임대는 다른 부동산 정책과 마찬가지로 공급에 초점을 맞춘다. 예를 들어 입주 가능한 공공주택이 나오면 주거 취약 계층에게 입주 의사를 타진한 뒤 공급하는 식이다.

공공주택이 전국에서 골고루 충분히 공급되지 않다 보니 살던 생활권에서 집을 구하지 못한 반지하 주민들은 연고 없는 동네나 원거리 외곽으로 이주하며 '관계 단절'을 경험해야 했다. 임대주택이 있는 곳을 찾기 위해 삶의 터전을 떠나 외곽으로 밀려날 처지에 놓인 것이다. 거기다 서울시 반지하 가구의 10.8%에 달하는 자가 거주자는 이주 지원 대상이 아니다. 지원에서도 후순위로 밀리고 집을 내놓아도 팔리지 않아 머물게 되는 역설적 상황에 처한다. 삶을 의탁하는 주거 공간에 대한 세심한 복지 정책이 필요하다는 요구가 커지고 있다.

침수 위험이 큰 반지하에서 벗어났지만 일터와의 거리가 멀어지고 이주와 동시에 '외딴섬'에 갇힐 수 있다. 통계청의 2020년 인구주택총조사에 따르면 반지하 주민의 58.5%가 사회적 고립에 취약한 1인 가구이며, 36.2%가 이웃의 도움이 필요한 60대 이상 고령층이다. 주택 공급 중심의 정책에서 나아가 주거 취약 주민이 생활의 연속성을 이어갈 수 있게 수요자 중심 정책을 펴야 할 것이다. 전문가들은 "집은 거주하는 물리적 공간이면서 이웃과 관계를 맺는 삶의 그릇이기도 하다. 특히 연세가 많은 분들은 낯선 지역에 홀로 이주했을 때 동떨어진 느낌을 많이 받는다"고 지적한다. 다른 지역으로 이주했다가 외로움을 견디지 못해 여전히 안전이 취약한 이전 주거지로 돌아온 이들도 있다고 한다.

2022년 폭우로 큰 피해를 겪은 서울특별시 관악구의 경우, 수해 이후 관내 170여 반지하 가구가 이주했다. 그런데 구내 전세임대주택 찾기가 쉽지 않아 경기도를 비롯해 연고 없는 여러 지역으로 뿔뿔이 흩어진 상황이다. 취약 계층에게 직장·주거지 근접은 매우 중요한 문제다. 일용직 노동자나 특수고용직 노동자가 외곽으로 이주하면 일을 구하기가 어려워진다. 국토교통부의 2017년 '주택 이외 거처(판잣집·쪽방·여관 등)' 거주자 실태 조사에 따르면 현재 거처에서 이주하고 싶지 않은 이유로 조사 대상의 54.2%가 '통근·통학에 좋은 위치'를 들었다. 23.4%는 저렴한 주거비를, 7.7%는 이웃과의 관계 유지를 꼽았다. 복지 서비스 접근도 고려 대상이다. 장애인 복지관에 지원을 신청하면 최소 6개월이 걸리는데, 다른 지자체로 이주해 신청하면 그만큼 또 걸리니 이주 결정이 쉽지 않다.

취약 계층들이 직장과의 거리가 가까운 곳에서 거주 비용이 싼 주거지를 구해야 하기에 반지하 주택 수요가 있는 것이라 요약할 수 있다. 따라서 지금 거주하는 곳 인근에서 임대주택을 구할 수 있는 환경이 구축되어야 기존 주거복지망과 연계된 저소득층 지원과 정착이 쉬워진다.

'지옥고'로 불리는 반지하·옥탑방·고시원 거주자 약 86만 가구(2020년 기준)의 주거복지 해법은 충분한 양의 공공임대주택 공급이다. 다만 전문가들은 단순히 공공임대주택 물량을 확대할 게 아니라 지옥고 등 주거 빈곤 가구가 공공임대주택의 우선 정책 대상이 되도록 순위를 재설정해야 한다고 제언한다. 우선순위를 세워 침수 위험이 큰 지역, 주거 빈곤 가구 밀집 지역부터 주민들이 옮겨갈 수 있는 지상층 주택을 집중 공급해야 하는 게 바람직하다. 그리고 지상층 집이 거주자의 특성과 잘 맞아야 한다. 특히 장애인에게는 집의 구조가 매우 중요한데, 휠체어를 돌릴 공간이 확보되지 않아 화장실도 못 가는 집이 많다. 그리고 다인 가구가 살 만한 면적의 집은 비싸서 소득과 재산이 적은 계층이 접근하기 어려운 경우도 많다.

국토교통부의 2020 주거 실태 조사 마이크로데이터에 따르면 서울 전체 가구의 평균 전세보증금은 2억 3,853만 원인데 지하 거주 가구의 전세보증금은 평균 7,151만 원이다. 지하 거주 가구의 전세보증금이 1/3 수준이다. 기존 공공임대주택 또한 최저 주거 기준에 미치지 못하고 있다. 매입임대주택의 경우 반지하를 공공임대주택으로 활용하는 사례가 다수 있다. 한국토지주택공사(LH)가 국회 국토교통위원회 김병욱 더불어민주당 의원에게 제출한 자료에 따르면 LH 매입임대 중 1,801가구가 반지하 가구다. 이 중 28가구가 침수 위험 지역에 있다. 침수 위험을 피해 LH 전세임대를 지원받아 이주한 곳이 또 반지하인 아이러니한 상황도 벌어지고 있다. 정부가 취약 계층 주거 지원으로 마련한 임대주택 중 적은 돈으로 갈 수 있는 곳은 대개 노후 주택이나 반지하이다. 최근에는 관리비가 비싼 주택도 매입임대로 내놓다 보니 기초생활수급자는 접근할 수 없다.

주거급여에서 관리비가 제외되는 점도 주거 취약 계층의 이주를 어렵게 만드는 요인이다. 생계급여 62만 원에서 관리비 10만 원을 지출하면 다른 지출을 줄여야 한다. 전세임대에 들어가면 관리비를 별도로 내야 하는데 고시원이나 쪽방은 방세에 관리비까지 포함돼 주거급여로 관리비를 충당할 수 있다. 거주자들이 고시원이나 쪽방을 떠나지 않는 이유도 관리비 때문이다. 관리비를 주거급여에 포함하고 주거급여 수급 대상을 확대해야 한다는 지적이 나오는

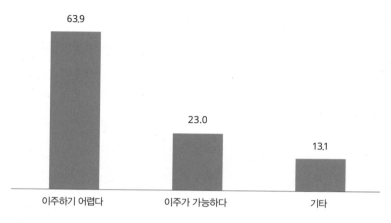

월 20만 원 지원으로 반지하에서 지상 이주가 가능한가? (단위: %)

- 이주하기 어렵다: 63.9
- 이주가 가능하다: 23.0
- 기타: 13.1

자료: 리서치뷰, 서울신문

이유다.

　서울시는 지상으로 이주하는 반지하 거주자에게 한 달에 20만 원씩 지원하는 정책을 펴고 있다. 정책 수혜자들은 이에 대해 어떻게 생각할까? 리서치뷰는 2022년 12월 수도권 반지하 주민 208명을 대상으로 설문조사를 했다. "지상층 전월세 비용을 고려할 때 월 20만 원으로는 이주가 어렵다"는 응답이 63.0%에 달했다. 해당 정책을 시행 중인 서울 지역 반지하 거주자 그룹에서도 "이주가 어렵다"는 응답이 63.9%로 응답이 "이주가 가능하다"는 응답 23%보다 2.8배 많았다.

　순차적으로 지하·반지하 주택을 없애는 일몰제에 대해 58.2%가 찬성했고, 35.1%가 반대했다. 권역별로 일몰제 찬성 여론은 서울(55.7%)보다 경기·인천(61.6%)이 다소 높은 반면 반대 여론은 서울(37.7%)이 경기·인천(31.4%)보다 다소 높았다. 그리고 월소득 150만 원 미만 그룹이 찬성 55.4%, 반대 38.8%로 찬성 61.4%, 반대 30%로 나타난 월소득 150만 원 이상 300만 원 미만 그룹보다 반 여론

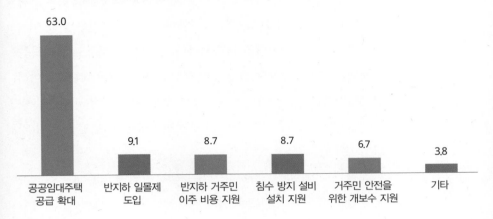

자료: 리서치뷰, 서울신문

이 높았다. 반지하가 없어지면 전월세를 구하기 어려운 서울 지역 반지하 거주자들의 우려가 반영된 것으로 보인다.

반지하 문제 해결을 위한 정책으로는 공공임대주택 공급 확대를 꼽은 응답자가 63%로 가장 많았고, 반지하 일몰제 도입(9.1%), 반지하 거주민 이주 비용 지원(8.7%), 침수 방지 설비 설치 지원(8.7%), 거주민 안전을 위한 개보수 지원(6.7%) 등이 뒤를 이었다. 이주 비용 지원은 '150만 원 미만' 그룹에서 다소 높게(12.4%) 나타났다.

📍 서울시 침수 위험 지도

데이터 분석을 통해 폭우 시 침수 위험이 큰 지역을 예측한 침수 위험 지도를 제작했다. 이 지도는 호우 위기 대응에 효과적으로 사용될 수 있으리라 기대된다. 기후변화로 강우 특성이 바뀌면서 과거 어느 지역에서 침수 피해가 잦았는지는 큰 의미가 없게 됐다. 전혀 예상하지 못했던 지역에서도 국지적 침수가 발생할 가능성이 커지고 있다. 서울연구원은 「유역 특성 기반의 서울시 침수 위험성 분석」 보고서에서 "강우 특성의 급격한 변화는 과거 침수 피해 이력만으로 침수 발생 위험을 평가해 위험 지역을 선정하고 관리하는 현재 침수 관리 대책의 실효성을 떨어뜨린다"라고 지적했다. 이러한 상황에서 지리 데이터를 바탕으로 침수 위험 지역을 예측할 수 있다면 선제적 대응이 가능해지며 주민에게 침수 위험을 미리 알릴 수 있다.

폭우 시 강수가 아래로 흐른다는 점에 착안해 국토교통부 국가 공간 정보 포털의 경사도 데이터와 기상청의 강수 데이터(2006년 집중 호우량 활용), 통계청의 서울 지역 구역별 주택 데이터를 결합, 피해의 정도를 예측했다. 예측 결과 침수 위험 지역(상위 50%)의 평균 다세대주택 비율은 27.5%, 침수 고위험 지역(상위 10%)의 평균 다세대주택 비율은 29%였다. 동일 지역에 침수가 발생하더라도 다세대주택, 특히 반지하의 피해가 클 수밖에 없다.

♦ 서울시 자치구별 침수 위험 순위

서울 지역 전체를 격자(8m×8m)로 나눠 강수가 경사를 따라 흘러 모이는 지점을 계산하고 경사도에 따른 침수 예상 지역을 추정했다. 이어 침수 피해 위험 주택이 포함된 격자 정보에 따라 위험 단계를 나눴다. 그 결과 관악구의 고위험군 격자 개수가 412개로 가장 많았고, 동작구(356개), 송파구(333개), 강남구(298개), 강동구(276개), 노원구(269개), 서초구(252개), 금천구(223개), 은평구와 성북구(각각 201개)가 뒤를 이었다.

📍 **서울시 행정동별 침수 위험 순위**

① 송파구 오금동	⑥ 서초구 서초3동
② 송파구 가락2동	⑦ 강동구 천호1동
③ 동작구 상도1동	⑧ 관악구 성현동
④ 강남구 역삼1동	⑨ 송파구 가락본동
⑤ 금천구 독산3동	⑩ 금천구 독산2동

행정동별로는 송파구 오금동(75개)과 가락2동(61개), 동작구 상도1동(54개), 강남구 역삼1동(49개), 금천구 독산3동(48개), 서초구 서초3동(48개), 강동구 천호1동(47개), 관악구 성현동(44개), 송파구 가락본동(44개), 금천구 독산2동(43개)에서 침수 피해 위험이 높게 예측됐다.

이는 《서울신문》이 정보공개청구를 통해 입수한 2022년 8월 서울 지역 25개 구 침수 피해 위험 반지하 분포 순위와도 통계적으로 유의미한 상관관계를 보였다. 두 변수 간 상관관계는 0.507~0.646이었다. 다만 배수 요인(배수구, 배수 시설 등)을 고려한 논의와 분석이 추가된다면 더욱 정교해질 것으로 보인다.

지도를 제작하면서 취약 계층 주거 지원 정책의 취약점이 발견되었다. 침수 위험이 큰 지역일수록 재난 취약 가구가 이주할 공공

📍 서울시 침수 피해 위험 예측 지도

짙을수록
고위험 지역

임대주택을 많이 확보해야 하지만, LH와 SH로부터 받은 자치구별 전세임대·매입임대주택 현황을 분석해보니 침수 위험 지역과 공공임대주택을 많이 보유한 지역이 일치하지 않았다. 전세임대·매입임대주택이 많은 5곳은 관악구(6,767개), 강서구(6,233개), 은평구(5,920개), 중랑구(5,610개), 강북구(4,867개)다. 반면 침수 피해 위험 상위 5개 지역(관악·동작·송파·강남·강동) 중 관악구를 제외한 다른 곳은 모두 5위권 밖이었다. 강동구가 4,242개의 전세임대·매입임대주택을 보유해 25개 자치구 중 8위였고, 송파구(3,843개, 12위), 동작구(2,562개, 18위), 강남구(1,869개, 20위) 순이었다. 2022년 8월 반지하 피해가 컸던 자치구(관악·영등포·동작·서초·금천) 중 전세임대·매입임대가 많은 상위 5개 지역에 든 곳도 관악구뿐이다.

이 데이터는 지하 거주 가구 규모와 맞아떨어진다. 2020년 인구주택총조사에 따르면 지하 거주 가구는 관악구(2만 113가구), 중랑구(1만 4,126가구), 광진구(1만 4,112가구), 강북구(1만 1,850가구), 은평구(1만 1,525가구) 순으로 많다. 이 중 공공임대 최다 보유 5위권에 포함된 자치구는 관악구, 중랑구, 은평구, 강북구다.

장기공공임대주택의 총재고량은 2016년 94만 2,543호에서 2020년 119만 2,074호로 증가했다. 정부는 「기후변화 대비 재난관리체계 개선 대책」에서 공공임대주택 이주를 대폭 늘리고 민간주택은 5,000호에 대해 최대 5,000만 원의 보증금을 각각 지원하겠다고 밝혔다. 그러나 장기공공임대주택은 전체 주택 수에 비해 재고 비율이 낮아 임대료 상승 억제, 주거 안정과 같은 정책 효과를 기대하기 어려운 실정이다. 이에 대한 강력한 대책이 요구된다.

📍 지방정부의 자치와 위기 대응

연대와 협력을 통해 주민 삶의 구체적 부분을 살피는 것은 지방정부가 자치를 통해 이룰 수 있는 영역이다. 2022년 8월 폭우 피해의 아픈 기억을 반복하지 않기 위해 서울의 각 지자체들은 각각 대비에 나서고 있다. 다만 서울시의 소극적인 대처에 대해서는 지적하지 않을 수 없다. 당초 '20만 가구 전수 조사'를 약속하고도 인력과 예산 문제를 들어 1,100가구 표본 조사로 계획을 변경한 것은 안이한 대응이라는 생각이다.

반면 열의와 실천력을 보여준 모범 사례도 있다. 성동구가 대표적이다. 성동구는 관내 반지하 주택 5,279가구에 대한 전수 조사를 이미 마쳤다. 서울시가 포기한 전수 조사를 자치구가 해냈다. 2022년 9월 주거안전 태스크포스(TF)를 조직하고 4명의 건축사가 모든 반지하 주택을 직접 방문해 현장 지형과 도면을 살폈다. 사람이 거주하지 않거나 철거된 1,456가구를 제외한 3,823가구에 대해 등급 판정을 하고 우선 지원 대상과 규모를 산출했다. 전수 조사로 성동구는 폭우 위험에 촘촘하게 대응할 수 있게 됐다.

2022년 가장 많은 침수 피해를 입은 관악구는 2023년 8억 8,100만 원의 예산을 투입해 반지하 주택 침수 우려 600가구를 대상으로 개폐형 방범창을 설치 중이다. 기존 고정식 방범창과는 달리 여닫을 수 있어 창문으로 탈출할 수 있도록 한 방범창이다. 아울러 저지대 및 지하 주택 1,269가구에 무료로 물막이판 등의 침수 방지 시설도 설치해주고 있다.

강남구는 하수도 맨홀 뚜껑 열림으로 인한 사고를 예방하기 위해 맨홀 추락 방지 시설을 580여 곳에 설치했다. 중·장기 대책으로는 강남역 주변 등 상습 침수 지역에 대심도 빗물 배수 터널 설치를 추진할 계획이다.

성북구는 침수 피해를 입은 가구, 독거 노인과 장애인 등 안전 취약 계층, 지하 주택 가구에 공무원과 통·반장 등 긴급 지원 봉사자를 1 대 2로 매칭해 침수 취약 가구 돌봄 서비스를 제공하고 있다. 아울러 은평구도 침수 피해 가구에 돌봄 공무원을 1 대 1로 매칭했다.

Chapter 4

노인 돌봄 전달 체계 개편을 위한 골목지도: 경기도 화성시

📍 노인 돌봄 정책 개편

어르신 돌봄은 고령 시대 우리 사회에 부여된 최우선 과제라고 할 수 있다. 노인 인구는 계속 증가하고 있지만, 그분들의 삶이 전반적으로 행복하다고 자부할 수는 없는 실정이다. 세계 최악 수준의 노인 자살률과 빈곤율 데이터는 우리가 서둘러서 실천에 나서야 함을 일깨우고 있다. 중앙정부와 지방정부는 어르신 돌봄 정책에 대하여 깊은 고민과 문제의식을 지니고 그 방향과 체계를 개편하고 있다.

이러한 어르신 돌봄 전달 체계 개편의 한 방향성은 '지역 거주 중심의 찾아가는 통합돌봄 서비스'이다. 요양병원, 요양 시설보다는 지역사회 보호로 전환하고 분산된 어르신 돌봄 서비스를 통합적으로 제공하자는 내용이 골자이다.

또한 지역 단위에서 어르신 의료·돌봄 적정 인프라 통합 조정을 추진한다. 적정한 요양병원 병상 수, 요양 시설·재가 시설 수, 재가 서비스 양을 측정하여 불필요한 요양병원 시설 입원을 축소하고 재가 서비스를 적정 수준으로 확충한다는 계획이다. 주거와 돌봄 서비스가 결합된 어르신 지원 주택 모델 개발과 공급도 계획되었다. 요양보호사가 배치된 주택 안에서 돌봄과 필요한 서비스를 제공하는 형식이다.

현재 분산되어 제공되는 어르신 돌봄 관련 서비스를 통합 조정하여 제공할 때 높은 정책 효과를 기대할 수 있다. 의료, 돌봄, 식사, 이동 지원 등의 서비스를 통합 조정하여 요양보험과 국가사업의 공백을 메우고 맞춤형 패키지 서비스를 제공할 수 있게 된다. 이때 지역사회에 복귀한 어르신의 방문 건강 지원 서비스를 확대할 수 있다.

어르신 통합돌봄 서비스의 원활한 제공을 위해서는 지역사회 협치 체계가 필요하다. 가칭 통합본부를 지역에 설치함으로써 주민 밀착 맞춤 서비스를 제공할 수 있다. 이 기관은 지자체 공무원(복지 담당, 간호사 등), 국민건강보험 관계자, LH 파견자 등으로 구성, 운영될 수 있다. 이처럼 분절되어 운영되는 서비스를 통합적으로 제공

보건의료 서비스	ICT 방문 건강 관리 사업	인공지능, 사물인터넷 기반으로 어르신 바이탈사인 수집과 건강 상담 정보를 시스템에 입력하여 병원 진료와 연계하는 케어 서비스
	방문 진료 사업	거동 불편 등으로 병·의원 이용 곤란 시 왕진 서비스 연계
	만성질환 관리	만성질환자 관리 및 건강 생활 실천 서비스 제공
	퇴원 환자 관리	요양병원 퇴원 시 돌봄본부와 연계하여 통합적인 재가 서비스 제공
요양 서비스	수시 방문형 재가 서비스	요양보호사와 이용자를 한 그룹으로 묶어 이용자별 필요 시간에 대응하는 방식의 순회 서비스
	기능 회복 서비스	주야간 보호 기관에 이용자의 기능 회복 강화를 위해 물리(작업)치료사 배치
생활 지원 서비스	이동 지원	병원, 관공서, 은행, 마트 등 외출 활동 차량 지원
	동행 지원	병원, 관공서, 은행, 마트 등 외출 활동 동행 지원
	식사, 영양 지원	건강 상태별 맞춤 식사, 도시락 배달
주거복지 서비스	주택 개조	고령자에 맞는 주거환경 조성을 위한 주택 개조 사업
	지원 주택	LH와 협의를 통해 노인 돌봄 주택 등 확보

하고 재정 분야의 책임성을 높여서 재정 관리 효율성을 도모할 수 있다. 즉 병원 진료비, 장기요양보험 재정, 어르신 돌봄 관련 국비·지방비 등을 통합적으로 관리하여 진료비 효율성을 높이는 방안이다. 지역 단위에서 지표를 설정하고 성과에 대한 인센티브를 부여하는 방안이 추진 중이다.

노인 돌봄 전달 체계 개편 사업은 크게 보건의료 서비스, 요양 서비스, 생활 지원 서비스, 주거복지 서비스의 네 가지 분야를 중심으로 추진된다.

어르신 돌봄 전달 체계 개편을 위해서는 업무 체계 개편이 동반되어야 한다. 어르신 돌봄 서비스를 통합적으로 제공하고자 지자체 공무원과 유관 기관 직원이 함께 모여 어르신에 대한 돌봄 필요도 측정 및 서비스 연계·관리 등을 수행하는 것이다. 이것은 크게 3단계로 추진된다. 첫째, 발굴 창구 다양화, 둘째, 데이터 기반 복합 욕구 측정 일원화, 셋째, 통합 서비스 제공이다.

노인 돌봄 전달 체계 개편 사업에 골목지리학을 이용한 컨설팅을 진행하면서 목표로 삼은 것은 세 가지다. 첫째, 돌봄 대상의 효과적인 발굴 방식 제공이다. 찾아가는 발굴, 적극적 발굴, 과학적 발굴을 위해 골목지리학의 방법론을 사용하고자 했다. 둘째, 돌봄 가능 대상의 사회경제적·인구학적 정보를 충실히 제공하는 것이다. 이 데이터를 통해 돌봄 서비스에 대한 돌봄 가능 대상의 인지적 패턴을 파악할 수 있다. 셋째, 기존 추진 체계를 강화할 방안을 제시하는 것이다. 앞의 과정을 통해 확보한 데이터를 활용하는 방식을 제안하고자 했다.

◉ 노인 돌봄 체계 개편에 따른 업무 체계

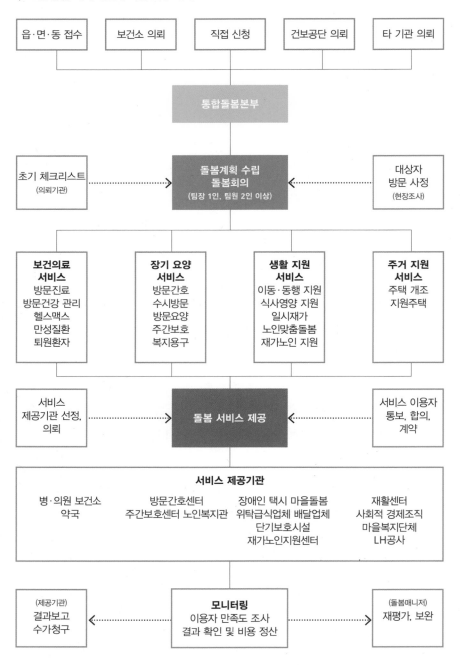

읍·면·동 접수　　보건소 의뢰　　직접 신청　　건보공단 의뢰　　타 기관 의뢰

통합돌봄본부

초기 체크리스트
(의뢰기관)

**돌봄계획 수립
돌봄회의**
(팀장 1인, 팀원 2인 이상)

대상자
방문 사정
(현장조사)

**보건의료
서비스**
방문진료
방문건강 관리
헬스맥스
만성질환
퇴원환자

**장기 요양
서비스**
방문간호
수시방문
방문요양
주간보호
복지용구

**생활 지원
서비스**
이동·동행 지원
식사영양 지원
일시재가
노인맞춤돌봄
재가노인 지원

**주거 지원
서비스**
주택 개조
지원주택

서비스
제공기관 선정,
의뢰

돌봄 서비스 제공

서비스 이용자
통보, 합의,
계약

서비스 제공기관

병·의원 보건소
약국

방문간호센터
주간보호센터 노인복지관

장애인 택시 마을돌봄
위탁급식업체 배달업체
단기보호시설
재가노인지원센터

재활센터
사회적 경제조직
마을복지단체
LH공사

(제공기관)
**결과보고
수가청구**

모니터링
이용자 만족도 조사
결과 확인 및 비용 정산

(돌봄매니저)
재평가, 보완

📍 돌봄에 관한 인식 조사

어르신 통합돌봄 전달 체계 개편 사업을 위한 데이터 확보와 분석을 시작하였다. 기반 데이터 분석과 함께 인식 파악을 위한 여론조사를 진행하였다. 여론조사는 2021년 7월 1일과 2일에 화성시 거주 60세 이상을 대상으로 하였으며 ARS RDD 무선 전화 조사 방법을 사용하였다. 500명 유효표본이며 95% 신뢰 수준에서 최대 허용오차 ±4.3%p이다. 수행기관은 지방자치데이터연구소이다.

먼저 돌봄 가능 대상의 기본 환경인 경제 여력과 건강 상태에 대해 질문하였다. 60세 이상의 모든 연령층에서 경제적 어려움과 건강 문제를 호소하는 상황이었다. 경제적 어려움과 건강 문제가 상관성을 보이고 있음에 주목할 필요가 있다. 경제 여력에 대한 고려도 필요한 상황이었다. 화성시는 서부 지역에서 경제적 어려움과 건강 문제를 호소하는 응답자가 많았다. 큰 차이는 없지만, 60~64세와 74~79세는 경제적 어려움을, 70세~74세·80세 이상은

📍 **건강과 경제 상황이 미치는 영향**   (단위: %)

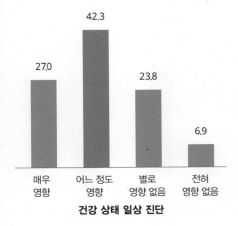

매우 영향	어느 정도 영향	별로 영향 없음	전혀 영향 없음
27.0	42.3	23.8	6.9

건강 상태 일상 진단

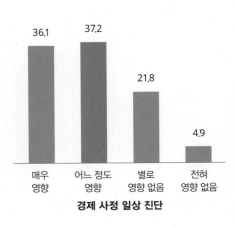

매우 영향	어느 정도 영향	별로 영향 없음	전혀 영향 없음
36.1	37.2	21.8	4.9

경제 사정 일상 진단

건강 문제를 토로하는 응답자가 더 많았다.

어르신들이 가장 큰 어려움을 겪는 일상의 문제는 무엇인지 질문하였다. 취업 실패, 병원 못 감, 전화 끊김, 생활고(식사 거름) 순으로 경제적인 어려움을 겪는 것으로 나타났다. 그런데 이 순서는 상황이 악화하는 패턴일 수 있음에 유의하고 돌봄 대상자 진단에 참고할 필요가 있겠다. 그리고 이 네 가지 현상은 복지 사각지대로 추정할 수 있는 변인이기도 하다. 공통된 인구사회학적 특징은 70대 여성, 월세, 다세대·연립주택·원룸, 평수가 작을수록, 1인 가구, 노후주택일수록, 소득이 적을수록, 전업주부·소일거리, 간질환·치매·심장질환 등이다.

어르신들은 가장 심각한 상황이 무엇이냐는 질문에 '자녀가 있으나 부양 못 받는 상황', '오랜 실업 상황', '심각한 생활고가 지속되는 상황', '병원에 못 가는 상황' 순으로 답했다. 자녀가 있으나 부양 못 받는 상황은 화성시 남부 지역, 60대 여성, 생산직에서 상대적으로 응답이 많았고, 오랜 실업 상황은 동부 지역, 65~69세 여성과 75~79세 여성, 전업주부 층에서 상대적으로 많이 나왔다. 심각

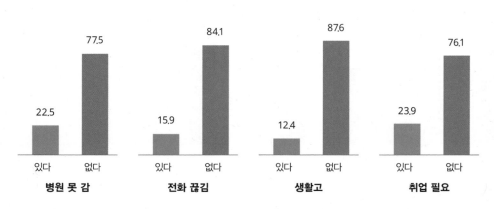

♀ 경제적 어려움으로 인해 경험하고 있는 문제들   (단위: %)

	병원 못 감	전화 끊김	생활고	취업 필요
있다	22.5	15.9	12.4	23.9
없다	77.5	84.1	87.6	76.1

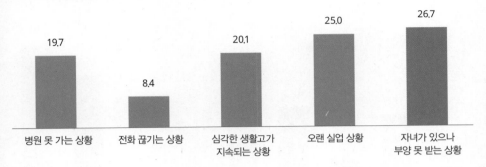

◉ 가장 심각한 상황은 무엇인가

(단위: %)

- 병원 못 가는 상황: 19.7
- 전화 끊기는 상황: 8.4
- 심각한 생활고가 지속되는 상황: 20.1
- 오랜 실업 상황: 25.0
- 자녀가 있으나 부양 못 받는 상황: 26.7

한 생활고라고 답한 사람은 75~79세 남성 및 70~74세 여성, 2세대 가정, 부부만 거주 층에서 상대적으로 더 많았고, 병원에 못 가는 상황이라는 응답은 서부 지역, 80세 이상 남성, 비도심 단독 또는 40평 이상 층에서 상대적으로 더 많이 나왔다.

거동 불편 등의 이유로 병·의원 방문 이용이 힘들어 왕진 서비스가 필요하다고 느끼는 응답자는 100명 중 18명가량으로 나타났다. 여성, 80세 이상, 화성시 서부 지역, 80세 이상 남성, 75세 이상 여성, 월세, 단독주택·원룸, 19평 이하, 1인 가구, 노후주택일수록,

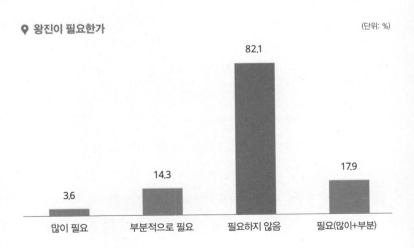

◉ 왕진이 필요한가

(단위: %)

- 많이 필요: 3.6
- 부분적으로 필요: 14.3
- 필요하지 않음: 82.1
- 필요(많이+부분): 17.9

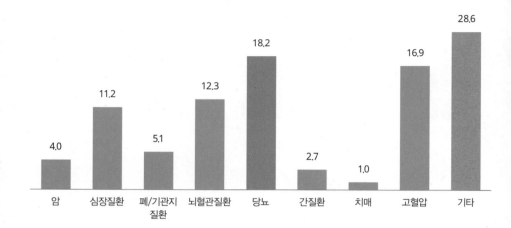

전업주부 층에서 왕진을 원하는 비율이 상대적으로 높았다. 응답 결과를 놓고 보았을 때 이들은 심장질환, 뇌혈관질환, 치매 등으로 고통을 받을 가능성이 있다.

어르신들이 앓고 있는 만성질환에 대해서도 조사했다. 그 결과 당뇨, 고혈압, 뇌혈관질환, 심장질환 순으로 질환을 경험했다. 당뇨는 70~74세, 남부 지역, 75~79세 남성·70~74세 여성, 서비스 영업직·전업주부 층에서, 고혈압은 80세 이상, 65~69세 여성·80세 이상 여성, 자영업 층에서 뇌혈관질환은 75~79세, 서부 지역, 70~74세 남성·75~79세 여성, 노후주택일수록, 생산기술직 층에서, 심장질환은 70~74세, 70~74세 남성, 월세, 평수가 작을수록 층에서 상대적으로 더 많았다.

식사 준비, 청소, 빨래, 거동 등에 도움이 필요하여 수시 방문형 재가 서비스(요양보호사와 이용자를 한 그룹으로 묶어 이용자별 필요 시간에 대응하는 순회 서비스)를 원하는 어르신의 비율은 26.8%였다. 여성, 80세 이상, 서부 지역, 80세 이상 남성·75세 이상 여성, 단독주택·

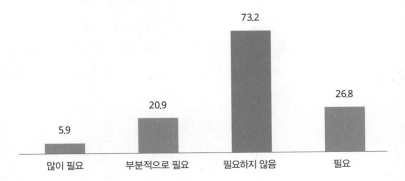

📍 식사 준비, 청소, 빨래, 거동 등에 방문 도움이 필요한가

많이 필요	부분적으로 필요	필요하지 않음	필요
5.9	20.9	73.2	26.8

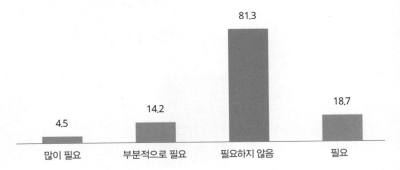

📍 이동 지원이 필요한가 （단위: %）

많이 필요	부분적으로 필요	필요하지 않음	필요
4.5	14.2	81.3	18.7

원룸, 29평 이하, 생산기술직·전업주부, 심장질환·뇌혈관질환·치매 층에서 방문이 필요하다고 응답한 비율이 상대적으로 높았다.

병원·관공서·은행·마트 방문 등을 위해 이동 지원이 필요하다 고 응답한 비율은 18.7%이다. 이동 지원이 필요하다는 주요 응답 계층은 여성, 80세 이상, 80세 이상 남성·75세 이상 여성, 월세, 원 룸, 1인 가구, 노후주택일수록, 월평균 가구 소득 250만 원 이하, 전 업주부, 심장질환·뇌혈관질환·치매 경험자이다.

주변에 도움을 받거나 생활의 어려움에 관해 의논할 사람이 있는지를 물었다. 있다고 한 사람이 49.1%, 없다고 한 사람이 50.9%였다. 도움을 줄 사람이 없다고 응답한 주요 계층은 여성, 70~74세, 서부 지역, 70세 이상 여성, 월세, 원룸, 19평 이하, 노후주택일수록, 소득이 낮을수록, 생산기술직·전업주부, 뇌혈관질환·당뇨·간질환 유병자였다.

어르신 중 19.4%는 평소에 우울증, 불안 등 정신건강 문제로 어려움이 있다고 답했다. 정신적 문제가 있다고 응답한 주요 계층은 여성, 80세 이상, 동부 지역, 60~64세 여성·80세 이상 여성, 월세, 원룸, 19평 이하, 1인 가구, 생산기술직, 심장질환·간질환·치매 유

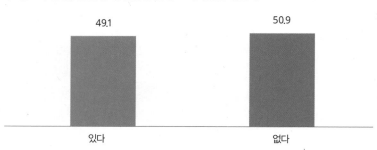

♀ 평소 우울증, 불안 등 정신건강 문제로 어려움을 겪는가   (단위: %)

49.1   50.9

있다   없다

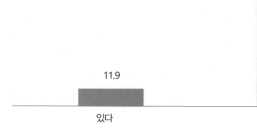

♀ 주택에 안전상 문제가 있는가

88.1

11.9

있다   없다

병자였다.

주택 안전 측면에 대한 질문으로 집안에서 넘어질 위험이 있거나 화재 등 안전상 문제가 있는지를 물었을 때 11.9%가 그렇다고 답했다. 여성, 서부 지역, 75세 이상 여성, 전세, 단독주택, 40평 이상, 20년 이상 주택 거주 층에서 주택 안전 문제가 있다는 응답이 상대적으로 높았다.

여론조사 결과를 노인 돌봄 전달 체계 개편 사업에 적용하여 찾아가는 돌봄인 왕진·방문·이동 서비스 대상자를 분석하였다. 인구 사회적으로는 서부 지역, 원룸·단독주택(노후), 여성(주부), 80세 이상 남성·75세 이상 여성의 비율이 높았다. 유의해야 할 만성질환은 심장질환·뇌혈관질환·치매 등이었다. 서비스 도입 과정에서 이 질환을 고려하는 시스템을 마련하면 효과적일 것으로 보인다.

📍 찾아가는 돌봄 대상자 특징

	왕진	방문	이동
성별	여성	여성	여성
연령	80세 이상	80세 이상	80세 이상
연령/성별	80세 이상 남성, 75세 이상 여성	80세 이상 남성, 75세 이상 여성	80세 이상 남성, 75세 이상 여성
거주지(권역)	서부 지역	서부 지역	남부 지역, 서부 지역
주택 관련	월세, 단독주택/원룸, 19평 이하, 1인 가구, 노후주택일수록	단독주택/원룸, 29평 이하	월세, 원룸, 1인 가구, 노후주택일수록
직업	전업주부	생산기술직, 전업주부	전업주부
만성질환	심장질환, 뇌혈관질환, 치매	심장질환, 뇌혈관질환, 치매	심장질환, 뇌혈관질환, 치매

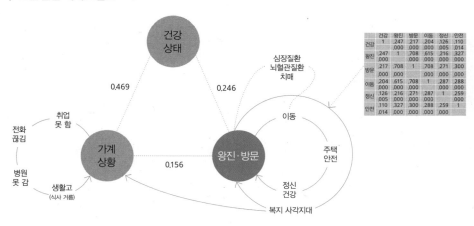

노인 돌봄 전달 체계 개편 사업 방향 재구성

앞에서 살펴보았듯이 어르신 돌봄 전달 체계의 4대 사업은 보건의료 서비스, 요양 서비스, 생활 지원 서비스, 주거복지 서비스이다. 여론조사 결과 등의 데이터로 재구성해보면 핵심 사업은 '지역으로 찾아가는', 즉 왕진·방문 서비스라 할 수 있다.

이러한 새로운 돌봄 체계 안에서 돌봄 가망 대상자의 경제 여력 등도 살펴서 대응할 필요가 있기에 지방정부와의 협력이 중요하다. 어르신 돌봄을 건강 상태의 관리로만 한정하면 그 성과가 다소 제한적일 수도 있다. 따라서 가계 상황, 경제적 여력도 동시에 지원할 수 있도록 하는 게 효과적일 것이다. 왕진·방문 서비스는 이동 → 주택 안전 → 정신건강 순으로 수요가 순환 발생할 수 있을 것이다. 이 과정에서 주로 대처해야 하는 만성질환은 심장질환·뇌혈관질환·치매일 가능성이 크다. 가계 상황은 복지 사각지대 수준에서 취업 못 함(수입 없음) → 전화 끊김 → 병원 못 감 → 생활고(식사 못 함)로 악순환이 이어질 수 있다.

노인 돌봄 체계 흐름도

	건강	왕진	방문	이동	정신	안전
건강	1	.247	.217	.204	.126	.110
		.000	.000	.000	.005	.014
왕진	.247	1	.708	.615	.216	.327
	.000		.000	.000	.000	.000
방문	.217	.708	1	.708	.271	.300
	.000	.000		.000	.000	.000
이동	.204	.615	.708	1	.287	.288
	.000	.000	.000		.000	.000
정신	.126	.216	.271	.287	1	.259
	.005	.000	.000	.000		.000
안전	.110	.327	.300	.288	.259	1
	.014	.000	.000	.000	.000	

건강 상태

심장질환
뇌혈관질환
치매

0.469   0.246

이동

전화 끊김   취업 못 함

가계 상황   0.156   왕진·방문   주택 안전

병원 못 감   생활고(식사 거름)   정신 건강

복지 사각지대

여론조사 결과 어르신들의 건강 상태는 경제적 여력과 관계가 높았고 일부에서는 복지 사각지대의 특징적 모습도 드러났다. 따라서 긴급복지지원제도(긴급복지지원법)를 노인 돌봄 전달 체계에 추가적으로 통합하는 방안을 검토하는 게 필요하다. 추가적인 생활 지원 서비스로 적극 검토하는 게 바람직할 것이다.

대부분의 서비스 형태에서 나타나는 돌봄 대상자의 특징은 여성, 80세 이상, 80세 이상 남성·75세 이상 여성(전업주부), 원룸(단독주택), 노후주택, 심장질환·뇌혈관질환·치매 유병 등이다. 나이가 많고 위험한 만성질환을 지닌 어르신을 위해 사업을 대규모 전국 사업으로 확대할 필요가 있다고 보았다.

또한 보건의료적 판단, 어르신 특징, 경제적 여력 등을 종합적으로 담당할 '찾아가는 슈퍼복지사' 개념을 새로운 노인 돌봄 전달 체계에서 검토해보는 것도 의미가 있을 것이다. 돌봄 서비스가 분절된 상태로 통합되어 있지만, 어르신 입장에서 모든 서비스 항목의 문제가 연관되어 일상을 괴롭히고 있는 만큼 각 서비스의 융합적이고 추가적인 연계성을 강화하는 일이 중요하다.

📍 화성시 돌봄 수요 예측 골목지도 작성

경기도 화성시 전 지역인 4개 읍, 9개 면, 15개 행정동을 분석하여 어르신 돌봄 수요가 많은 골목을 예측하는 데이터 분석과 골목지도 작성을 진행하였다. 이때 1개 읍·면·동을 골목(40~80개)으로 세분화하여 예측 데이터를 적용했다. 그 결과 총 1,587곳을 A등급 317곳, B등급 309곳, C등급 344곳, D등급 239곳, E등급 378곳으로 등급화했다.

결과 데이터를 검증하고자 통합돌봄본부로 접수된 내용과 비교

📍 화성시 돌봄 수요 예측 골목지도

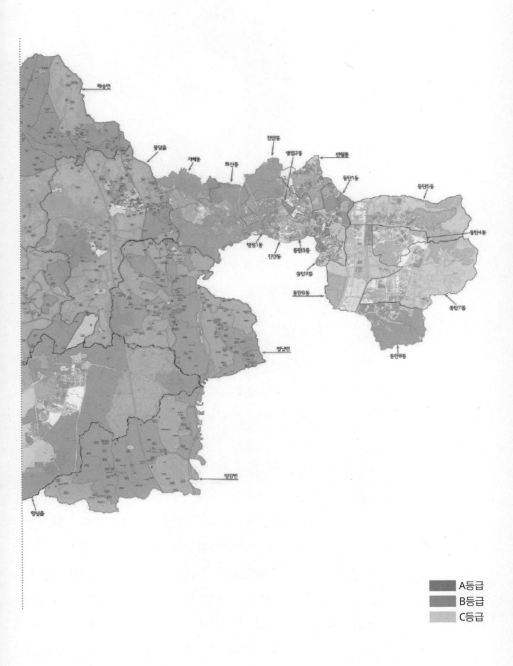

A등급
B등급
C등급

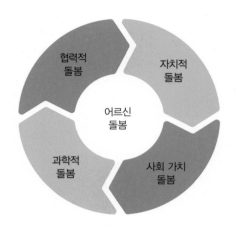

분석하였는데, 접수 건 중 48%가 A등급, 15.5%가 B등급, 13.4%가 C등급에 포함되었다. 총 76.9%가 일치했다. 찾아가는 어르신 돌봄 대상자 발굴이 진행될 경우 상관성(예측률)이 더 높아질 것으로 보인다.

📍 노인 돌봄 수요 예측 골목지도 활용 제안

어르신 돌봄 수요를 예측한 골목지도 활용 방안 제안은 협력적 돌봄, 자치적 돌봄, 과학적 돌봄, 사회 가치 돌봄의 네 가지 관점에서 이루어졌다. 이를 통해 돌봄 사각지대를 골목길 수준에서 발굴하여 대응하고 했다.

첫째, 협력적 돌봄은 지역사회의 다양한 실험을 지원하는 차원이다. 코로나19 대응 과정에서 나타난 시민의 연대와 협력 등 시민의식은 K방역의 핵심역량으로 인정받고 있다. 이러한 시민의식은 고령사회에 대해 위기(80%)이자 기회(50%)라고 인식[23]하는 배경을 이루고 있다. 따라서 공공기관 외에도 폭넓은 지역단체와의 협력적 돌봄을 검토해볼 필요가 있다. 계획에 포함된 약국과 병·의원은 물론 공인중개사 사무실, 24시간 편의점, 미용실 등의 사업장, 민간기업, 종교시설, 이장, 통장, 자치위원, 대학생 등이 다양한 방식으로 협력하는 실험이 진행될 필요가 있다.

둘째, 자치적 돌봄은 지방정부의 역할을 높이고 골목을 돌봄의 기본 단위로 활용하자는 것이다. 앞에서도 언급했듯이 골목은 돌봄과 자치의 기본 단위다. 단순한 공간을 넘어 자치적 개념으로 살아 있다. 이 골목은 코로나19를 극복하면서 이타성을 실현하고 보육과 복지 등의 안전망 역할까지 수행하였다. 골목으로 찾아가는 돌봄 사업을 위해 지방정부의 역할을 높이고 전폭적인 지원을 아끼지 않는 방식이 필요하다. 골목 자치는 지방정부의 주력 사업으로의 재편도 검토할 수 있다.

셋째, 과학적 돌봄은 데이터 기반의 어르신 돌봄을 추진하자는 것이다. 돌봄 사업 수립·집행·평가의 전 과정에 데이터를 활용함으로써 정책 효과를 높여야 한다. 특히 데이터와 증거 기반의 돌봄 사업 평가가 진행되도록 하는 게 바람직하다.

넷째, 사회 가치 돌봄은 사회적 가치 실현을 위한 공공부문의 추진 전략 중 인권·안전·사회통합·복지(보건)·지역사회(지방자치)·공동체 등에 입각한 노인 돌봄 전달 체계 개편 사업 추진을 말한다. 사회적 가치의 공공부문 중 이행 수준이 높음에도 불구하고 요구 수준이 높은 부분이 보건복지 부문이라는 점에 주목할 필요가 있다.

세부적으로는 먼저 '찾아가는 발굴팀' 구성을 제안하였다. 어르신 돌봄 대상자의 적극적인 발굴을 위해 민관 합동으로 찾아가는 발굴팀을 읍·면·동 단위로 구성하는 게 효과적이다. 동사무소(찾동), 통합돌봄본부, 보건소, 약사, 간호사, 공인중개사, 주민자치위원 등 각 1~2인으로 구성된 지역보장협의체와 공동으로 주 2일 현장 발굴 활동을 제안하였다. 화성시에서는 서부 지역에 1차로 팀을 구성하고 운영한 이후 단계적으로 확대 개편하는 방안을 제시하였다. 발굴팀의 활동 방식은 앞에서 설명한 조감 → 동선 → 거점의 3단계를 거치면 성과가 클 것이다. 발굴팀이 등급 거점별로 활동함으로써 촘촘한 발굴이 이루어지게 할 수 있다. 작성된 골목지도를 참고하여 찾아가는 발굴 활동을 계획하고 집행하는데, 75세 이상 여성, 월룸, 단독주택, 노후주택 등에 우선순위를 두는 등 통합 체크리스트를 통한 통합 정밀 발굴이 이루어지게 해야 한다.

연계 활동 강화를 위해서는 A등급 읍·면·동에 '개인정보관리함'을 두는 방안을 제시했다. 돌봄 참여자의 거주지, 해당 읍·면·동사무소, 경찰서, 소방서와 돌봄 대상자 개인정보, 의료 정보, 생활 정보를 공유하는 것이다. 이를 위해서는 한국보건의료정보원에 시스템 설치 협조 요청을 해야 한다. 돌봄 대상 어르신 거주지 대문이나 어르신 휴대전화 바탕화면에 개인정보 보관함 앱을 설치하면 좋다. 보건의료 서비스 중 ICT 비대면 가능 돌봄 참여자와의 화상 건강 및 생활 상담을 진행할 수 있다. 이 방안은 화성시 3개 권역의 A등급 각 1개의 읍·면·동에서 시행한 후 확대 추진하고 통합돌봄본부에서 관리하는 게 합리적이라 보았다.

A등급 골목길을 대상으로 사전연명의료의향서 작성에 관한 정보 전달도 제안하였다. 사전연명의료의향서는 19세 이상인 사람이 임종 과정 환자가 되었을 때를 대비하여 연명의료나 호스피스에 관한 의사를 직접 문서로 밝혀두는 것이다. 웰다잉문화운동 등 보건복지부 지정 등록 기관을 통해 신청할 수 있다. 이러한 제도가 있다는 것을 돌봄 참여자에게 정보 전달할 필요가 있다. 그러나 작성 요청은 하지 않는 게 바람직하다. 사전연명의료의향서 공지 과정을 일종의 교육으로 간주하고 소정의 교육비 지급도 검토하면 좋겠다.

24시간 편의점이나 약국에 방문하는 어르신 중 생계가 곤란해 보이는 분을 발견하면 편의점과 약국 직원의 재량에 따라 일정 한도 내에서 어르신에게 약품과 제품을 무상 지급할 수 있도록 하며, 무상 지급액은 통합돌봄본부가 보존해주는 방안도 제시되었다. 어르신 복지통장과 연계하면 효과적일 것이다. 이때 해당 어르신 관련 정보 중 휴대전화 번호만이라도 통합돌봄센터에 전달할 수 있도록 해야 할 것이다. 편의점 점주와 직원을 대상으로 한 교육, 교육비와 활동비 지급 등 세세한 부분에도 주의를 기울여야 한다.

　　야쿠르트 배달 사업도 통합돌봄 방안의 하나가 될 수 있다고 보았다. 지방정부의 주도로 어르신 돌봄 대상자에게 야쿠르트 배달 지원을 함으로써 대면 접촉과 관리가 가능하다. 만남을 통해 건강 상태를 확인하고 정서적 유대를 형성하고 상황을 점검하며 가정 내 아동을 격려하는 등의 효과를 거둘 수 있는 방안이다.

　　해당 지역의 국회의원, 지방자치단체장, 광역의원, 기초의원 등 정치와 행정 리더들이 A·B등급 골목을 순회하며 어르신들을 만나고 격려하는 활동을 권하였다. 이런 만남의 자리에서 생활 민원을 청취하는 소통이 이루어질 수 있을 것이다.

　　앞에서 복지 사각지대 발굴 대응 방안으로 언급했던 일상 활동 지속에 대한 인건비 지급도 제안 내용에 포함했다. 어르신 돌봄 대상자 발굴은 복지 사각지대 발굴과 여러 면에서 유사성이 있다. 따라서 돌봄 대상자 발굴 및 지원을 위한 지역단체와의 정책 협약, 찾아가는 보건소 사업, 통장의 역할 강화, 찾아가는 문화 공연, A·B등급 골목에 소통 홍보 포인트 마련, 예산 편성 및 통합돌봄 본부 지원 조례 제정, 결연 체결 등 서로 비슷한 제안이 나왔다.

　　복지 사각지대 발굴과 대응을 위해 '슈퍼복지사' 도입을 제안했었는데, 같은 맥락에서 노인 통합돌봄을 일대일 밀착 지원으로 수행할 '슈퍼요양사' 제도를 제안했다. 슈퍼요양사에게 권한과 예산을 부여함으로써 효과적인 지원이 이루어지도록 하는 것이다.

작성된 골목지도는 어르신 생활체육 시설, 어르신 일자리 지원 시설, 어르신 돌봄 시설, 노인정 등의 편의 시설 입지 선정에도 중요한 참고 자료로 활용될 수 있다. 특히 어르신 생활체육 시설은 생활 SOC 차원의 종합체육센터 건립 때 고려되어야 한다. 어르신 돌봄 시설 확대는 지방정부가 중·장기적이고 적극적인 계층 사업으로 검토해야 할 것이다.

Chapter 5

코로나19 예측과 대응

📍 데이터로 코로나19에 맞서다

코로나19는 데이터와 사람, 자치 등에 관해 고민해오던 나에게 큰 화두를 던졌다. 포스트 코로나는 오는가? 코로나19 지역 발생 예측은 어디까지 가능한가? 지방정부가 할 수 있는 방역의 최대치는 어디까지일까? 자치의 최소 단위로서 골목이란 어떤 의미인가? 지방정부의 방역 자치권은 어떤 의미이고 어떻게 완성할 수 있을까? 코로나19는 백신만으로 대응 가능한 것인가? 변종이 발생하면 인류와 우리의 일상은 어떻게 변하는가?

숙고를 거듭한 끝에 위드 코로나 대응은 지방정부의 방역 자치권 확보를 위한 대전환 속에서 이루어져야 함을 깨달았다. 지방정부의 방역 자치권 확보는 보건 역량을 강화하는 문제를 넘어선다. 지방정부의 역할, 도시의 새로운 모습, 시민의 참여 등을 통해 지방 자치 대전환이 필요하다. 전문가들이 말하는 과거와의 단절, 거대 전환, 가속화는 현상적 진단일 수 있다.

지방정부의 방역 대응은 근본 가치의 복원이라는 관점에서 보아야 할 것이다. 위드 코로나는 인간, 자연, 평등, 상생 등을 주요 가치로 삼는다.

지리 정보 데이터 전문가로서 이를 코로나19 대응에 활용하려는 시도는 필연적이었다. 다행히 같은 뜻을 가진 사람들과 기관이 협력하여 2020년 12월 23일부터 2021년 4월 22일까지 4개월간 연구를 진행했다.

당시는 악화된 상황이 유지되는 중이었다. 포스트 코로나에서 위드 코로나로 사회 분위기도 바뀌고 있었다. 전파 경로를 확인할 수 없는 확진자가 증가하면서 K방역의 성공적인 평가에도 불구하고 국민은 무디어지고 지쳐갔다. 이 가운데 지역 방역 약화가 우려되었다. 심리 방역(감염병 확산으로 인한, 국민의 불안감이나 스트레스를 줄이기 위한 사회 방역으로 긍정적 사고, 컨디션 관리 등을 말함), 행동 백신(감염병의 감염을 방지하기 위한 사회 백신으로 마스크 착용, 물리적 거리 두기, 손 씻기, 5인 이상 집합 금지 등) 유지의 필요성이 증가하였다. 더 적극 대응이 필요해 보였다. 과학적인 선제 방역, 찾아가는 방역이 절실해졌다.

연구의 목적은 코로나19 지역 발생 예측 자료를 확보하고 그 활용 방안을 모색하는 것이었다. 국민 인식 정보와 예측 지리 정보를 바탕으로 대응 방안을 도출하고자 했다.

예측 지리 정보에 가장 많은 비중을 둔 코로나19 지역 감염 분석과 예측이다. 코로나19의 초기 증상과 일부 경과 및 감염 예방

염증성 호흡기질환	최근 5년간 환자 수(명)
감기	39,166,199
기관지염	35,002,879
독감	7,117,348
폐렴	5,342,378
천식	5,019,205
만성폐쇄성폐질환	615,310

수칙이 독감과 유사하다는 점에 착안하여 독감과 코로나19의 지역 발생을 비교 분석하는 방식이었다. 성별과 연령대별 코로나19 확진자 특성을 파악하고 코로나19 발생의 시계열 분석 기초 자료를 확보하며 경로와 패턴을 분석함으로써 시·도, 시·군·구, 읍·면·동을 분석 단위로 코로나19 지역 감염을 예측하고자 했다. 그리고 예측 지리 정보와 국민 인식 정보를 활용하여 대응 방안을 제시하려 했다.

먼저 국민건강보험의 2019~2015년 자료를 바탕으로 염증성 호흡기질환 환자 수를 파악했다. 그리고 2021년 2월 6일 기준 현재 국내 거주 코로나19 확진자 수는 7만 8,024명(질병관리청 및 전국 기초 자치단체 누리집 참조)이었다. 이 수치를 기본 데이터로 삼았다. 즉 독감 통계자료, 코로나19 통계자료, 데이터 분석 기술을 활용한 예측 자료를 활용하여 예측 분석을 진행하였다.

국민 인식 정보는 코로나19 등 염증성 호흡기질환의 지역 방역 필요를 점검하는 차원에서 확보하였다. 코로나19 상황의 사회 가치

◉ 코로나19 예측 분석

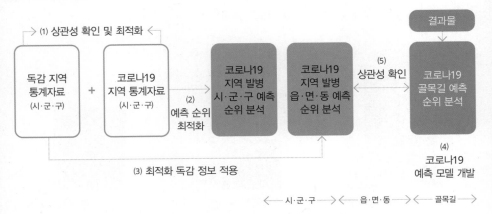

지향 전망, 사회 정책 및 방역 정책 인식 등을 물었고 코로나19와 건강, 위드 코로나 정책 과제 방향을 찾고자 했다.

📍 코로나19 발생 관련 인구 특성 및 시계열 분석

코로나19, 감기, 독감의 성별 발병률을 살펴보면 2021년 4월 기준 성별 코로나19 발병률은 여성이 남성보다 다소 높은 편이다. 2021년 2월에는 여성 50.3%, 남성 49.7%, 2020년 8월에는 여성 57.4%, 남성 42.6%였다. 감기와 독감 남녀 발병률로 볼 때, 상대적으로 여성이 남성보다 염증성 호흡기질환에 취약한 것으로 보인다.

코로나19의 시기별 확진자 연령대를 보면 9세 이하와 60대의 확진자 비율이 높아지는 경향이 나타난다. 반면 20대는 확진자 비율이 현저히 낮아졌다. 그 외 연령층은 모두 증가 추세다. 50대의 확진자 비율이 가장 높다. 1년 전과 비교하여 확진자 비율 상황을 보면 70대와 80대 이상의 확진자 비율이 조금 높아졌다.

📍 **감기, 독감, 코로나19 성별 발병률 비교** (단위: %)

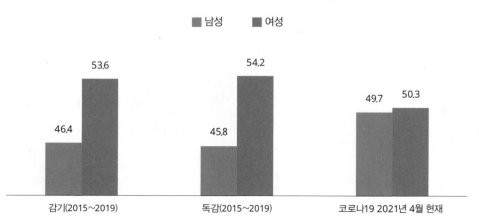

■ 남성 ■ 여성

	감기(2015~2019)	독감(2015~2019)	코로나19 2021년 4월 현재
남성	46.4	45.8	49.7
여성	53.6	54.2	50.3

📍 **코로나19 발병 연령 비교**　　　　　　　　　　　　　　　　　　　(단위: %)

■ 코로나19 2020년 7월 현재　　■ 코로나19 2021년 4월 현재

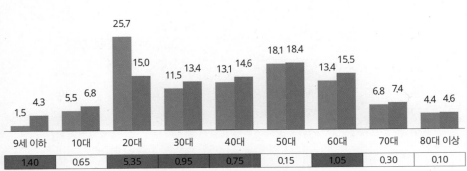

	9세 이하	10대	20대	30대	40대	50대	60대	70대	80대 이상
편차값	1.40	0.65	5.35	0.95	0.75	0.15	1.05	0.30	0.10

📍 **코로나19, 감기, 독감 발병 연령별 발병률 비교**　　　　　　　　(단위: %)

■ 감기(2015~2019)　　■ 독감(2015~2019)　　—— 코로나19 2021년 4월 현재

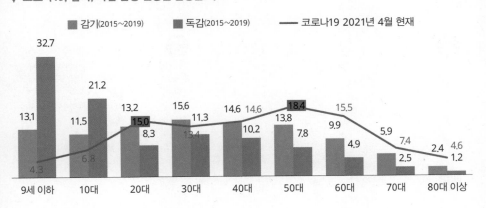

　　코로나19, 감기, 독감의 연령대 발병률을 비교해보면 감기의 연령대별 발병 패턴이 독감의 연령대별 발병 패턴보다 코로나19의 연령대별 발병 패턴과 유사하게 나타난다. 가구 구성으로 볼 때, 50대 부모와 20대 자녀로 구성된 2세대 가정의 주의가 필요해 보인다.

구분	확진자(%)	사망자(%)	치명률(%)
80 이상	4,815(4.57)	968(55.50)	20.1
70–79	7,767(7.38)	491(28.15)	6.32
60–69	16,336(15.52)	201(11.53)	1.23
50–59	19,389(18.42)	60(3.44)	0.31
40–49	15,350(14.58)	14(0.80)	0.09
30–39	14,163(13.45)	7(0.40)	0.05
20–29	15,805(15.01)	3(0.17)	0.02
10–19	7,177(6.82)	0(0.00)	–
0–9	4,477(4.25)	0(0.00)	–
치명률 = 사망자 수 / 확진자 수 × 100			

📍 감기, 코로나 확진자 발생 건수

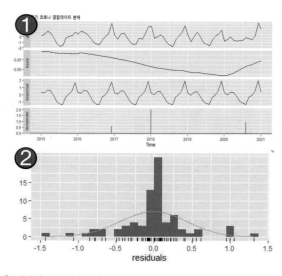

	평균	최대값	최저값	누계평균
2021.01	78844	78844	78844	78844
2021.02	8573	13985	3160	87417
2021.03	9870	16108	3632	97287
2021.04	9340	15612	3068	106626
2021.05	4686	10958	0	111313
2021.06	0	5053	0	111313
2021.07	0	2453	0	111313
2021.08	0	2694	0	111313
2021.09	3075	9348	0	114388
2021.10	5869	12142	0	120258
2021.11	10027	16302	3752	130285
2021.12	20479	26767	14190	150763
2022.01	10449	16742	4155	161212
2022.02	6233	12625	0	167445
2022.03	9618	16054	3181	177062
2022.04	9333	15774	2892	186396

❶ 계절성이 뚜렷이 나타남. 감기와 코로나19 데이터를 결합해봄. 계절성 통제, 시계열 분석을 함.
❷ 통계적으로 유의했음. 측정값에서 얻은 값과 계산값(이론)의 차이를 확인함.
❸ 월별로 확진자 발생 건수를 추세로 확인함.

코로나19의 확진율·사망률·치명률을 살펴보면 사망률과 연령이 반비례 관계를 나타낸다. 70대, 80세 이상의 사망자 비율에 특히 주의할 필요가 있다. 20대, 30대, 40대의 사망자 비율과 치명률이 낮은 상황이다. 19세 이하 연령층에서는 사망자가 발생하지 않았다.

연간 단위로 볼 때 코로나 발생은 6월까지 지속적 하락하고 9월부터 유행 전조를 보일 가능성이 크다. 4~6월 활용 방안 준비, 7~8월 활용 방안 추진 등의 일정이 유효해 보인다.

4월 일일 기준 300~600명, 5월 일일 기준 150~350명, 6월 일일 기준 평균 150명 내외, 7~8월 일일 기준 평균 30~60명 내외의 확진자 발생을 예상할 수 있다.

📍 전국 코로나19 발생 예측 지리 정보

2020년 9월 발생 예측 데이터와 2021년 1월 확진자 발생 현황 데이터 간 상관계수는 0.858이다.

2020년 9월 서울·경기·인천·강원 중부권 대상 독감 기반 코로나19 지역 발생 예측 상관계수는 0.829이다. 2021년 1월에는 감기 기반으로 전국 대상의 코로나19 지역 발생 예측을 했는데 상관계수는 0.862였다. 2020년 9월 모델 그대로 적용하였는데, 전국으로 확대했음에도 예측률이 더 높아졌다(70.5% → 86.2%).

예측 알고리즘을 적용하여 전국 17개 시·도와 238개 시·군·구 단위로 코로나 예측 등급 지도를 작성했다(178페이지 지도 참조).

전국 3,486개 읍·면·동 단위로 코로나19 발생을 예측한 카토그램은 179페이지 그림과 같다. 참고로 카토그램(cartogram)은 특정 통계치를 바탕으로 지도를 재구성한 것이다. 인구, GNP, 의석수 등

♀ 2020년 9월 코로나 발생 예측 지도

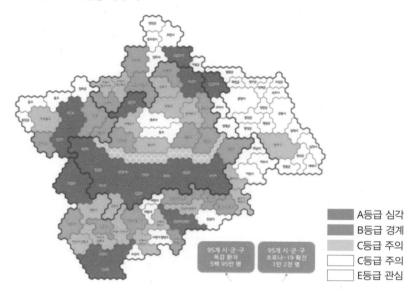

A등급 심각
B등급 경계
C등급 주의
C등급 주의
E등급 관심

♀ 2021년 1월 코로나19 확진자 발생 현황 지도

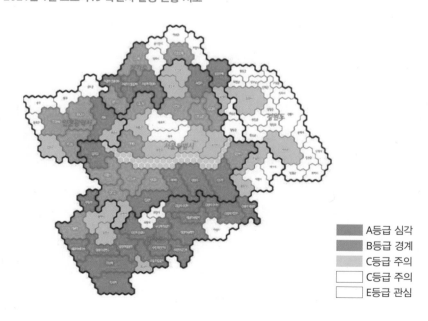

A등급 심각
B등급 경계
C등급 주의
C등급 주의
E등급 관심

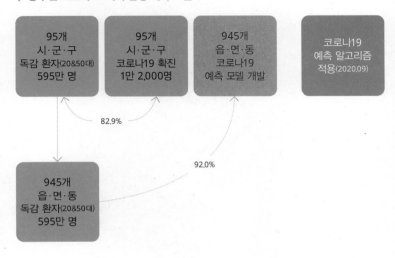

중부권 코로나19 지역 발생 예측 모델

95개
시·군·구
독감 환자(20&50대)
595만 명

95개
시·군·구
코로나19 확진
1만 2,000명

945개
읍·면·동
코로나19
예측 모델 개발

코로나19
예측 알고리즘
적용(2020.09)

82.9%

945개
읍·면·동
독감 환자(20&50대)
595만 명

92.0%

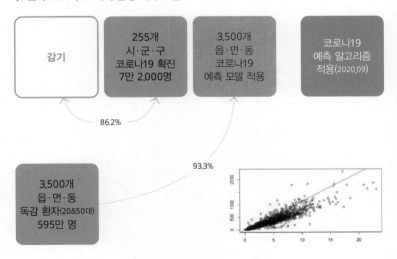

전국 코로나19 지역 발생 예측 모델

감기

255개
시·군·구
코로나19 확진
7만 2,000명

3,500개
읍·면·동
코로나19
예측 모델 적용

코로나19
예측 알고리즘
적용(2020.09)

86.2%

3,500개
읍·면·동
독감 환자(20&50대)
595만 명

93.3%

♀ 시·도 단위 코로나 예측 등급

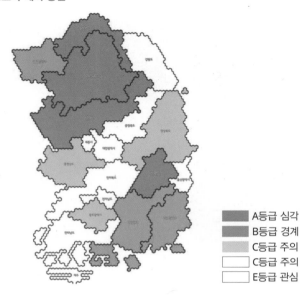

A등급 심각
B등급 경계
C등급 주의
C등급 주의
E등급 관심

♀ 시·군·구 단위 코로나 예측 등급

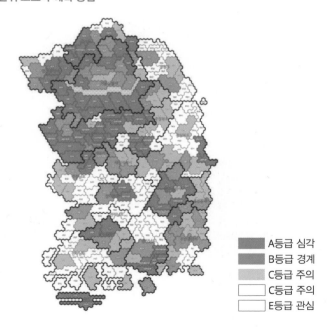

A등급 심각
B등급 경계
C등급 주의
C등급 주의
E등급 관심

📍 전국 읍·면·동 단위 코로나19 발생 예측

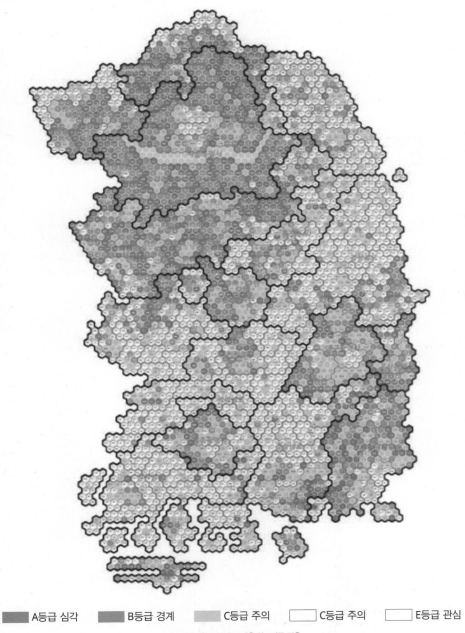

A등급 심각　　B등급 경계　　C등급 주의　　C등급 주의　　E등급 관심

* 2020년 9월 코로나19 예측 알고리즘 적용

♥ 서울특별시 코로나19 예측 카토그램

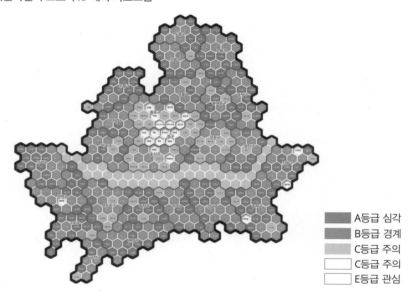

A등급 심각
B등급 경계
C등급 주의
C등급 주의
E등급 관심

♥ 부산광역시 코로나19 예측 카토그램

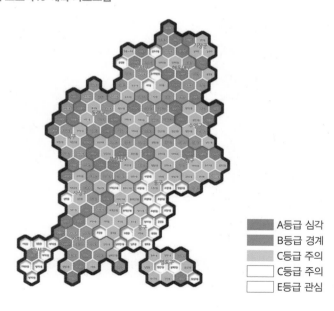

A등급 심각
B등급 경계
C등급 주의
C등급 주의
E등급 관심

특정한 데이터값의 변수가 지도의 면적이나 거리를 대체한다.

같은 방식으로 전국 행정동 단위의 코로나19 예측 지도(카토그램)를 작성하였다(180페이지 그림 참조).

📍 코로나19와 국민 인식

여론조사는 성인 남녀 1,000명 대상의 전화 조사를 두 번(1차: 2021년 2월 3~4일, 2차: 2021년 2월 4~5일) 하였다. ARS RDD 유무선 전화 조사(유선 20%, 무선 80%) 방식이며 95% 신뢰 수준에서 최대 허용 오차는 ±3.1%p이다. 수행기관은 지방자치데이터연구소이다.

여론조사 결과 몇 가지 시점을 얻었다. 먼저 코로나19 발생이 대한민국 사회에 위기라는 인식과 기회라는 인식이 공존하고 있음을 확인했다. 코로나19 대응 과정에서 우리나라도 이미 선진국에 진입했다는 인식이 확대된 것으로 보인다. 그리고 여기에는 두 가지 상황 인식이 깔려 있다.

첫째, 코로나19를 정치와 사회 시스템의 문제로 해석하고 있다. 둘째, 화석연료 기반의 경제체제 혁신과 경제성장의 질적 관리가 필요하다는 인식이 높았다. 각 지방정부는 이러한 흐름을 고려한 '자치 실험'을 시작해볼 필요가 있다. 골목 자치, 협력 자치, 찾아가는 자치, 방역 자치, 데이터(증거) 기반 자치 등이 그 내용이다.

지방정부의 코로나19 대응 수준을 세계적 수준으로 평가했으며, 코로나19와 관련된 안내문자도 긍정적으로 인식했다. 일하는 방식 개선에 대해서는 데이터 기반 행정, 민관 협치 등의 의견이 많았고 지방정부 역할 강화를 원했다. 역량 확충, 사람에 투자, 권한 확대 등의 의견이 높은 비율이었다. 삶의 질 관리에도 관심을 보였다. 동네 커뮤니티 지원과 환경 유지 보호 의견 또한 많았다.

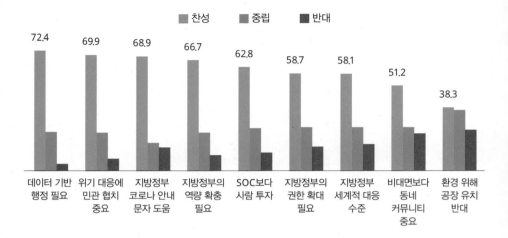

📍 **코로나19와 국민 인식 ①**　　　　　　　　　　　　　　　　　(단위: %)

■ 찬성　■ 중립　■ 반대

- 72.4 데이터 기반 행정 필요
- 69.9 위기 대응에 민관 협치 중요
- 68.9 지방정부 코로나 안내 문자 도움
- 66.7 지방정부의 역량 확충 필요
- 62.8 SOC보다 사람 투자
- 58.7 지방정부의 권한 확대 필요
- 58.1 지방정부 세계적 대응 수준
- 51.2 비대면보다 동네 커뮤니티 중요
- 38.3 환경 위해 공장 유치 반대

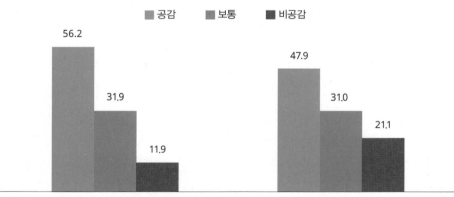

📍 **코로나19와 국민 인식 ②**　　　　　　　　　　　　　　　　　(단위: %)

■ 공감　■ 보통　■ 비공감

통장 역할 강화(복지/안전) 및 선출 공식화 체계화
- 공감 56.2
- 보통 31.9
- 비공감 11.9

지역 문제 해결형 읍·면·동장 직선제
- 공감 47.9
- 보통 31.0
- 비공감 21.1

　　　코로나 시대, 주민 참여에 대해 권한과 책임은 비례한다는 의견
이었다. 참여는 자치의 책임도 발생시키지만 권한도 부여한다. 통장
의 역할 강화 및 선출 공식화·체계화가 읍·면·동장 직선제보다 높
은 공감을 얻었다. 주민의 참여와 결정이 실질적 성과와 주민 이익

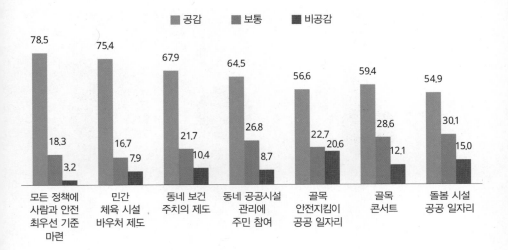

■ 공감   ■ 보통   ■ 비공감

	공감	보통	비공감
모든 정책에 사람과 안전 최우선 기준 마련	78.5	18.3	3.2
민간 체육 시설 바우처 제도	75.4	16.7	7.9
동네 보건 주치의 제도	67.9	21.7	10.4
동네 공공시설 관리에 주민 참여	64.5	26.8	8.7
골목 안전지킴이 공공 일자리	56.6	22.7	20.6
골목 콘서트	59.4	28.6	12.1
돌봄 시설 공공 일자리	54.9	30.1	15.0

으로 이어지도록 방안을 강구하는 것이 정책 추진 성패의 관건이 될 것이다.

위드 코로나 시대, 자치 정책의 방향은 주민 삶을 세분화하고 구체화하여 찾아가는 쪽으로 설정해야 한다. 이와 관련한 대부분의 정책 아이템에 대해 공감이 높았다. 특히 사람과 안전 정책 기준 마련, 민간 체육 시설 바우처 제도, 동네 보건 주치의 제도 등은 상대적으로 높은 호응을 얻었다.

건강 상태가 염증성 호흡기질환에 미치는 영향을 조사하였는데, 즉석 음식을 많이 먹을수록, 비만일수록 염증성 호흡기질환에 잘 걸리는 것으로 나타났다. 술, 담배, 운동은 직접적인 상관관계가 없었다. 염증성 호흡기질환에 식습관이 중요한 것으로 해석할 수 있는 데이터이다.

생활 습관과 염증성 호흡기질환의 상관관계도 살펴보았다. 우울할수록, 좁은 공간에 오래 있을수록, 잠을 잘 못 잘수록, 규칙적인

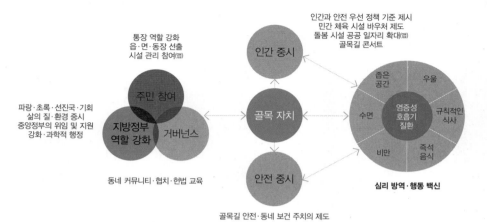

식사가 어려울수록 염증성 호흡기질환에 잘 걸리는 것으로 나타났다. 건강보조식품, 만남의 빈도는 상관관계가 통계상 무의미하게 보였다. 코로나19 예방에는 육체적 건강도 중요하지만 정신적 안정과 관리가 더 중요할 수 있다는 방증으로 보인다.

여론조사 결과를 요약해보면 골목 자치는 인간과 안전을 중시하는 코로나19 방역을 함축하고 있다. 골목 자치는 코로나19 방역의 기초 단위인 동시에 주민 참여와 거버넌스 등 지방정부의 역할 강화로 가능할 것이다.

📍 예측 데이터와 국민 인식 정보의 활용 방안

파악한 데이터는 코로나19 등 염증성 호흡기질환 전반을 다루는 정책 과정에 참고 자료로 활용될 수 있을 것이다. 활용 제안의 핵심은 코로나 시대를 대비하기 위해 입체적이고 체계적인 방어 체계 구축을 일상적으로 갖출 필요가 있으며, 이를 위해 지방정부 역할이 중요하다는 데 있다.

골목으로 자치의 범위와 단위를 확장하고 세분할 필요가 있다. 지방정부가 골목길 수준의 방역 체계 구축을 추진한다면 효과적일 것이다. 골목을 방역의 기본 단위로 설정하고 골목으로 → 찾아가는 → 협치 방역의 3단계를 밟아나가는 방향을 제시했다.

먼저, 골목길 방역은 과학 방역의 최소 단위를 골목으로 설정하고 방역 능력을 배양하는 것이다. 둘째, 찾아가는 방역은 정보 공개 및 전달을 뛰어넘어 찾아가는 행동 방역을 시행하는 것이다. 셋째, 협치 방역은 중앙정부, 지방정부, 기업, 사회단체, 시민의 연대와 협력을 지원하는 공동행동을 말한다.

구체적인 제안 사항으로 찾아가는 보건소, 보건복지 통장 운용, 이동식 소독 시스템 골목 순환 운용, 코로나 블루 극복을 위한 골목 문화제, 증가한 배달 종사자를 위해 사회 협약 및 보건용품과 보험 가입 지원이 있다.

위드 코로나는 주민 건강과 안전을 지키는 과정에 주민이 참여하며 자치를 완성하는 과정에서 실현될 수 있을 것이라는 결론이다.

♀ 서울특별시 은평구 코로나19 예측 대응 골목지도

코로나 장기화에 따라 서울특별시 은평구는 골목길 구석구석을 세분화한 정밀 데이터 분석을 통한 촘촘한 방역 활동 계획 수립의 필요성을 인식하고 과학적 감염병 예측 대응을 위한 골목 단위의 방역 상세 지도를 작성하였다. 이는 빅데이터를 활용한 과학 행정을 구현함으로써 구정 신뢰를 유지하고 향상시키는 데도 긴요했다. 앞서 설명한 코로나19 예측 모델을 바탕으로 감염병 데이터를 분

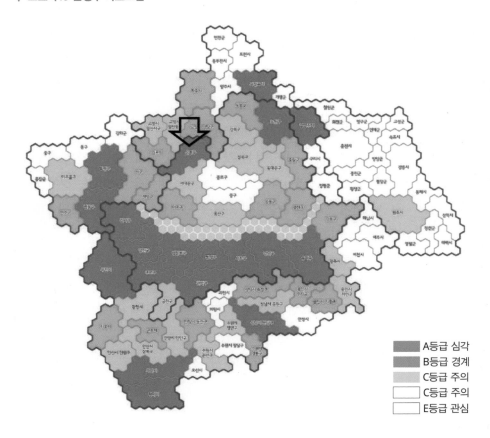

A등급 심각
B등급 경계
C등급 주의
C등급 주의
E등급 관심

석하고 구 단위의 여론조사를 통해 인식을 파악하여 감염병 대응의 방향을 모색했다.

은평구 16개 동을 922개의 소지역으로 세분화하여 감염병 예측 대응을 위한 데이터 분석과 골목지도 작성을 진행하였으며, 감염병 관련 주민 여론조사를 시행하고 종합 데이터와 활용 방안을 제안하였다.

코로나19 발생 규모를 통합 예측한 중부권 시·군·구 카토그램에서 은평구는 A등급의 경계 지역으로 나타났다.

📍 코로나19 예측 등급 골목지도

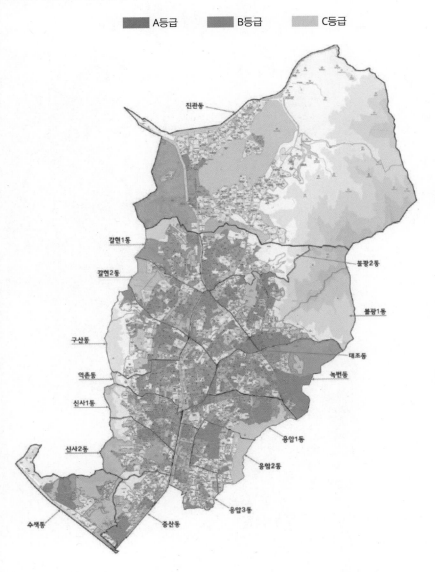

📍 코로나19 예측 등급 행정동별 지도

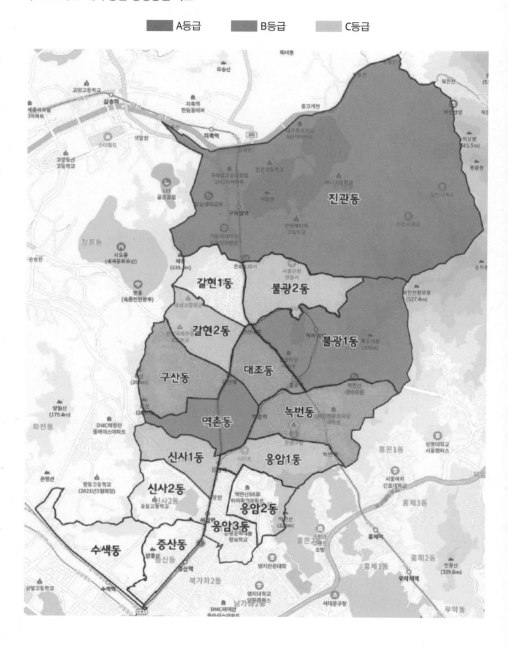

은평구를 922개 소지역으로 나누어 분석한 결과 A등급 181개, B등급 177개, C등급 202개, D등급 182개, E등급 180개 등급으로 나뉘었다.

행정동 및 소지역별 등급 데이터는 감염병 대응에 관한 구체적인 정책 지침을 작성하는 데 활용되었다. 예측 지도 작성과 함께 인식 여론조사를 통해 대응 방향을 모색해나갔다. 여론조사 결과를 간략히 살펴보자.

은평구가 정부보다 더 강도 높거나 선제적인 방역 활동이 필요한지에 대해 불안감이 높을수록 강도 높은 선행 방역 필요를 인식하는 경향(상관계수 0.331)을 보였다.

은평구에서 코로나19 방역을 위해 가장 중요한 관리 요인은 무엇인지 묻는 질문에 대해 현재 수준에서 마스크 착용과 손 씻기는 대체로 잘 진행되고 있지만, 외출과 모임에서 문제가 있다고 보았다. 이 지점에서 대중 시설의 방역 수칙 준수를 위한 사업장 지도와 시민 캠페인 및 여가 차이 해소 정책의 병행 지원이 요구됨을 발견할 수 있다.

은평구에서 도시 사회학적으로 코로나19 발병에 영향을 미치는 요인은 무엇인지도 파악해보았다. 성별(여성), 연령(20대와 50대), 주택 유형(저층 밀집), 주거 면적(작을수록)이 가장 많은 영향을 주는 것으로 나타났다.

은평구 행정에 가장 많은 영향을 주는 방역 요인은 무엇인가를 물었을 때 찾아가는 예측(선제) 방역, 지역단체와의 공동 노력, 모든 구정 사업에 보건 수칙 적용 점검 등의 답이 나왔다. 시민 가치와 연대를 바탕에 둔 행동 백신 유지에는 지방정부 활동의 신뢰 유지가 관건임을 알 수 있다.

작성된 골목지도를 바탕으로 대응 방안이 제시되었는데, 그 핵심은 적극 방역, 찾아가는 방역, 선제적 방역이다. 전파 경로가 불확실한 상황에서 확진자를 쫓아가는 수세적 전략은 효과적이지 않았다. 개인 방역 면역력을 지원하는 지역 방역으로 시스템을 전환하고 방역 재원의 효과적인 분배를 위한 적극 방역, 찾아가는 방역을 전개할 필요성이 제기되었다. 그리고 지역 중심의 의학적 접근에서 사람 중심의 사회과학적 접근으로 전환함으로써 선제적 방어 체계를 구축하는 것이 제안되었다. 사회과학적 백신, 즉 행동 백신이 전파될 수 있도록 등급이 높은 지역 여성, 20대와 50대의 개인 방역 지원을 최우선 타깃으로 설정하는 방향이 제안되었다.

| Chapter 6 | # 저층 주거지 화재 예방을 위한 골목
지도: 서울특별시 은평구 3개 행정동 |

📍 화재에 더 취약한 곳을 찾아라

2015년에서 2019년까지 5년간 서울특별시에서 일어난 화재는 비주거 시설이 60%, 주거 시설이 40%를 차지한다. 그런데 인명 피해 발생을 보면 주거 시설이 비주거 시설보다 더 큰 상황이다. 주거 시설은 16건의 화재당 1명의 인명 피해가, 비주거 시설은 22건의 화재당 1명의 인명 피해가 생기고 있다.

주거 시설 중에서도 화재에 더 취약한 곳이 있다. 공동주택의 화재 발생 빈도는 아파트, 연립 순이며 단독주택은 다가구, 단독, 상가주택 등의 순으로 화재 발생이 많다. 그런데 화재 진압 때에는 소방차가 들어가기 힘들고 진화 장비가 잘 갖추어지지 않은 다세대, 단독, 상가주택 등이 상대적으로 화재에 취약한 것으로 드러났다. 즉 저층 주거지일수록 화재 발생 빈도도 높고 진화에 시간이 오래 걸려 재산과 인명 피해가 컸다. 따라서 상대적으로 화재에 취약한 저층 주거지를 중심으로 효과적인 화재 예방과 대응을 위한 데이터 분석과 연구가 필요한 상황이다. 이에 따라 2020년에 저층 주거지 화재 예측을 위한 데이터 분석과 골목지도 작성에 들어갔다.

조사 지역은 서울특별시 은평구로 정했다. 이 지자체는 전국에서 두 번째, 서울특별시에서 첫 번째로 연립과 다세대가 밀집한 지역이다. 은평구 내에는 16개 행정동이 있는데, 그중에서도 1990~1999년 사이, 2005~2009년 사이 연립과 다세대가 가장 많이 건축되었고 서로 경계를 접하고 있는 녹번동·대조동·역촌동이 조사연구에 가장 적합하다고 판단되었다.

♀ 화재 인식 및 대응 실태 여론조사

공공 행정 데이터 수집과 병행하여 화재 발생과 대응에 관한 여론조사를 진행했다. 2020년 2월 13~14일 녹번동·대조동·역촌동에 거주하는 18세 이상 성인 250명을 ARS 유선전화 조사를 했다. 95% 신뢰 수준에서 최대 허용오차 ±6.2%p이고 조사 수행은 우리리서치가 맡았다.

먼저 화재 인식에 관한 질문으로 '자택과 주변이 화재에 어느 정도 안전한지' 물었다. 안전하다고 답한 비율이 54.2%(매우 안전 17.8%

♀ 화재 인식

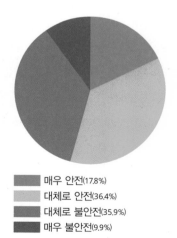

■ 매우 안전(17.8%)
■ 대체로 안전(36.4%)
■ 대체로 불안전(35.9%)
■ 매우 불안전(9.9%)

♀ 집에 소화기가 있는가

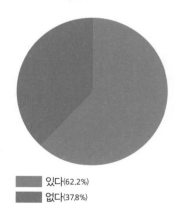

■ 있다(62.2%)
■ 없다(37.8%)

+ 대체로 안전 36.4%) 불안전하다고 답한 비율이 45.8%(매우 불안전 9.9%
+ 대체로 불안전 35.9%)였다.

'집에 소화기를 비치하고 있는지'에 대한 질문에 대해 62.2%가
비치했다, 37.8%가 비치하지 않았다고 답했다. 집에 소화기가 있다
는 층은 40대(80.2%), 원룸(91.7%)에서 상대적으로 높았고, 없다는
층은 60세 이상(44.4%), 다세대·다가구·연립·단독(40.4%)에서 상대
적으로 높게 나타났다.

생활환경 조사의 세 번째 질문으로 "집에 화재 감지기가 설치
되어 있습니까?"라고 물었을 때 설치되어 있다는 응답자가 48.1%,
설치되지 않았다는 응답자가 51.9%였다. 감지기가 설치된 층은
18세~30대(58.1%), 원룸(91.7%)·아파트(74.2%) 거주자가 상대적으로
높았고, 감지기가 없는 층은 60세 이상(62.7%), 다세대·다가구·연
립·단독(70.3%)에서 상대적으로 높게 나타났다.

화재 대피 용이성에 대한 질문으로 "만약 집에 화재가 발생했다
면 대피가 어느 정도 수월하다고 보십니까?"라고 물었다. 수월하다

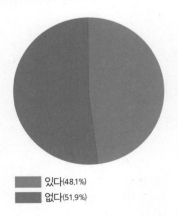

📍 **집에 화재 감지기가 있는가**

- ▉ 있다(48.1%)
- ▉ 없다(51.9%)

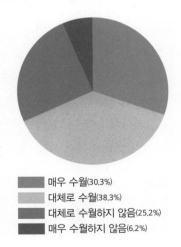

📍 **화재 시 대피가 수월한가**

- ▉ 매우 수월(30.3%)
- ▉ 대체로 수월(38.3%)
- ▉ 대체로 수월하지 않음(25.2%)
- ▉ 매우 수월하지 않음(6.2%)

68.6%(매우 수월 30.3% + 대체로 수월 38.3%), 수월하지 않다 31.4%(매우 수월하지 않음 6.2% + 대체로 수월하지 않음 25.2%)의 응답을 얻었다. 50대(86.4%)와 아파트(80.4%)에서 수월하다는 응답이, 40대(46.8%)와 원룸(87.1%)에서 수월하지 않다는 응답이 상대적으로 많았다.

화재 발생 경험에 대해 "집에 화재가 발생한 적이 있으십니까?"라고 물었다. 이에 대한 답변은 화재 미발생 67.0%, 화재 발생 25.1%(자연 진화 14.3%, 소방서 출동 10.8%), 화재 발생할 뻔함 7.9% 순으로 나타났다. 화재가 발생하지 않은 층은 40대(88.9%), 60세 이상(79.5%), 다세대·다가구·연립·단독(87.4%)에서 상대적으로 높았다. 화재 발생 후 자연 진화를 경험한 층은 18세~30대(29.1%), 아파트(34.4%), 원룸(15.6%)에서 상대적으로 높았다. 화재가 발생하고 소방서에서 출동하여 진화하는 경험을 한 층은 18세~30대(16.3%), 아파트(17.7%)에서 상대적으로 높았다. 화재가 발생할 뻔한 경험을 한 층은 18세~30대(12.8%), 아파트(17.7%)에서 상대적으로 높았다.

♥ 화재 발생 경험

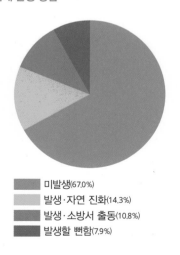

- 미발생(67.0%)
- 발생·자연 진화(14.3%)
- 발생·소방서 출동(10.8%)
- 발생할 뻔함(7.9%)

♥ 소화기 의무화 조례에 대한 의견

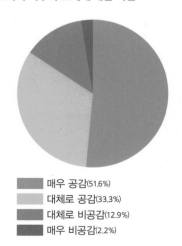

- 매우 공감(51.6%)
- 대체로 공감(33.3%)
- 대체로 비공감(12.9%)
- 매우 비공감(2.2%)

화재 대응책 중 하나로 소화기 의무화 조례 제정에 대해 "지방자치단체가 가정집 등에 소화기를 의무적으로 비치하는 조례를 신설하고 그 비용을 일부 지원하는 것에 대해 어떻게 생각하십니까?"라고 질문했다. 응답은 공감 84.9%(매우 공감 51.6% + 대체로 공감 33.3%), 비공감 15.1%(매우 비공감 2.2% + 대체로 비공감 12.9%)였다. 공감한다는 층은 18세~30대 (100.0%), 원룸 (100.0%), 아파트(93.2%)에서 상대적으로 높았고, 공감하지 않는다는 층은 40대(31.0%), 다세대·다가구·연립·단독(21.1%)에서 상대적으로 높았다.

♀ 예측 데이터를 골목지도로 작성

여러 조사 결과를 바탕으로 화재 발생을 예측하였고 구체적인 지도 제작에 들어갔다. 화재 발생 소지역만 봤을 때 예측률은 60.5%

♀ 녹번동 저층 주거지 화재 예측 골목지도

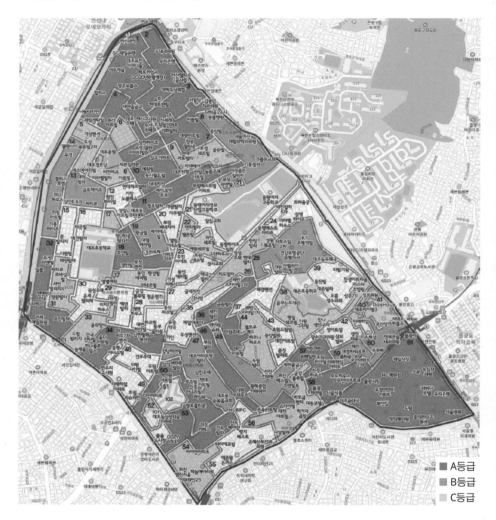

A등급
B등급
C등급

였고, 화재가 발생하지 않은 전체 지역까지 포함했을 때는 예측률이 59.6%였다. 서울특별시 은평구의 녹번동·대조동·역촌동 3개 행정동을 216개의 소지역으로 구분하여 분석했을 때 화재 예측 순위 데이터와 실제 화제 순위 데이터의 분석 결과는 통계적으로 유

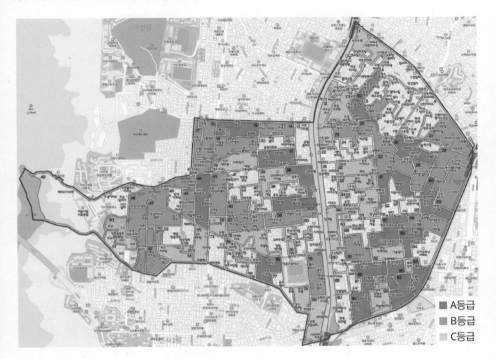

A등급
B등급
C등급

의미했고 그 상관성이 높게 나타났다. 따라서 이 연구 결과를 바탕
으로 골목지도 작성이 의미 있다고 판단하였고, 구체적인 지도 작
성에 돌입하였다. 다만 앞으로 예측률을 높이기 위한 추가 연구가
필요할 것으로 판단되었다. 데이터의 절대적 양을 늘리고 그중에서
도 생성 시기가 좀 더 현재와 가까운 데이터 활용이 필요해 보인다.

저층 주거지 화재 예측과 대응을 위한 골목지도 작성은 은평구
3개 행정동을 217개의 소지역으로 세분화하여 분석하는 작업으로
시작하였다. 평균 성인 인구가 250~300명 단위로 소지역을 나누었
는데, 주택 유형과 소생활권을 고려하여 분류하였다. 그리고 이 소
지역을 화재 발생 가능성이 큰 순서로 A·B·C·D·E등급으로 구분

하였다. A등급 48개, B등급 43개, C등급 42개, D등급 41개, E등급 43개로 분류되었다.

📍 골목지도를 바탕으로 한 화재 예방 및 대응책

화재 예측 가능성에 따라 등급을 나눈 골목지도를 완성하고 이를 바탕으로 한 예방 및 대응 정책을 제안하였다. 그 핵심은 녹번동, 대조동, 역촌동의 216개 소지역별로 각 등급에 따라 화재 발생을 집중해 감시하고 신속하게 대응하는 것이다. 먼저 주기적인 화재 예방 캠페인을 진행하는데, 특별히 A·B등급 소지역에는 화재 예방 교육을 할 필요가 있다. 또한 A등급 소지역에 소화기와 화재 감지기 설치를 지원하는 게 바람직하다. 이를 위해 서울특별시와 은평구가 공동으로 중앙정부와 소방청과 협의를 진행하는 게 좋다.

A등급 밀집 지역에서는 가상의 화재 발생 훈련을 통해 화재 신고부터 완전 소진까지의 전 과정을 모의 훈련함으로써 화재 진압 장애 요인을 발굴하고 개선책을 마련할 필요가 있다.

이와 함께 A등급 밀집 지역에 거주하는 주민과 함께 화재 발생 시 집안에서 벌어질 수 있는 상황을 점검하고 구조적인 개선점을 찾을 수 있는 가정방문 간담회 또는 소규모 숙의토론이 검토되어야 할 것이다.

골목 단위의 협력 대응 아이디어도 나왔다. 24시간 운영되는 편의점과 지역 상황을 잘 아는 공인중개사 사무실 등의 지원을 받는 것이다. 특히 편의점 등에 초기 화재 진압에 필요한 중소형 진압 장비를 비치하고 관련 매뉴얼을 보급하며 근무자를 대상으로 교육하는 방안이 효과적이라 판단되었다. 이에 대한 낮은 수준의 의무화를 검토하고 교육을 받는 사람과 활동이 요구되는 사람에게는 교육비와 활동비를 지급하는 방안을 고려하는 것이 바람직하다고 보았다.

화재 예방의 한 방안으로 조례 제정을 통한 저층 주거지 소화기 비치 의무화 및 지원에 대한 찬성 여론이 약 85%였던 것에도 주목할 필요가 있다. 서울특별시와 은평구가 이러한 조례 제정에 협의하는 게 바람직할 것이다. 예비비를 활용하거나 추경을 통해 소규모 소화기 비치 지원 예산을 확보하는 일을 검토해야 할 것으로 보인다. 그리고 화재 예방을 위한 사업을 진행하거나 예산을 편성할 때는 우선 대상 지역으로 A·B·C등급 소지역을 적극 고려하여 편성하고 집행하는 것이 바람직해 보인다.

Chapter 7

생활 친화 시설 입지 분석과
정책 수요 예측: 경기도 하남시

📍 생활 친화 시설 입지 선택과 지리 정보 데이터

지방정부가 어떤 생활 친화 시설을 어디에 건설하느냐는 아주 민감한 문제이다. 이를 둘러싸고 주민과 이해관계자의 의견이 격렬하게 부닥치기도 한다. 이때 주민의 의견을 충실히 반영하고 사회적 약자를 배려하며 수요를 고려하여 건설할 시설 유형을 결정하고 입지를 정하는 교과서적 해결책이 정답이라 할 수 있다. 그러나 현장의 상황은 복잡다단하다. 의견을 수렴하고 수요를 분석하는 것도 생각처럼 쉽지 않다. 정치적 영향력이 큰 집단이나 사람에게 휘둘리는 것도 이 때문이다.

경기도 하남시는 생활 친화 시설 입지 분석과 수요 예측에 골목 지리학 방법을 사용하였다. 어르신과 어린이 친화 시설 입지를 분석하기 위해 지리 정보 데이터를 활용하고 시민 의견이 반영된 친화 시설의 유형에 접근했다. 이와 함께 부가적인 활용 방안도 찾아내었다.

골목길 수준의 입지 분석 데이터와 지리 정보를 확보하고 친화 시설 데이터 및 관련 분야의 행정 데이터, 공공 빅데이터, 지역 공간 정보, 여론조사 결과 데이터 등을 융합하여 골목지도를 작성하고 이를 생활 친화 시설 입지 분석과 관련 정책에 활용한 것이다. 하남시의 사례는 친화 시설 유형과 입지 결정에 골목지도 활용이 아주 유용함을 보여주었다.

📍 시민 여론조사

하남시는 친화 시설 유형 파악을 위해 2019년 12월 3일과 4일 19세 이상의 주민 500명을 대상으로 ARS RDD 유선전화 조사를 진행했다. 95% 신뢰 수준에서 최대 허용오차 ±4.3%p이며 지방 자치데이터연구소가 조사 실무를 수행했다. 시민 여론조사 문항은 시정 전반에 관한 것과 생활 시설 일반에 관한 것, 어르신 생활 시설에 관한 것, 어린이 생활 시설에 관한 것으로 나뉘었다.

필요한 생활 친화 시설의 유형을 파악하기 위해 "하남시에 다음 4가지 생활 시설 중 어떤 것이 가장 필요하다고 생각하십니까?"라고 물었다. 종합복지타운 43.4%, 수영장 23.3%, 공공도서관 16.8%, 실내체육관 16.5% 순으로 응답이 나왔다. 종합 복지타운

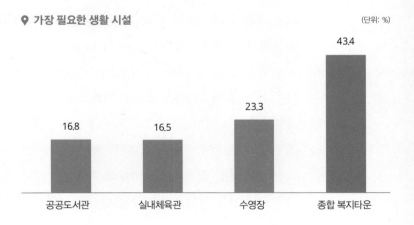

📍 **가장 필요한 생활 시설** (단위: %)

- 공공도서관: 16.8
- 실내체육관: 16.5
- 수영장: 23.3
- 종합 복지타운: 43.4

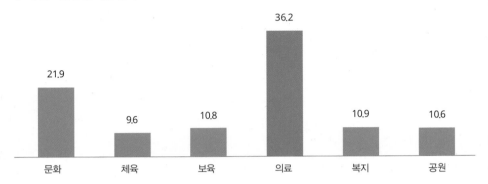

📍 더 필요한 생활 시설 분야

(단위: %)

- 문화 21.9
- 체육 9.6
- 보육 10.8
- 의료 36.2
- 복지 10.9
- 공원 10.6

은 감북동과 위례동에서, 수영장은 신장1·2동에서, 공공도서관은 19세~30대와 미사1·2동에서 상대적으로 높았다.

이어서 "하남시에 어떤 분야의 생활 시설들이 더 필요하다고 생각하십니까?"라고 물었다. 그 결과 의료 36.2%, 문화 21.9%, 복지 10.9%, 보육 10.8%, 공원 10.6%, 체육 9.6% 순의 응답을 얻을 수 있었다. 의료는 40~50대, 감북동과 위례동이, 문화는 춘궁동·천현동·초이동·풍산동이, 복지는 60세 이상, 신장1·2동에서 상대적으로 높았다.

어르신 생활 시설에 관한 질문으로 먼저 "거주 지역에 어르신을 위한 생활 편의 시설이 얼마나 필요하다고 생각하십니까?"라고 물었는데, 필요가 79.7%(매우 필요 34.4% + 대체로 필요 45.3%), 불필요가 20.3%(대체로 불필요 13.6% + 매우 불필요 6.7%)로 필요하다는 의견이 월등히 높았다. 필요하다는 응답은 60세 이상, 감북동과 위례동에서 상대적으로 높았고, 불필요하다는 의견은 19세~30대, 춘궁동·천현동·초이동·풍산동에서 상대적으로 높았다.

어르신 생활 편의 시설 중 가장 필요한 시설에 관한 질문도 했는데, 생활체육 시설 36.4%, 노인 일자리 지원 시설 29.7%, 노인 돌

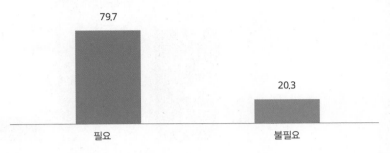

◉ 어르신 생활 시설 필요 여부 (단위: %)

79.7 필요
20.3 불필요

봄 시설 21.5%, 노인정 12.3%의 답변을 얻었다. 생활체육 시설은 60세 이상, 덕풍1·2·3동이, 노인 일자리 지원 시설은 60세 이상, 미사1·2동이, 노인 돌봄 시설은 19세~30대, 신장1·2동이 상대적으로 높은 응답률을 보였다.

어린이 생활 시설에 관한 질문으로 "거주 지역에 어린이를 위한 놀이 돌봄 시설이 얼마나 필요하다고 생각하십니까?"라고 물었다. 필요하다는 응답이 82.2%(매우 필요 42.5% + 대체로 필요 39.7%)로 불필요하다는 응답 17.8%(대체로 불필요 12.3% + 매우 불필요 5.4%)보다 압도적으로 많았다. 필요하다는 응답은 감북동과 위례동에서, 불필요하다는 응답은 춘궁동·천현동·초이동·풍산동에서 상대적으로 높

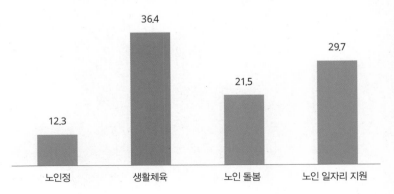

◉ 가장 필요한 어르신 생활 시설 (단위: %)

12.3 노인정
36.4 생활체육
21.5 노인 돌봄
29.7 노인 일자리 지원

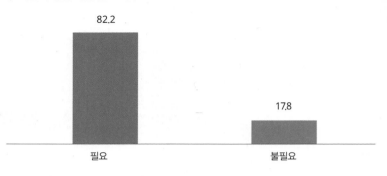

♀ 어린이 생활 시설 필요 여부 (단위: %)

82.2 — 필요
17.8 — 불필요

게 나왔다.

다음으로 "거주 지역에 어린이를 위한 생활 편의 시설 중 어떤 시설이 가장 필요하다고 생각하십니까?"라고 물었는데, 교육 시설 30.2%, 어린이집 26.7%, 어린이 놀이 공간 21.0%, 공동육아 나눔 터 11.3%, 취약 계층 아동 지원 서비스 10.8%의 응답이 나왔다. 교육 시설은 60세 이상, 덕풍1·2·3동에서, 어린이집은 40~50대, 감북동·위례동에서, 어린이 놀이 공간은 19세~30대, 춘궁동·천현동·초이동·풍산동에서 상대적으로 응답이 많았다.

♀ 가장 필요한 어린이 생활 시설 (단위: %)

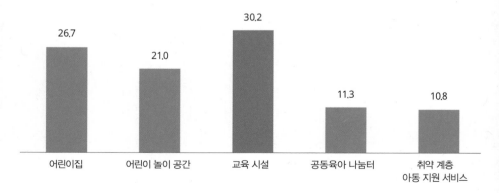

어린이집	어린이 놀이 공간	교육 시설	공동육아 나눔터	취약 계층 아동 지원 서비스
26.7	21.0	30.2	11.3	10.8

♀ 어르신 친화 시설 및 정책 사업 수요 예측

어르신 생활체육 시설, 어르신 일자리 지원 시설, 어르신 돌봄 시설, 노인정 등의 편의 시설 입지 선정에 중요한 참고 자료로 활용할 골목지도 작성을 진행했다. 특히 어르신 생활체육 시설은 생활 SOC 차원의 종합체육센터 건립 시 고려되어야 하는 부분이라 판단했다. 또한 어르신 돌봄 시설 확대는 지방정부가 중·장기적으로 계층 사업으로 적극 검토해야 하는 주력 정책 분야이다. 이를 통해 공동체 유대감을 높일 수 있기 때문이다.

하남시를 평균 성인 인구 250~300명 거주를 기준으로 주택 유형과 소생활권을 고려하여 분류하고 어르신 친화 시설 수요에 따라 등급을 나누었다. 총 284개 소지역이 A등급 54개, B등급 62개, C등급 65개, D등급 51개, E등급 52개로 세분화되었다.

어르신 친화 시설 및 정책 사업 수요 예측 등급 지도에 대해 친화 시설 입지 선택 외에도 다양한 활용 방안이 제시되었다.

매년 어르신 정책 계획 시 예산 편성과 사업 우선순위 설정의 참고 자료로 활용할 수 있을 것이다. 특히 생활 SOC 사업 중 어르신 친화 시설의 독자적인 추진이 어려울 때 복합 시설 입지 조건을 검토할 좋은 자료가 될 것이다. 또한 어르신과 관련된 안전과 사회문제가 발생할 때 예산과 행정 역량을 우선 투입해야 할 소지역을 파악하는 데도 유용하다.

찾아가는 어르신 공공 일자리 수요 카드 사업도 지도의 활용 방안이 될 수 있다. 이 사업은 사회경제적으로 취약하고 특정 분야 업무 수행이 가능한 어르신을 우선 선발하여 공공 일자리에 배치하기 위한 어르신 수요 카드 작성 사업이다. 3인 1조 야간 순찰, 거리 청소, 대중 이용 민간 시설 보안 순찰, 사회적 재능(한문, 영어) 활용 등의 일자리에 배치할 수 있다. 지역 작은 상권에서 수시로 발생하는 일자리 공급 수요도 카드 관리에 적용하면 효과적일 것이라 판단한다. 하남시 퇴직 공무원 중 이 사업의 취지에 부합하는 사람들에게 이 사업을 함께 추진할 기회를 제공하는 것도 검토할 수 있다.

어르신 관련 주요 정책과 사업의 소통과 홍보 포인트를 선정할

📍 하남시 어르신 친화 시설 및 정책 사업 수요 예측 등급 행정동 지도

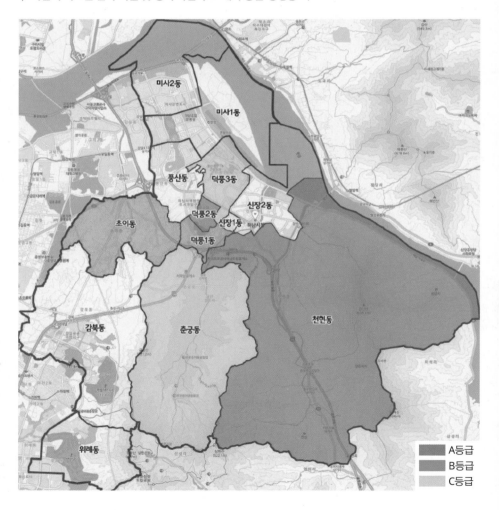

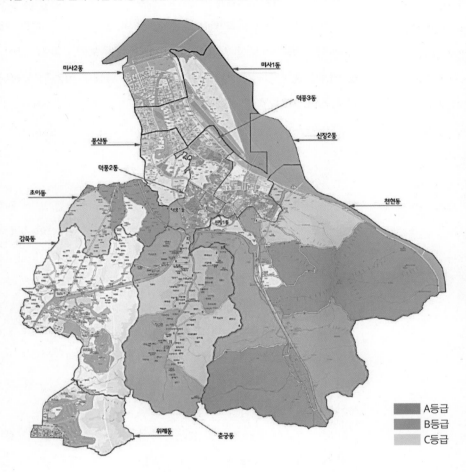

♀ 하남시 어르신 친화 시설 및 정책 사업 수요 예측 등급 골목지도

A등급
B등급
C등급

때도 이 지도를 이용할 수 있다. 하남시에서 추진해야 하는 어르신 관련 각종 정책 및 사업에 대한 여론 수렴, 기본 계획이 나온 어르신 정책 및 사업에 대한 의견 청취 등을 위한 포인트를 정할 때 활용하는 것이다. 깜짝 좌담회, 정책에 대한 찬반 스티커 붙이기, 현수막 설치 등 소통 홍보의 고정된 지점으로 지속 활용하면 효과적이다. 이처럼 거점을 고정시키면 소통과 홍보의 효과를 높이고 신뢰

감을 더할 수 있다.

이와 함께 복지 사각지대 어르신 발굴을 위한 통장의 역할 강화, 복지 사각지대 어르신 발굴을 위한 정책 협약 MOU 추진, 찾아가는 어르신 건강검진 보건소 사업, 어르신을 위한 찾아가는 골목 문화 콘서트 사업 등을 제안했다.

📍 어린이 친화 시설 및 정책 사업 수요 예측

어린이 친화 시설 입지 조건 분석을 위한 기초 정보를 얻기 위한 골목지도 작성을 진행했다. 이 지리 정보 데이터는 어린이 생활체육 시설, 어린이 놀이터, 어린이 돌봄 공공시설 등의 입지 선정에 긴요한 참고 자료로 활용될 수 있다. 특히 생활 SOC 사업 중 복합화 시설 내 어린이 친화 공간 확보에서 중요하게 다루어져야 할 것이다. 하남시는 젊은 근로자의 유입이 증가하는 도시 팽창의 추세를 맞이하고 있다. 이런 시기에는 어린이 친화 시설에 대한 각별한 관심이 요구된다. 지역 행정 리더십 발휘와 정책의 우선순위 설정에서 특별하게 다루어져야 할 것이다.

하남시를 284개 소지역을 세분화하여 어린이 친화 시설 및 정책 사업 수요에 따라 등급을 나누었다. A등급 57곳, B등급 57곳, C등급 67곳, D등급 58곳, E등급 45곳이다.

어린이 친화 시설 및 정책 사업 수요 예측 등급 지도는 친화 시설 입지 선택 외에도 다양한 활용 방안이 있다. 우선 매년 어린이 정책 계획 시 예산 편성과 사업 우선순위 설정의 참고 자료로 활용할 수 있다. 특히 생활 SOC 사업 중 어린이 친화 시설의 독자적인 추진이 어려울 때 복합 시설 입지 조건으로 우선 검토할 수 있을 것이다. 그리고 어린이와 관련된 안전과 사회문제가 발생할 경우 예

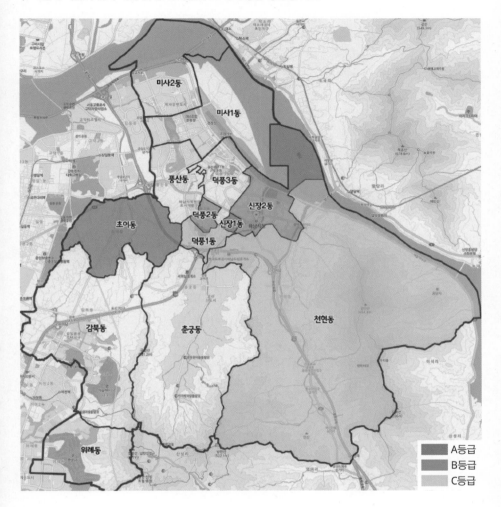

산과 행정 역량을 우선 투입해야 할 소지역을 파악하는 기준으로 삼을 수 있다. 이 지도를 바탕으로 하남시에서 추진하는 어린이 관련 각종 정책과 사업에 대한 소통과 홍보 포인트를 선정하는 것도 효과적이다. 그 밖에도 여러 활용 방안이 제시되었다.

찾아가는 어린이 치아 건강 지킴이 검진 및 교육 사업은 바쁜 도

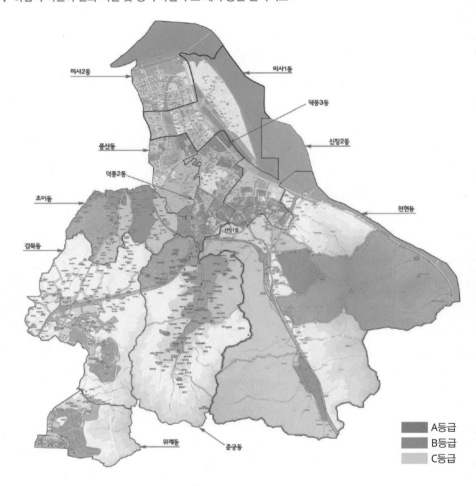

🔍 하남시 어린이 친화 시설 및 정책 사업 수요 예측 등급 골목지도

A등급
B등급
C등급

시 생활과 녹록하지 않은 경제 사정으로 자칫 자녀의 치아 건강이 가정에서 소홀히 다뤄질 수 있는 상황에서 어린이 치아 건강 관리 교육과 어린이 치아 검진을 시행하는 것이 주요 내용이다. 지도를 통해 선정된 주요 지점을 활용하여 찾아가는 검진 및 교육 사업과 전화 상담, 방문 진료 예약이 가능한 시스템을 구축하는 것이 효과적이다. 이 사업에 참여 가정의 부모 중 한 사람이 금주나 금연 프

로그램에 참여하면 인센티브를 부여하는 아이디어도 나왔다.

찾아가는 어린이 골목길 문화 과학 행사도 좋은 방안이다. 마술을 활용한 과학 콘서트, 음악을 활용한 문화 콘서트, 함께하는 미술 공간 만들기를 통한 역사 콘서트 등의 추진을 검토해보면 좋을 것이다. 하남시 소재 초중고등학교 교사, 지역단체, 종교 시설 등을 대상으로 '찾아가는 어린이 골목길 콘서트' 프로젝트 공모와 시행 (기획부터 실행까지)을 생각할 수 있다. 공공기관과 대기업의 사회적 책임(SCR) 활동 차원에서 접근하는 것도 한 방법이다.

어린이 옷, 장난감 등의 기탁과 기부 행사도 제안의 한 내용이다. 주말을 활용하여 시청, 초등학교의 각종 학부모 모임, 종교 시설 청년·대학생 모임, 지역 봉사단체들이 주축으로 참여하여 행사를 준비하고 해당 지역에 현수막 등을 활용하여 사전 공지를 하며 시민의 참여를 독려하는 방식으로 추진할 수 있다. 행사 중 지역 상품권, 생활 쓰레기봉투, 음식물 쓰레기봉투 등을 선물로 지급하면 더 효과적일 것이다. 이때 민관위원회를 구성하고 위원회가 선물을 지급하는 방식을 통해 선거법 위반 소지를 없애는 게 좋다.

찾아가는 어린이 심리 상담 및 성향 체크 사업도 시도해볼 만하다. 하남시가 한국에니어그램협회, 한국심리교육협회, 음악심리상담협회, 미술심리치료협회 등과 함께 찾아가는 어린이 심리 상담 성향 체크 사업을 진행하는 것이다. 이때 심리 상담과 성향 체크 데이터는 현장에서 출력본으로 어린이 가정에 줌으로써 개인정보를 보호해야 한다. 물론 데이터의 저장이나 추적은 할 수 없도록 사전에 규정해야 한다. 참가한 어린이에게 학용품 등의 선물이나 기념품을 협회 차원에서 지급하도록 하면 더 호응이 좋을 것이다.

Chapter 8

공공 일자리 수요 예측 분석:
부산광역시 부산진구

📍 공공 일자리 수요 예측 골목지도

대한민국은 일자리 전쟁 중이라고 해도 과언이 아니다. 문재인 정부 때는 '일자리 확대'를 주력 과제로 내걸었고, 청와대 대통령 집무실에 일자리 현황판을 설치해놓고 실시간 관리 체계로 들어갔다.

그렇지만 일자리는 쉽사리 늘지 않았다. 학교를 졸업한 청년들은 직장을 찾지 못해 고시원에 머무르거나 아르바이트 등 임시직을 전전하며 고투를 벌이고 있다. 은퇴를 맞이한 중년들은 아직 건강하고 활동적인 데다가 가족을 더 부양해야 하기에 또 다른 일자리를 찾는 데 분주하다. 결혼, 출산, 육아 등으로 경력이 단절되었던 여성들도 경제활동에 복귀하려 하지만 적절한 일자리를 구하는게 만만치 않다.

지자체 역시 주민들의 일자리에 깊은 관심을 두고 있다. 일자리야말로 주민의 경제생활과 지역 경제에 결정적인 영향을 미치는 요인이기 때문이다. 그래서 주민 취업 알선, 일자리 창출 사업 등에 주력하고 있다. 공공 일자리도 그중 하나이다.

공공 일자리는 근로 의사가 있는 저소득 실업자에게 중앙정부,

📍 공공 일자리 수요 예측 행정동 등급 지도

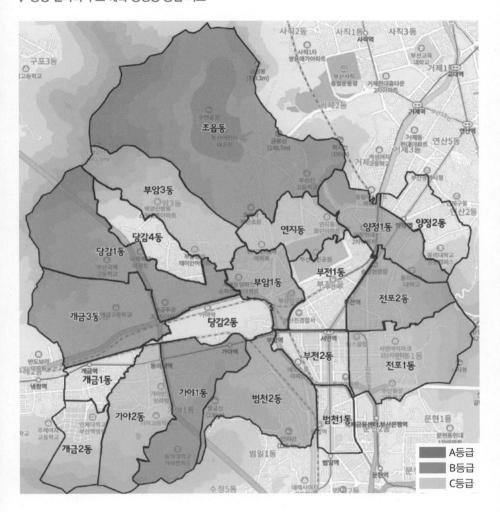

지방정부, 공공기관 등이 일자리를 제공함으로써 사회안전망을 확보하는 정책 방향을 말한다. 청년 일자리, 고령층 일자리를 창출하고 생산적이고 효과적인 사업을 발굴하고 주민 생활 개선과 주민 숙원 사업 시행 등 지역 문제 해결에 긍정적인 기여를 하는 것을 주요한 목표로 삼는다.

A등급
B등급
C등급

    부산광역시 부산진구는 기존 공공 일자리 정책에서 진일보한 방향을 찾고자 했다. 공공 일자리에 적극적으로 참여할 의사가 있는 주민이 어느 골목에 많이 거주하는지를 파악하는 공공 일자리 수요 예측 골목지도 작성을 수행했다. 이 과정에서 데이터 분석과 여론조사를 수행했다. 공공 일자리 수요 예측 지도는 부산진구를 689개 골목으로 세분화하고 1~689위를 분석하여 A, B, C의 세 등급으로 나누어 표시함으로써 작성되었다.

📍 여론조사를 통한 공공 일자리 정책 방향 찾기

부산진구는 구민을 대상으로 공공 일자리 정책 관련 여론조사를 진행하였다. 조사는 두 방향으로 이루어졌다. 먼저 ARS RDD 유선 전화 조사는 700명에게 17문항을 질문하였다. 이 조사는 95% 신뢰 수준에서 최대 허용오차 ±3.7%p이다. 전화 웹 조사도 병행했는데 300명을 대상으로 했고 95% 신뢰 수준에서 최대 허용오차 ±4.3%p이다. 두 조사 모두 지방자치데이터연구소가 맡았다.

부산진구의 일자리 정책은 주민의 신뢰를 받고 있었다. 2021년 일자리 정책 중 가장 만족도가 높은 정책은 청년 일자리 발굴 및 정책 지원 정책과 공공 일자리 확충인 것으로 나타났다. 공공 일자리는 60대 이상, 청년 일자리는 18세~30대에서 응답이 높은데, 이것은 코로나19로 인해 일자리 양극화가 심해졌을 가능성을 암시한다.

📍 **2021년 일자리 정책 만족도**   (단위: %)

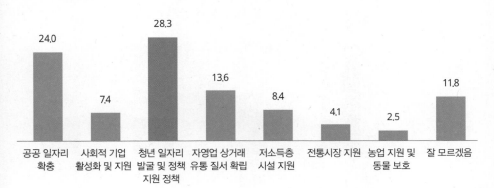

2022년 일자리 정책 방향 필요도

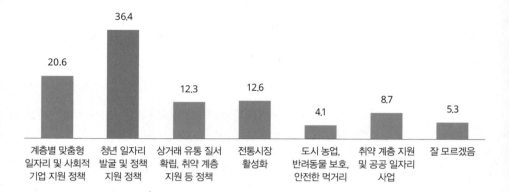

(단위: %)

2022년 일자리 정책 중 가장 중요도가 높은 정책에 대해서는 청년 일자리 발굴 및 정책 지원 정책과 계층별 맞춤형 일자리 및 사회적 기업 지원 정책(좋은 일자리 창출)이라는 응답이 많았다. 특히 계층별 맞춤형 일자리 및 사회적 기업 지원 정책으로 40~50대 여성(경력 단절 여성)을 타깃으로 한 사회적 기업 또는 협동조합 신설과 지원 설명회, 각종 참가 대회를 검토하는 것이 긍정적이라 보인다.

계층별 맞춤형 일자리 및 사회적 기업 지원 정책 중 가장 중요한

계층별 맞춤형 일자리 및 사회적 기업 지원 정책 중요도

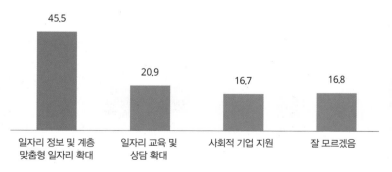

(단위: %)

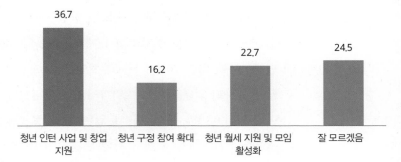

◉ 청년 일자리 발굴 및 정책 지원 정책 중요도　　　　　　(단위: %)

36.7 · 청년 인턴 사업 및 창업 지원
16.2 · 청년 구정 참여 확대
22.7 · 청년 월세 지원 및 모임 활성화
24.5 · 잘 모르겠음

정책은 일자리 정보 및 계층 맞춤형 일자리 확대와 일자리 교육 및 상담 확대인 것으로 나타났다. 위의 결과를 요약해볼 때, 일자리 정책에 대한 더욱 적극적인 홍보 소통이 선행되어야 할 필요가 있다.

청년 일자리 발굴 및 정책 지원 정책 중 가장 중요한 정책은 청년 인턴 사업 및 창업 지원과 청년 월세 지원 및 모임 활성화인 것으로 나타났다. 이 결과로 볼 때 청년 일자리 정책은 인턴 사업과 월세 지원에 집중하면 효과적일 것이다. 청년 창업 지원 정책에서 시장 경쟁력 검토를 통해 소규모 집중 육성과 투자 유치 및 부산진구가 구민 지분을 확보하는 방법을 검토할 수 있을 것이다.

지방정부 등 공공기관이 만드는 일자리가 본인에게 얼마나 필요한지를 물은 결과 필요하다는 응답이 75.6%로 압도적으로 높았다. 보통 12.3%이고 불필요는 12.1%로 나타났다. 그간 지방정부와 공공기관이 주도한 공공 일자리는 지속 가능하지 않고 질이 낮아 필요성에 의문을 제기하는 목소리가 있었던 것이 사실이다. 그래서 일자리는 시장에서 만드는 것이라는 따가운 비판이 쏟아졌다. 이런 상황에서 공공기관의 일자리 창출의 필요성이 확인된 것에 중요한 의미를 둘 수 있다. 일자리 창출이 필요하다고 답한 주요 계층은 여성, 50대, 60세 이상, 자영업, 화이트칼라, 은퇴/무직이다.

공공 일자리 중 가장 관심을 둔 분야를 묻는 질문에는 사무관리직, 서비스직, 생산기술직, 단순노무, 창업 지원 순으로 응답이 많았다. 이후 부산진구형 일자리(참여소득) 정책을 입안할 때 서비스직과 단순노무에 대한 관심이 필요해 보인다.

공공 일자리 일터로 어느 지역까지 수용할 수 있는지에 대해 부산시 내 일터 65.3%, 부산진구 내 일터 28.2%로 응답이 나왔다. 구의 공공 일자리 창출 외에도 관외 일자리에 대한 적극적인 정보와 기회 제공이 필요함을 알 수 있는 부분이다. 시 및 산하기관 발주 용역 및 일자리, 민간 일자리 등에 대한 정보와 기회 제공을 검토해야 할 것이다. 부산진구민의 부산시 내 민간 일자리 확보 시 해당 회사나 근로자에게 교통비를 일부 지원하는 방안도 생각해볼 수 있다.

공공 일자리의 근무시간과 월수입 간의 조합에 대해서는 월수입이 적더라도 근무시간이 적정하면 좋겠다는 응답(63.1%)이 근무시간이 길어도 월수입이 많으면 좋겠다는 응답(35.3%)보다 많았다.

공공 일자리의 근무기간과 월수입 간의 조합에 대해서는 월수입이 적더라도 근무기간이 안정적이면 좋겠다는 응답(80.8%)이 근무기간이 안정적이지 않더라도 월수입이 많으면 좋겠다는 응답(18.6%)보다 많았다.

현재 수입보다 한 달에 최소 얼마의 생활비가 더 필요하냐는 질문에 대한 응답 평균은 약 80만 원이다. 이는 공공 일자리 설계에 중요한 단서를 제공한다.

자원봉사 등 자발적인 사회적 행동을 재화, 즉 돈으로 환원하여 구청이나 공공기관이 보상하는 정책에 대해 긍정적이라는 응답(69.3%)이 부정적이라는 응답(22.5%)보다 3배 이상 높게 나왔다. 부산진구형 공공 일자리 정책의 개념 설계 등에 기초를 제공하는 여

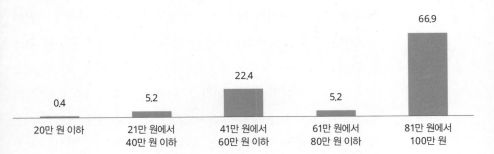

♀ 월평균 충당 희망 생활비　　　　　　　　　　　　(단위: %, 주관식 문항)

				66.9
0.4	5.2	22.4	5.2	
20만 원 이하	21만 원에서 40만 원 이하	41만 원에서 60만 원 이하	61만 원에서 80만 원 이하	81만 원에서 100만 원

론이다.

　생활하는 지역에 있는 가로등이나 전봇대 등 크고 작은 공공 시설물을 주민이 직접 점검·관리하는 대신 지방정부로부터 안전점검비를 받는 정책에 대해 긍정적이라는 응답(70.4%)이 부정적이라는 응답(22.0%)보다 높았다. 또한 밤거리 골목길 안전을 위해 전업주부 또는 어르신을 안전지킴이 등으로 고용해 공공 일자리를 만드는 정책에 대해 긍정적이라는 응답(68.7%)이 부정적이라는 응답(26.1%)보다 월등히 높았다. 이 두 항목은 부산진구형 공공 일자리 정책 사업 아이템으로 검토 가능할 것으로 보인다.

　여론조사를 종합해볼 때 새로운 부산진구형 정책의 공통 키워드는 '청년'과 '공공'이며 신규 키워드로는 '맞춤형', '월세', '교육', '생계 지원'이 적합할 것이다.

♀ 공공 일자리 정책 방향 제안

부산진구형 공공 일자리 정책 방향의 최우선 항목으로 일자리 정책의 패러다임 전환을 제시했다. 먼저 공공 일자리는 질이 낮은 일자리, 단기 일자리이기에 사실상 일자리가 아니라는 고정관념을 극복해야 한다. 사회가 지속 가능한 발전을 하려면 경제적 가치와 사회적 가치가 동시에 고려되어야 한다. 이것이 지역 공동체 회복을 위한 시민 참여 방식의 부산진구형 일자리 정책이 필요한 이유이다. 부산진구형 일자리는 민간 시장에 의해 충족되지 않는 사회적 요구를 채워주는 장치이자 시민의 정신적 존엄과 경제적 기반을 유지할 수 있는, 즉 공동체를 유지하는 중요한 장치가 되어야 한다. 부산진구형 일자리는 경제적 이익과 소득의 보존뿐 아니라 개인의 자유와 존엄을 고려할 필요가 있다. 새로운 개념의 공공 일자리는 사회적 가치 창출형, 지역 문제 해결형, 공동체 복원형으로 나누어볼 수 있다.

사회적 가치 창출형은 사회적 기여 및 행동을 일자리 노동으로 간주하는 것이다. 이것은 영국의 경제학자 앤서니 앳킨슨(Anthony Atkinson)에 의해 처음 제안된 '참여소득'과 궤를 같이한다. 기본소득을 참여라는 조건에 따라 지급하자는 것이 핵심이다. 이때 참여는 노동시장 참여로 한정되지 않는다. 교육, 훈련, 자녀 돌봄, 고령자 또는 장애인 돌봄 등을 포함한다. 참여 조건도 단순히 유료 일자리만이 아니라 사회적 기여 및 행동까지 광범위하게 포괄한다.

지역 문제 해결형은 지역이 직면한 과제를 일자리 창출로 해결한다. 국민연금관리공단이 2021년에 수행한 여러 사업이 좋은 사례가 된다. 전주시 교통안전지수가 전국 최하위 수준인 것을 극복하기 위해 시니어 교통안전지킴이 일자리를 만들어 전주 시내 교통사고 다발 지역 21곳에 배치했다. 한국인력개발원과 도로교통공단이 이 사업에 함께 참여했다. 그리고 컴퓨터 생산과 폐기 과정에서 자원 낭비와 오염물질 배출이 심각한데, 사랑의 PC 나눔 사업을 통해 공단이 사용하지 않는 PC를 소외 계층에 무상 보급했다.

협력기관은 전라북도와 사회적 기업이었다. 또한 교통 인프라 미비로 생필품 조달이 어려운 소외 지역이 존재하는 문제를 극복하기 위해 청년보부상, 물류 운반 차량을 지원해 지역 농산물 등을 교통 취약 지역에 공급했다. 이때 협업기관으로 로컬푸드협동조합, 한울 소비자협동조합 등이 참여했다.

공동체 복원형은 지역에 숨어 있는 자원을 적극 발굴해 사업화하며 자원을 조직화하는 방식이다. 지역 제화 업체들이 힘을 모아 공동 판매장을 설립하고 마을 기업 직거래로 소비자와 생산자 모두 이익을 볼 수 있게 하며 공동 판매장에서 나온 수익을 후진 양성에 투자해 수제화 메카의 명성을 되찾고 있는 서울특별시 성동구 성수동, 방문객에게 다양한 볼거리를 제공하기 위해 북카페를 운영하고 지역 예술가들의 자발적 참여를 유도해 '찾아가는 문화 공연' 등을 펼치는 경기도 남양주 등이 바람직한 사례이다. 그리고 자전거 대여와 수리 등 관련 서비스 수요가 증가하는 상황에 부응해 자전거길을 지역 발전 및 소득 창출의 기회로 활용하는 마을기업을 설립한 경우도 발견할 수 있다.

정책 방향의 하나로 부산진구형 일자리연구소 설립과 운영을 검토해볼 수 있겠다. 연구소장은 구청장이 맡고 산하에 일자리기획팀, 일자리평가팀, 플랫폼구축팀을 조직하면 좋겠다. 이 경우 참여소득 전문가 등이 일자리자문단으로 참여하고 실제 부산진구형 일자리 참여자가 일자리시민참가단을 구성하면 바람직할 것이다. 플랫폼 구축을 위해 민간 플랫폼 기업과 MOU를 체결하면 협력 지원 체계 마련이 유리해질 것이다. 연구소 설립 초기에는 테스크포스팀 형태로 특정 지역 시범 사업에 주력하여 성과 관리를 하고 장기 전망으로 법인화를 고려할 수도 있겠다.

부산진구형 일자리 정책 방향 수립을 위한 시민 원탁토론도 훌

룽한 아이디어이다. 공공 일자리 정책의 대전환을 위해선 시민의 관심과 신뢰가 중요하다. 고정관념을 극복하고 수많은 난관을 이겨 내야 하기 때문이다. 이를 위해 전문적인 숙의토론 기관과 함께 시민 500명 원탁토론을 추진해보는 방안을 검토하면 효과적일 것이다. 사회단체, 종교단체 관계자, 일반 시민 등이 참석할 수 있는데, 자율적 참여 여건이 조성되어야 한다. 관변단체 동원 등은 부정적 결과를 낳을 수 있으므로 피해야 한다. 원탁토론에서 부산진구형 일자리를 소개하고 비전을 제시한다. 그리고 부산진구형 일자리 동의 여부 및 시급하게 필요한 부분은 무엇인지, 부산진구형 일자리 참여 여부와 참여 조건은 어느 수준인지 등을 토론한다.

📍 골목지도를 활용한 공공 일자리 정책 추진 전략 제안

부산진구형 일자리 정책의 1단계로 찾아가는 일자리 수요 파악 카드 사업을 제안하였다. 단순노무(40~50대), 거리 청소(50~60대), 건널목 관리(60~70대), 구정 정책 여론조사(20~30대) 등 일자리 창출 규모가 어느 정도 되지만 누구나 손쉽게 접근할 수 있는 일자리 수요를 구체적인 개인정보 카드로 확보하는 방안이다. 공공 일자리 수요 예측 골목지도를 참조하여 특정 행정동에서 시범 사업으로 전개하면 효과적일 것이다. 1개 행정동에서 수요 파악 카드 500개를 확보한다는 등 구체적인 목표를 세우는 것이 바람직하다. 이는 체계적인 노동 공급 시장 확보의 역할을 한다. 단체 및 관계로 이어지는 노동 공급 시장은 당분간 배제하여 공정하고 효과적으로 일자리 시장을 안정화할 필요가 있다.

2단계 정책으로 플랫폼 기업과의 업무 협약을 권하였다. 사회적 행동의 수요와 공급이 원활히 교류될 수 있는 플랫폼 확보를 위해 플랫폼 기업과 사업 계획의 고도화, 플랫폼 기획 및 제작, 시범 운영 등에 관한 업무 협약을 맺는 것이다. 예를 들어 장롱을 안방에서 거실로 옮겨야 하는 70대 여성에게 토요일 오후 3시에 옮겨줄 수 있는 20대 남성을 연결해주는 식의 플랫폼이 필요하다. 그리고 도움을 제공한 사람에게는 구청에서 1만 원 현금이나 바우처, 지역 화폐 등으로 보상한다.

2단계에서는 거점을 확보하고 소통과 홍보하는 활동이 전개되어야 한다. 각 지역의 등급을 숙지한 상태에서 1단계인 찾아가는 일자리 수요 파악 카드 사업과 2단계인 사회적 행동 플랫폼 홍보 사업을 진행할 거점을 2~3개 확보한다. 확보된 거점은 지속적으로 부산진구형 일자리 홍보·소통·사업 등의 포인트로 활용될 수 있다. 이곳에 소형 버스를 개조한 공간이나 파라솔 등을 설치하고 찾아가는 일자리 상담 사업을 전개한다. 소형 현수막을 걸거나 포스터를 부착하는 지점으로 활용해도 좋다. 또한 찾아가는 동사무소 사업에 부산진구형 공공 일자리 사업을 추가 배치하는 방안을 검토할 수 있다.

'찾아가는 취업 특강'도 정책 아이디어로 제시되었다. 골목지도의 등급을 참고하여 해당 지역이나 인근에 소재한 종교 시설, 민간 체육 시설 등을 활용하여 평일·주말 특강을 진행하는 것이다. 이 때 3~10인 규모의 맞춤형 20~40분 특강이 적합하며 높은 수준의 강사를 섭외하는 것이 중요하다. 특강은 영상으로 촬영하여 구청 유튜브 채널에 게재하면 더 효과적이다. 행정동별로 연간 3~5회 시행하도록 양보다는 질 위주로 설계되는 게 바람직하다.

구정 소식지를 구인구직 소식지로 전환하여 발행하는 혁신도 고려할 만하다. 지역 정보지와의 업무 협약을 통해 민간 일자리 정보를 구청 홈페이지 등에 통합적으로 제공하며 제공 배포형 구정 소식지는 신속성과 적시성 등을 고려하여 등급을 고려한 특정 지점, 즉 편의점이나 공인중개사 사무실, 미용실, 버스정류장 등에 가판을 설치하면 정보 전달 면에서 유리할 것이다.

공공 일자리 아이템으로는 마을순찰대(여성 밤길 안전 프로젝트) 조직, 공공 기물-구민 일대일 매칭 등을 제안하였다.

공공 일자리 수요 예측 골목지도는 일자리 경제 예산 등의 편성에 효과적으로 쓰일 수 있다. 전체적인 일자리 예산을 어느 행정동에 더 많이 지출할 것인가 등 순위와 규모를 결정할 때 등급을 고려하면 제한된 예산의 효과적인 집행이 가능할 것이다. 그리고 일자리 및 경제 관련 정책 시범 사업을 추가로 시행할 때 어디서부터 시작할지를 판단하는 데도 활용된다. 구청장 골목 민원 청취 장소와도 연계할 수 있을 것이다.

♀ 서울특별시 광진구의 찾아가는 일자리 서비스

몇몇 지자체가 '찾아가는 일자리 사업'을 통해 구직 중인 주민이 있는 곳에 직접 찾아가 만나고 활동을 계획하거나 실제로 전개한 적이 있다. 그런데 과학적인 데이터를 활용하여 일자리 수요 지역을 찾아내고 그곳에 집중하는 방식으로는 나아가지 못한 경우가 많다.

서울특별시 광진구는 찾아가는 일자리 사업을 시행하면서 세분화된 소지역의 일자리 수요를 파악하여 공공 일자리가 가장 필요한 계층의 거주지를 찾아가는 방식으로 사업 추진이 가능하도록 설계했다. 이를 위해 마이크로 지리 정보학 조사를 수행했다.

광진구 전체를 662개의 소지역으로 세분화했고 기초 데이터와 여론조사 결과를 종합해 소지역별 공공 일자리 수요를 파악하고

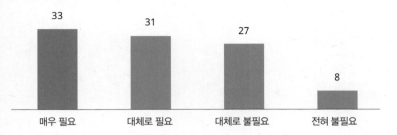

📍 일자리 창출 사업 기대 (단위: %)

매우 필요	대체로 필요	대체로 불필요	전혀 불필요
33	31	27	8

등급을 매겼다. 이 중에서 A·B·C등급을 받은 소지역을 찾아가는 일자리 창출 서비스 타깃 지역으로 선정하고 작은 버스와 이동형 텐트를 이용한 홍보 활동을 펼쳤다. 특히 일자리 수요자뿐 아니라 관내 민간 일자리 공급처도 지리 정보로 확인하여 공공 일자리 사업뿐 아니라 민간 일자리 알선도 수행할 수 있도록 했다.

공공 일자리 수요 지리 정보 확보를 위해 기반 데이터를 참고하고 여론조사도 했다. 여론조사 결과 일자리 창출 사업이 필요하다고 본 응답자가 64.2%로 압도적이었다. 일자리 창출 사업 관심 분야는 사무관리직, 기타 분야, 서비스직, 생산기술직, 창업 지원, 단

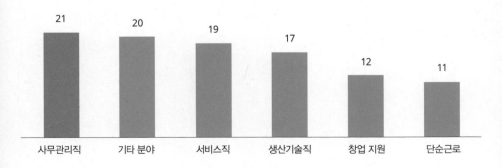

📍 일자리 창출 사업 관심 분야 (단위: %)

사무관리직	기타 분야	서비스직	생산기술직	창업 지원	단순근로
21	20	19	17	12	11

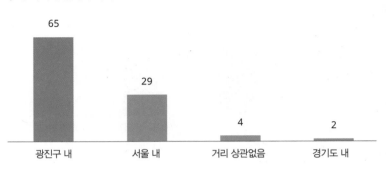

📍 **주거지와 일터의 거리** (단위: %)

📍 **주거지와 일터의 거리** (단위: %)

65

29

4

2

광진구 내 　　서울 내 　　거리 상관없음 　　경기도 내

순근로 순이었다. 주거지와 일터 간 거리에 대해서는 광진구 내가 64.9%로 가장 높은 비율이었고, 서울 내, 거리 상관없음, 경기도 내가 뒤를 이었다. 월수입과 근무시간 중요도 면에서는 근무시간이, 월수입과 근무기간의 중요도 면에서는 근무기간이 중요하다는 응답이 더 많았다. 조사를 종합하여 공공 일자리 수요 지수를 파악하여 행정동별 그리고 소지역별 우선순위가 산출되었다.

　서울특별시 광진구는 관내 민간단체와 일자리 창출 지원 업무 정책 협약을 추진했다. 공인중개사협회와 협력하여 마이크로 일자리 실시간 알선 지도를 작성하고 인센티브를 지급하는 방안을 검토했다.

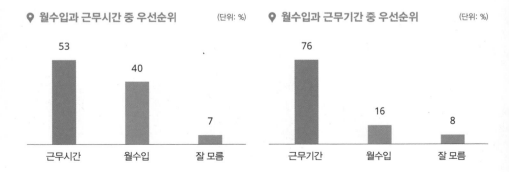

📍 **월수입과 근무시간 중 우선순위** (단위: %)

53

40

7

근무시간 　　월수입 　　잘 모름

📍 **월수입과 근무기간 중 우선순위** (단위: %)

76

16

8

근무기간 　　월수입 　　잘 모름

종교 시설은 사회경제적 약자를 주 대상으로 하는 일자리 카드를 작성하여 주간 단위로 동 주민센터에 제출하는 방안을 검토했고 관변 및 주민 단체는 전업주부 대상 일자리 카드를 작성한 후 동 주민센터와 '찾동'에 등록하는 것을 고려하고 있다.

이와 함께 관내 사업장과 협력 체계를 구축하여 사업장 일자리 공고문을 동 주민센터에 제출하여 게시하도록 권장했다. 공고문을 제출하는 업체에는 급여의 10~30%를 펀딩하는 등의 인센티브 도입을 검토하고 있다.

마이크로 지리 정보로 파악된 일자리 수요가 높은 곳은 일자리 관련 정책과 홍보의 거점으로 활용하기로 했다. 소형 현수막, 포스터, 야외 광고물 설치를 늘리고 찾아가는 일자리 상담 장소로 삼는 방안이다.

또한 A·B·C등급 소지역 내의 상가나 공공 이용 시설을 이용하여 일자리 소식지를 대면으로 배포하는 활동을 고려하고 있다.

A·B·C등급 소지역을 거점으로 비(非)직무 관련 일자리 특강을 추진했다. 현재는 관 내외를 막론하고 직무 관련 특강이 대다수인데, 일자리 기술보다는 일자리 철학이 더 필요하다는 판단이었다. 장소는 교회와 민간 체육 시설 등을 활용하고 시간은 주말과 평일 일몰 후로 잡았다. 이는 일자리 약자들이 공개적인 노출을 꺼리는 점을 배려한 것이다.

대상은 미취업 자녀를 둔 부모, 중고등학생, 대학생, 그 외 취업 희망자와 진로 고민자로 삼고 교육 내용으로는 일과 행복, 가정과 일, 취업 준비, 취업, 함께하는 취업 준비 등으로 할 계획이다.

지리 정보로 파악된 일자리 수요는 일자리 행정 예산과 사업 집행 우선순위를 정하는 데도 참고 자료가 될 수 있다. 이것은 제한된 예산의 효과적인 집행을 위한 것이다.

어느 행정동에 일자리 예산을 더 많이 집행할 것인지, 일자리 관련 민관 협치를 어디서 더 많이 할 것인지, 시범 사업 등의 거점을 어느 지역으로 할 것인지 등을 정할 때 정치적 역학에 흔들리지 않고 과학적이고 합리적인 선택을 하는 데 지리 정보 데이터가 방향을 잡아줄 수 있다.

또한 광진구 특성에 맞춘 창업 기반 마련 중장기 프로젝트를 검토해볼 수도 있다. 광진구의 인구사회적 특징에 기반을 둔 중장기적 일자리와 창업 지원을 창출하자는 것이다. 광진구는 전국적으로도 1인 가구가 많은 지역이며 특히 1인 여성 가구가 많다. 30세 미만의 1인 여성 가구가 증가하는 추세를 보인다.

따라서 '1인 여성 가구'를 타깃으로 한 '일자리 창출 방안 및 창업 지원 기본 계획' 마련이 중요해 보인다. 이들은 강한 문화적 소비층으로 그 소비 규모가 지속해서 증가하는 추세다. 1인 가구를 타깃으로 한 기업의 각종 상품 출시가 폭증하는 경향이 이를 반증한다.

스웨덴, 프랑스, 영국, 일본, 미국 등 1인 가구가 우리나라보다 많은 주요 선진국 1인 가구를 타깃으로 한 벤처 및 기업 유치 전략을 검토해볼 수 있다. 광진구 관내의 건국대학교와 광진구가 컨소시엄을 맺는 방안도 효과적일 것이다. 예를 들어 여성 1인 가구 타깃의 창업 인큐베이터를 공동으로 설립하여 운영하는 방안이 있다. 그리고 여성 1인 가구 연구소 설립 및 벤처타운 조성을 중장기적으로 검토할 수도 있을 것이다.

지리 정보로 파악된 데이터는 일자리 정책 외에도 구정 소식지 개선, '찾아가는 동 주민센터' 지역 활동 등에도 효과적으로 쓰일 수 있다.

서울특별시 광진구와 서울특별시 광진구 구의3동의 '공공 일자

📍 서울특별시 광진구 공공 일자리 수요 예측 지도

A등급
B등급
C등급

리 수요 예측 지도'는 앞에서 소개한 마이크로 정보 지도들과는 약

간 다른 점이 있다.

1등급을 파란색, 2등급을 빨간색, 3등급을 노란색으로 표시한

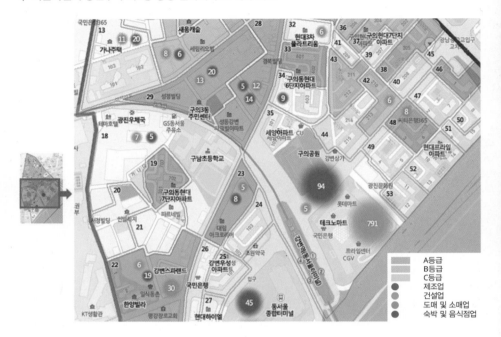

것은 같으나, 색깔로 표시된 원이 있다. 이것은 그 지역에 어떤 업체가 분포하는지 보기 위한 것이다. 빨간색 원은 제조업, 파란색 원은 건설업, 주황색 원은 도매 및 소매업, 보라색 원은 숙박 및 음식점업이다. 원의 크기가 클수록 그 지역에 해당 업종 업체 수가 많다는 의미다. 원 안의 숫자는 해당 업종 업체 수를 표시한 것이다. 이것을 참고로 보면 데이터를 직관적으로 파악하는 데 도움이 될 것이다.

part 4

지방 행정과
골목지도

Chapter 1

데이터 기반 행정 과학화:
서울특별시 영등포구

📍 홍보 전략 골목지도

과학기술과 정보통신 네트워크의 발전, 시장경제 활성화에 따라 순수 민간의 자율이 커지고 정치와 행정의 영역이 축소할 것이라는 예측이 여전히 존재한다. 그러나 현실은 정반대다. 사회적 복잡도가 증가하면서 더 많은 행정 수요가 요구되고 있다. 이는 우리가 일상에서 깊이 체감하고 있다. 각종 자연재해와 재난·범죄로부터의 안전, 노인·장애인에 대한 돌봄, 빈곤 해결을 위한 사회복지 등에서 행정의 광범위하고 적극적인 역할이 필요해졌다. 그리고 이 역할은 중앙정부뿐 아니라 주민 삶과 밀접한 지방정부에게 더욱 막중해졌다.

중요도가 증가한 지방 행정에서 세분화된 지역 데이터는 아주 효과적으로 활용된다. 데이터를 정책 목표에 따라 분석한 내용을 바탕으로 지역의 한정된 자원을 효율적으로 배분함으로써 정책 효과를 높일 수 있다. 이러한 방향을 '데이터 기반 행정 과학화'라 이름 붙일 수 있겠다. 내가 참여한 골목지리학 과제 중에서 서울특별시 영등포구의 '빅데이터를 활용한 홍보 전략 지리 정보'가 대표적인 사례이다.

지방 행정에서 주민과의 소통은 인체의 혈액 순환에 비유할 정도로 긴요하다. 제아무리 훌륭한 정책을 입안하여 시행하더라도 주민이 이것을 알지 못하면 무용지물이 된다. 따라서 지속적으로 증가하는 행정 수요에 대응하는 과학적인 홍보 전략이 필요해진다. 특별히 골목길 구석구석을 세분화한 정밀 데이터 분석을 통한 촘촘한 홍보 전략을 수립한다면 더욱 효과적일 것이다. 빅데이터를 활용한 과학 행정 접목이 필요한 이유이다. 데이터를 활용한 행정 홍보는 주민 신뢰도를 향상시킬 것이다.

　　서울특별시 영등포구는 골목지리학, 즉 마이크로 지리 정보 방법론을 활용한 홍보 전략 지도를 작성하기로 했다. 빅데이터가 반영된 지도를 활용해 홍보 전략을 분석하고 구체적인 실행 방안을 찾는다는 목표였다. 이를 위해 영등포구 18개 동을 724개 소지역으로 세분화하고 구정 홍보 및 소통 효과 극대화를 위한 홍보 전략 분석과 실행 방안 수립을 추진했다.

　　골목지리학의 일반적 절차에 따라 공공 데이터(인구사회 데이터, 사회경제적 데이터), 해당 지역 지리 정보, 행정 데이터 등을 취합하고 여론조사를 거쳐 주민 인식 데이터를 수집했다. 그리고 이것을 취합·분석하여 데이터마이닝을 거친 후 전략 지도를 완성하는 과정을 거쳤다.

　　여론조사는 영등포구에 거주하는 성인을 대상으로 행정동 집계구별로 평균 250명씩 진행했다. 구체적인 방법론은 군집분석이다. 해당 주제별 예측값을 구하기 위해 묶인 영향변수 묶음 군집을 이용했다. 성별, 주거 면적, 주거 형태, 주택 유형, 세대 구성 등의 인구사회 정보와 여론조사 결과를 계산한 값을 대상으로 예측을 저해하는 변수와 변수값을 버리는 방식으로 만들었다. 결과값에 따라 A, B, C로 등급을 매겨 표시했다.

◉ 서울특별시 영등포구 홍보 전략 골목지도

A등급　　　B등급　　　C등급

당산2동

여의동

양평2동

당산1동
양평1동

문래동

신길1동

도림동

신길7동

대림3동

신길6동

대림1동

대림2동

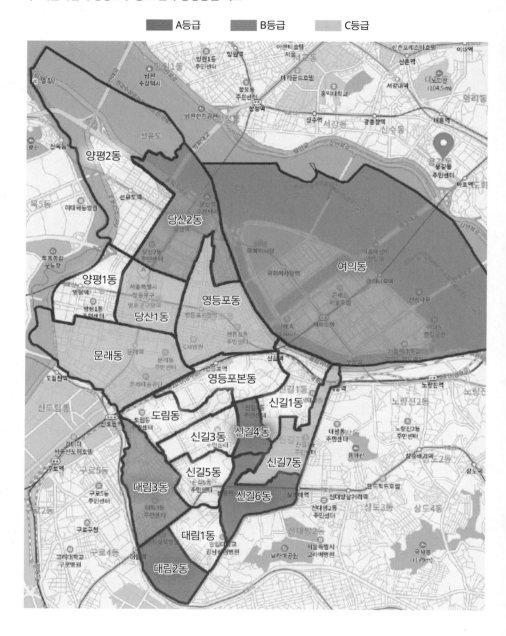

데이터 분석과 골목지도 작성 결과 영등포구 행정동 중 정책 홍보 효과가 가장 높은 지역은 대림2동으로 나타났다. 그다음으로는 신길4동, 신길6동, 대림3동, 여의도동, 당산2동, 신길7동, 영등포동, 문래동, 당산1동, 양평2동, 대림1동, 영등포본동, 신길3동, 양평1동, 신길1동, 도림동, 신길5동 순으로 확인되었다.

📍 골목지도 활용 방안

작성된 골목지도는 옥외광고물, 구민 캠페인, 구민 토론, 통장 교육 등에 활용하기로 계획했다. 먼저 A등급 지점을 중심으로 현수막 등 옥외광고물의 추가적인 설치를 검토했다. 일방적인 전달이 아니라 양방향 소통 방식을 결합한 옥외광고물 제작을 연구했다. 또한 상설 설치 외에도 임시 거치대를 활용한 현수막 또는 옥외광고물 설치를 고려했다. 공공 혹은 민간 건물 등의 벽면 설치 현수막 등도 적극적으로 검토했다. 향후 구정 분야별로 정보 제공의 통일성과 신뢰성 제고를 위해 색상과 크기 등 일관된 디자인을 적용하기로 했다. 데이터 분석 결과 중요한 홍보 거점이 될 만한 지역에는 '차량형 이동식 LED 구정 광고 구정 소식' 등의 장소로 활용될 수 있을 것이다. 옥외광고물과 관련한 공공 일자리에 대해서도 논의되었다.

옥외광고물의 유지·관리와 훼손 방지 업무에 관한 일자리 창출이 가능했다. 예를 들어 매주 두 차례씩 옥외광고물 사진을 촬영하여 전송하고 문자 메시지를 활용해 상황을 신고하는 직무를 만들어 월 50만 원가량의 급여를 지급할 수 있다고 보았다.

A등급 지역을 중심으로 한 구민 참여 캠페인이나 정보 전달 캠페인에도 활용 가능성이 보였다. 정책 기획과 추진의 타당성과 효과성을 점검하기 위한 사전 캠페인에 효과적일 것으로 판단되어 정

책 방향을 결정하기 위한 구민 의견 반영 캠페인을 전개하기로 했다. 구청 부서별로 연간 캠페인 횟수를 일괄적으로 권고하거나 특정 규모 이상의 사업은 관계 지역 캠페인을 의무화하는 방안이 검토되었다. 이것을 예산 수립에 반영하며 사업 설명회 등과 병행하는 것이 바람직할 것이다. 포괄 조항으로 조례 신설 또는 개정도 생각해볼 수 있을 것이다. 이와 함께 정책 추진 내용을 적극적으로 홍보하고 정확한 정보를 전달하기 위한 캠페인도 병행하는 방안을 마련했다.

홍보 전략 골목지도를 구민 토론에도 적극 활용할 수 있다. A·B 등급을 중심으로 지역 현안과 정책 방향에 대한 구민 원탁토론을 전개할 수 있다. 이것은 구민이 일상적으로 행정의 주인으로 활동할 수 있는 공간을 마련한다는 데서 큰 의미를 찾을 수 있다. 구민

토론 활성화를 위해 토론 구민 동아리를 만들고 행정적·재정적 지원을 하면 효과적이다. 그리고 구청에 구민 참여 부서를 신설하거나 홍보 부서에서 일괄 지원하는 방안도 모색할 수 있다. 이와 별개로 숙의형 웹 조사를 통한 소지역 여론 수렴 시스템 구축도 긍정적으로 검토했다. 숙의형 조사는 한 번 여론조사로 의견을 모으는 데 그치지 않는다. 1차 여론조사를 한 후, 충분한 시간을 두어 해당 사안 전문가의 의견 청취, 질의응답, 조사 대상자 간 토의 등의 숙의 과정을 거치고 다시 여론조사를 하여 결론을 내는 방식이다. 이것을 웹으로 진행하면 절차를 간소화하고 비용을 절감할 수 있다.

구정 홍보에서 통장을 대상으로 한 교육의 중요성도 제기되었다. 즉 지역사회에서의 통장 역할 강화가 논의되었다. 통장의 지위와 역할의 법제화와 재정 지원 확대가 중요한 과제이다. 그 한 방안으로 영등포형 '협치 통장' 제도의 도입과 운영이 검토되었다. 그 골목에 거주하면서 이웃과 밀접하게 소통하는 통장은 존경받는 생

활 리더로 선발되고 육성될 필요가 있다. 통장과 연결됨으로써 소통의 확장된 개념인 협치에 도달할 수 있다고 보았다. 협치 의제는 주민과의 소통을 통한 복지 사각지대, 생활 불편 민원, 안전 위험 요인 등을 발굴하는 것이다.

구청장의 골목길 간담회에 홍보 전략 골목지도를 활용하면 효과적이다. A·B·C등급 순으로 분기마다 일정 횟수의 구청장 골목길 간담회를 개최하는 것이다. 이때 분야별 구정 담당 부서의 요청 수용 형태를 기본으로 검토한다. 간담회에서는 생활 민원을 청취하고 구정을 설명하고 지역 현안에 대한 구정 기조 공유와 구민 여론 수렴을 진행한다. 또한 구정 분야별로 해당 이해관계자나 특정 계층과의 간담회를 개최하는 것도 검토되었다. 문화예술과 간담회를 결합하는 형식도 효과적일 것이다. 짧은 공연 혹은 공동체 주제의 연극과 함께하는 퇴근길 혹은 하굣길 간담회 방식이다.

📍 제안: 정책 구민 캠페인

서울특별시 영등포구의 홍보 전략 골목지도 작성 후 새로운 지방 행정 활동 방식으로 '정책 주민 캠페인(PCC, Policy Citizen Campaign)'을 제안하였다. 주민 삶에 직접적인 영향을 주는 행정 분야는 '정책 설명 및 정책 투표 참여 캠페인'을 연중 정례화하여 시행하자는 것이다. 여기에는 긴급 현안 대응을 포함하는데, 첫 단어가 P인 5개의 영어 단어로 압축된다.

① **Point Program**: 말과 글에서 제시하는 의견으로 포괄적 구정 홍보 포인트
② **Placard**: 정책을 홍보하는 게시물로서 옥외광고물(전자, 차량 등)
③ **Place**: 특정한 목적을 지닌 홍보 장소
④ **Public Opinion**: 여론이 모이고 형성되며 성장하고 소멸하는 곳
⑤ **Poll**: 정책에 대한 간단한 찬반 투표

정책 주민 캠페인은 사회경제적 격차와 문화적 이질감 때문에 나타날 수 있는 공동체 훼손에 적극 대응하고 지역의 유대감을 강화하기 위한 주민 참여로 추진을 검토하였다. 특히 영등포구 주요 정책 여론에서 소외될 수 있는 청년층과 자녀를 둔 주부, 자영업자층의 영등포 구정 관심도와 만족도를 높이는 방향으로 도입을 강구했다.

이 캠페인을 통해 일방향 홍보를 넘어 소통과 참여로 주민 주권을 실현하고자 했다. 소통 포인트를 확보하여 소통과 참여의 수준을 토론과 숙의로 높일 수 있는 단초를 마련하고자 했으며, 구정 전반에 대한 찾아가는 의견 개진 사업을 통해 구정 참여 효용성을 제고하려는 의도였다. 또한 정책과 사업 특성에 맞는 맞춤형 정책 구민 데이터 확보를 기대하였다. 요약하자면 정책 주민 캠페인 제안은 영등포 구정의 중심 기조인 '구민 주권' 실현을 지원하는 데 그 목적이 있다.

Chapter 2

주차 행정을 위한 골목지도

📍 주차 문제의 심각성

2019년 국민권익위원회가 발간한 《국민의 소리》 500호는 2009년 부터 2018년까지 10년간 국민 신문고와 지방자치단체 등에 접수된 민원 약 2,875만 건을 분석했다. 민원은 10년간 연평균 27% 증가했고, 최대 키워드는 주차 위반으로 나타났다. 전체 민원의 증가세를 견인하는 것이 주차 민원이다.

전국 대부분 지역이 주차 문제로 골머리를 앓고 있다. 주차 가능 면적은 한정적인데 차량은 계속 늘어나니 주차할 곳이 태부족인 현실이다. 아파트 등의 공동주택은 별도의 주차 공간을 확보하고 있기에 심각성이 덜하지만 작은 건물이나 단독주택이 밀집한 지역에서 골목길 주차 문제는 주민 간에 크고 작은 분쟁을 일으키고, 지자체에 대한 원성으로 이어지기도 한다.

주차 문제로 인한 다툼이 폭력이나, 심지어 살인까지 이르는 경우를 언론에서 종종 접할 수 있다. 이렇듯 심각한 지역 내 주차난을 그냥 방치만 할 수는 없다. 열악한 환경 속에서도 해결의 실마리를 찾아야 한다.

심각한 골목 주차난의 해결 방안을 찾는 데는 데이터를 활용한

근로자 **횡단보도** 수입

불법광고물 초등학교 **위택스**
도로변주차

고속도로 **주차위반** **장애인**
주차구역

정보통신 신호위반 **임금** **지하철**

주차 과태료 **교통사고** **소음** **쓰레기**

장애인전용 지방세 위례신도시 **개인정보**
선생님 **어린이** **주차구역**
버스정류장

형사 **주차단속** 주차장

골목지도가 유용한 도구가 될 수 있다. 한 예로 경기도 남양주시
는 최근 3년간 주정차 단속 자료를 분석하여 불법 주정차 다발 지
역 지도를 작성했다. 이 지도는 지역별·계절별·시간대별 불법 주정
차 다발 위치를 표기하여 한눈에 파악할 수 있게 한다. 이 지도를
활용함으로써 불법 주정차를 선제적으로 예방하고 치밀한 단속을
할 수 있게 되었다. 그 결과 불법 주정차를 현저히 줄이는 데 효과
를 보았다. 그리고 이 지도는 고정형 주정차 단속 CCTV를 신규로
설치할 때 근거 자료로 활용되었다. 그런데 불법 주정차 예방과 단
속에만 집중한다면 주차 공간 부족이라는 근본 문제를 해결할 수
없다. 데이터를 근거로 한 주차 공간 마련 등 근본적 대책이 필요
하다.

주차 민원은 일상적으로 시민 삶의 질에 직접적인 영향을 주는
민원으로 지역 주민 간 다툼으로도 쉽게 연결된다. 민원 중 살인

등 중범죄의 동기가 되는 민원은 주차 민원이 유일할 것이다. 따라서 증가하는 주차 민원에 적극적으로 대응하기 위한 지방 정책 추진이 필요하다.

📍 충청남도 아산시의 주차 공유제 수요 예측 정책 지도

충청남도 아산시는 심각한 주차난 속에서 주차장 설치 및 관리를 위한 데이터를 구축하여 주차 공유 등 주차 정책의 수립 집행 등에 광범위하게 활용하고 시민에게 다양한 주차 정보를 제공하기 위한 기반으로 삼기 위해 주차 공유제 수요 예측 정책 지도를 제작했다. 온양3동, 온양5동, 온양6동, 배방읍 4개 지역을 대상으로 하였는데, 읍·면·동별 거주 인구수와 세대수, 읍·면·동별 등록 차량 수, 읍·면·동별 주차 시설 공급 현황, 읍·면·동별 주차 시설별 주차면 수 공급 비율, 읍·면·동별 주차 시설 이용 현황 등의 데이터를 분석하고 지방자치데이터연구소의 '주차 스트레스 지수'를 활용하여 선정하였다. 아산시 2017~2019년 3개년 주차 단속 데이터와 해당 4개 읍·동 500명 대상 ARS 유선전화 여론조사를 취합하였다.

2017~2019년 주차 단속 데이터를 보면 3년간 아산시의 주정차 단속은 총 16만 66건(2017년 4만 1,495건, 2018년 5만 8,853건, 2019년은 5만 9,718건)이었다. 이 중 읍·면·동별로 구분이 가능한 단속 건수는 총 6만 6,753건으로 전체 단속 건수의 41.7%만이 읍·면·동 분석이 가능하다. 배방읍과 탕정면, 온양2동, 둔포면에서 주정차 단속이 많이 발생했다. 천안아산역 등 주정차가 빈번하게 발생하는 동네이거나 자가용을 가지고 외출 등이 잦을 수 있는 도심지와 가까운 곳이라는 특징이 있다.

월별 단속 현황을 살펴보면 매달 평균 4,000~6,000건인데 2월과 9월의 주정차 단속 빈도가 가장 낮다. 추정해보면 설날과 추석의 명절로 인해 수도권 등에서 내려온 차들에 대한 주정차 단속 민원이 심해 적은 것으로 볼 수도 있다. 요일별 단속 현황 자료를 분석한 결과 주말과 주중의 차이가 무척 큰 것으로 나타났는데 이 역시 민원의 빈도 및 작업 투입 인력과 상관성이 높을 것으로 보인다. 요일별 주정차 민원 수요 파악을 통한 주차 단속 및 현장 지도가 필요할 것이다.

주차 단속 데이터를 분석해보면 주정차 데이터의 속성 관리가 좀 더 상세하게 진행될 필요가 있음이 드러난다. 상세 주소 또는 지물 코드, 주정차 생활불편 지수 개발을 통한 식별 코드 운영 등이 필요하다. 또한 전화, 홈페이지, 읍·면·동사무소 수렴 등 주정차 민원 수렴 통로를 체계적으로 운영 관리하는 게 바람직하다.

주차 민원 관련 데이터의 체계적인 관리와 관계 데이터와의 통합적인 운영도 요구된다. 민원 데이터, 주정차 단속 데이터, 현장 지도 데이터, 관계 부서 데이터와의 통합 관리 시스템 구축을 검토해야 할 것이다. 특히 어린이 보호 구역이 아닌 곳의 단속이 적은 편이므로 이를 당면 과제로 개선하는 것도 긍정적인 방향으로 보인다.

주차난에 대한 여론조사 결과를 보면, 먼저 거주 지역의 골목 주차가 어느 정도 심각하냐는 질문에 심각하다는 답변이 77.3%(매우 심각 53.2% + 대체로 심각 24.2%)로, 심각하지 않다는 답변 22.7%(대체로 심각하지 않음 18.5% + 전혀 심각하지 않음 4.1%)보다 월등히 높다.

거주지에서 주차 문제로 다른 사람들과 싸우는 것을 보거나 실제로 싸운 경험이 있냐는 질문에 일어남이 65.7%(자주 일어남 24.3% + 가끔 종종 일어남 41.4%), 일어나지 않음이 34.3%로 나타났다.

공한지 토지 소유자에게 일정 정도의 혜택을 주고 그 땅을 주차장으로 사용하는 정책에 대해서는 찬성이 88.2%(매우 찬성 49.9% + 대체로 찬성 38.3%), 반대가 11.8%(대체로 반대 5.9% + 매우 반대 5.9%)였다.

여론조사 결과 지속 가능한 발전에 중요한 요인(장기 과제)과 일상의 불편을 초래하는 요인(단기 과제) 모두에서 주차 문제가 언급되었다. 아산시 행정 업무 만족도와 거주 지역 골목 주차 심각 정도 및 주차 싸움 경험 등은 상호 상관관계를 보였다. 시정 만족도와 골목 주차난 및 주차 싸움 문제는 음의 관계를 보였고 골목 주차난과 주차 싸움은 강한 양의 관계를 보였다.

이처럼 주차 문제가 시의 정책 추진 환경에 직접적인 영향 요인이자 시민 불편의 중대한 문제로 나타나므로 정확한 주차 스트레스 지점을 파악하고 주차 공유제 등의 대안을 마련하는 데 적극 행정을 펼쳐야 할 것이다.

아산시 4개 읍·동 골목 주차난 예측을 위해 317개의 소지역으로 세분화 분석을 하였다. 그 결과 A등급 63개, B등급 61개, C등급 78개, D등급 75개, E등급 40개로 분류되었다.

주차난 해소를 위한 골목지도는 작지만 확실한 성과를 낼 수 있는 대책 마련이 우선되어야 함을 보여준다. A등급 기준으로 거주자 우선 주차 공유제 실시 등을 검토할 필요가 있다. 교회, 나대지, 이면 주차 등 최대한의 행정 지원과 주민 설득을 위한 적극 행정이 요구된다. 이를 위한 시청 내부의 관련 부서가 힘을 모아 태스크포스를 구성하여 운영하는 방안을 생각해볼 수 있겠다. 시 최고 리더십 차원의 관심과 격려도 무척 중요하다.

A·B·C등급 지역의 골목 주차난 해결을 위한 아이디어 조사와 주민 참여 원탁회의 추진도 긍정적 결과를 낳을 수 있다. 조사와 토론에서 나온 의견들을 최대한 수용하고 행정 조치와 조례 재개정이 필요한 사항들은 의회와의 협력을 통해 우선 과제로 해결해

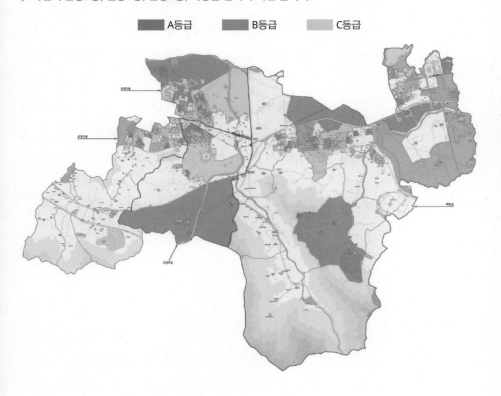

📍 아산시 온양3동, 온양5동, 온양6동, 배방읍 골목 주차난 골목지도

A등급　　B등급　　C등급

야 할 것이다.

　주차난 해결을 위해서는 통장의 역할이 중요하다. 최근 통장의 법적 지위가 생기고 활동비도 증가하여 발 빠른 지방정부는 통장의 역할을 다양화하는 교육과 활동을 진행하고 있다. 통장이 지역 주민들 간의 주차와 관련한 갈등을 사전에 차단하고 갈등이 생길 때 원활한 중재와 대안을 마련하는 역할을 하고 시청과의 협업을 위한 연결고리가 되는 게 이상적이다.

　골목 주차와 관련한 정책 홍보, 골목 주차로 인한 주민 갈등 해소 캠페인 아이디어 공모 등 홍보 전달 체계 중에서 현수막이 효과적인데, A·B·C등급 지역의 중앙점에서 정기적이고 지속적으로 추진하면 효과적이다. 이 지점을 주차 정책과 관련된 스티커 붙이기 등의 정책 수렴 포인트로 적극 활용할 수 있다. 홍보 지점을 일관되게 유지하는 일은 주차 행정의 신뢰도를 높이는 데 중요한 방법이 된다.

주차 행정을 위한 예산과 주차면 확대를 위한 땅이 충분하지 않은 상황에서 정책 사업과 예산 편성에 우선순위를 두는 일은 무척 중요하다. 예산을 편성할 때는 주민 갈등 과제 해결 측면에서 검토하는 것이 바람직하다. 골목지도는 주차 단속 강화보다는 주민 스트레스를 낮추고 골목 주차에 대한 지도와 계도를 위해 활용되는 것이 긍정적이다.

📍 주차 공유제

주차 문제는 서울 등 수도권은 물론 지방의 도심 지역에서 꾸준하게 제기되고 있는데 교통 관련 민원 중 가장 큰 비중을 차지한다. 자동차 등록 대수가 비약적으로 늘어나는 반면, 주차장의 확보량은 그에 따르지 못해 교통 혼잡 비용은 더 늘어나고 있다. 서울특별시의 주차난은 고질적 문제이다. 서울시 자동차 등록 대수는 311만여 대이지만 주차 면수는 이보다 많은 405만여 면으로 주차장 확보율이 130%이지만 주차난은 해결되지 않고 있다. 주차 공간 1면을 만드는 데 약 7,000만 원에서 1억 원 정도가 필요하기에 예산 문제도 심각한 실정이다.

주차 문제 해소를 위한 정책적 노력은 크게 거주자 우선 주차, 그린 파킹 사업, 차고지 증명의 세 방향으로 진행되어왔다. 그런데 거주자 우선 주차제와 그린 파킹은 주거지를 중심으로 한다는 특성상 보편적인 주차 문제 해소 방안이 될 수 없었다. 차고지 증명제도 생계형 운전자들의 저항이 심각하여 정착되기 어려운 실정이다.

이런 환경에서 주차 문제의 해결 방안으로 '주차장 공유'가 제기되었다. 시설 특성별로 주간 또는 야간, 주중 또는 주말 시간대의 유휴 시간이 존재하는데, 사용하지 않는 시간대의 주차면을 공유함으로써 효율적인 주차 공간 활용이 가능하다는 발상에서 비롯된 방안이다. 주차면 공급자는 추가적인 임대 수익을 얻고 주차장 이용자는 저렴한 요금으로 원하는 곳 인근에 주차할 수 있으며 정부 차원에서는 주차 공간 확보와 불법 주차 감소로 사회적 이득을 얻을 수 있을 것으로 기대된다.

서울시와 25개 자치구는 거주지 우선 주차제와 주차 공유 제도를 결합한 방식의 공유 주차장을 시도하고 있다. 거주지 우선 주차제의 특성상 국유지 공유지의 주차장이란 행정적 특성과 직장에서의 근무시간 등에는 빈 곳이 많이 발생하는 점을 결합하였다. 은평구를 제외한 서울의 24개 자치구 주들은 '모두의 주차장'이라는 앱을 통해 주차 공유 서비스를 이용할 수 있다. 주차 공유를 원하는 사람은 이 앱에서 자신이 주차하지 않는 시간을 설정하고 공유 버튼을 누르면 된다. 그리고 주차장 이용을 원하는 사람이 앱을 실행하면 인근의 공유 주차 제공지가 화면에 뜬다. 주차 요금은 시간당 평균 1,200원인데, 용산구가 600원으로 가장 저렴하고 서초구가 1,800원으로 가장 비싸지만 종일 주차 요금은 5,000원에 불과하다. 사용자가 낸 주차 요금은 주차면 제공자와 모두의 주차장 운영 회사, 그리고 자치구로 3원화하여 배분한다. 비율은 주차면 제공자는 50%, 개발 운영사는 30%, 자치구는 20%이다. 주차면 제공자의 참여를 유도하기 위해 각 구에서는 주차면 제공 시간을 기준으로 다음 주차면 배정에 인센티브를 제공한다.

서울특별시가 12만여 면의 거주자 우선 주차장 중 20%인 약

2만 4,000면만 주차 가능 공간으로 활용하더라도 주차장 신설 비용 1조 200억 원의 대체가 가능하다. 실제 공유 주차장 이용 건수와 시간이 큰 폭으로 증가하며 주민 이용이 활성화되고 있다. 2018년에는 2,279건, 9,656시간이었으며 2019년에는 6,154건, 2만 8,020시간이었다. 2019년 부정 주차의 단속 건수는 778건으로 전년도 1,921건에 비해 60% 감소 효과가 있었다.

서울특별시는 거주자 우선 주차제를 활용한 주차 공유제뿐만 아니라 야간 주차장 개방을 지원하여 유휴 주차면 공유 활성화를 유도 중이다. 야간 유휴 주차면을 개방할 경우 주차장 시설 개선비, 유지보수비, 주차장 배상책임보험료 등을 지급한다. 건물주가 주차면 5면 이상을 2년 이상 공유하면 주차 면당 월 2만~5만 원을 지급받는다.

임대아파트 주차장 공유 사업도 시행 중인데 SH 임대아파트 부설 주차면을 외부인들에게 공개해 주차비 소득을 얻어 주민의 아파트 관리비를 낮춰주는 방식이다. 2014년 기준으로 임대아파트 7개 단지 200면의 주차면을 공유함으로써 약 4,500만 원의 수익이 발생했고 수익금을 1,200가구의 관리비로 사용하여 가구당 월평균 4,120원의 관리비 절약 효과가 생겼다.

경기도 수원시와 안산시는 학교나 교회 등의 주차장 부지를 야간에 인근 주민들에게 주차 공간으로 제공하는 방안의 주차 공유제를 시행하고 있다. 야간 개방하는 시설과의 협약을 통해 오후 7시부터 다음 날 오전 8시까지 주차장을 개방하고 사전에 등록된 차량만 무료 주차가 가능한 방식이다. 안산시에서는 다가구주택이 밀집된 지역을 중심으로 협약을 체결했는데, 11개 학교 약 495면을 제공 중이다. 수원시는 주차장 공유 사업으로 한 해 동안 공유 주차장 7개소 566면을 확보했다. 지자체와 단체가 업무 협약을 맺는 방식으로 주차 공유제를 운용할 때는 지자체가 주차장 시설 개선 공사 비용을 지원하는 방식의 인센티브를 제공한다. 기존 단체의 주차장을 활용한다는 점에서 수익자가 일반화될 수 있어 초기의 제도 정착 비용이 줄어드는 장점이 있다.

서울특별시 은평구는 휴대폰 앱을 사용하는 서울시 내 다른 24개 기초단체의 주차 공유 방식과 달리 전화 통화 플랫폼을 활용한 주차 공유제를 시행 중이다. 운전자가 전화를 걸면 공유 주차장이 자동으로 확인되고 ARS 안내에 따라 자리 번호, 차량 번호, 이용 시간을 입력한 뒤 주차하는 과정이다. 스마트폰 이용자와 스마트폰을 이용하지 못하는 층 모두 접근할 수 있다는 게 장점이다.

현재 주차 공유제에는 정부 주도형이라는 게 결점으로 꼽힌다. 미국과 유럽에서도 주차 공유 플랫폼이 활성화되었는데 정책적 영역이 아니라 민간 주도의 시장 관점에서 출발한 것이 대부분이다. 영국의 저스트파크(JustPark), 미국의 파크서카(Park Circa), 유럽 주요 국가들에 산재한 파크U(ParkU) 등이 대표적인 공유 주차장 플랫폼 기업이다. 그런데 우리나라에서는 서울시와 업무 협약을 맺고 거주자 우선 주차제 공간의 주차 공유 사업을 하는 '모두의 주차장'을 제외하면 모두 정부 주도형 사업이다. 정부 주도형 사업의 경우 민간 홍보에 드는 비용 대비 효과가 떨어지고 주차장 이용객이 각기 다른 플랫폼을 모두 이용해야 한다는 점에서 편의성 확보가 어렵다. 따라서 민간이 주도하고 정부가 지원하는 형식의 제도 개선이 필요하다.

또한 많은 이용자 확보를 위한 플랫폼 접근성 다양화가 필요하다. 서울에서는 은평구가 ARS 방식의 플랫폼을, 나머지 자치구가 휴대폰 앱 방식의 플랫폼을 활용한다. 휴대폰 앱은 장년층 이상의 활용도가 떨어진다는 단점이 존재하기에 접근 방식을 다양화함으로써 더 많은 이용자가 쉽게 활용할 수 있는 방안을 모색해야 할 것이다.

공유 주차장 제공자에 대한 인센티브도 더 강화될 필요가 있다. 인센티브가 너무 약해 애초에 목표했던 공유 주차 면수를 확보하는 데 어려움을 겪었다. 주차비를 상승시키더라도 제공자에 대한 인센티브를 강화하여 공유 주차 면수를 최대한 확보하려는 노력이 필요해 보인다.

📍 서울특별시 동대문구 주차난 해소 골목지도

동대문구는 재개발 등으로 인해 공공 주차 면수가 축소되어 주차 행정 계획과 주차 민원 해결에 큰 어려움을 겪고 있다. 이런 상황을 돌파하고자 주차난 실태를 분석하는 골목지도 작성을 진행했다. 이를 위해 주민 민원 데이터 분석, 여론조사, 간담회를 진행했다.

주차 민원 데이터 분석 결과 2018년부터 2020년까지 3년간 서울특별시 동대문구 주정차 단속 등의 민원은 7만 6,280건 발생하였다. 2018년 1만 7,630건, 2019년 2만 6,246건, 2020년 7월 현재 3만 2,404건이었다. 민원 제기가 급속도로 증가하는 실정이다.

위반 시간대로 보면 오후 시간대의 민원 제기가 3개년 모두 가장 높은 가운데, 2020년 이후 새벽 및 저녁 시간의 민원 제기가 급속도로 증가하고 있음을 알 수 있다. 위반 요일별로 보면 2018년은 매일 3,000여 건이었지만, 2019년은 약 1,000건이 늘어난 4,000여 건으로 집계되었다. 2020년 이후엔 주말이 큰 폭으로 증가했다. 일과 시간 이후 주민들의 주차 공간 확보가 필요하나 단기적으로는 동 시간대의 민원 해소 방안 마련이 시급한 상황이다.

주차난 해결을 위한 여론조사도 진행했다. 동대문구 거주 18세 이상 성인 남녀를 대상으로 ARS RDD 유선전화 조사 방법을 이용했다. 유효표본은 500명, 95% 신뢰 수준에서 최대 허용오차는 ±4.3%이다. 조사는 2020년 8월 19일 하루에 진행했다. 총 11문항으로 조사를 통해 동대문구 주민들이 주차 문제를 무척 심각한 문제로 생각하고 있음이 드러났다. 주차 문제가 심각하다는 응답이 62.6%로, 심각하지 않다는 응답 37.8%보다 훨씬 높았다. 또 일상에서 가장 불편을 초래하는 문제가 무엇인지를 묻는 문항에서도 소음(23.2%)과 함께 주차 문제(22.3%)가 높게 응답됐다.

주민들 간에 주차 문제로 인해 싸우는 것을 보거나 실제로 싸운 적이 있는지 묻는 문항에서, 10명 중 4명이 그런 경험이 있다고 응답해 주차 문제가 지역 공동체를 훼손하거나 사회적 불신과 가정의 화목을 저해하는 요인이 될 수 있음을 드러냈다.

주차 민원을 제기한 경험이 있다고 답한 77명에게만 분기 문항으로 민원 제출 경로와 만족 여부 및 그 이유를 물었다. 주요 민원 내용은 불법 주차 단속 및 CCTV 설치 요구라는 응답이 54.9%로 가장 많았다. 다음으로는 주차 공간 확보 또는 폐지 24.3%, 공영 주차장 및 사유지 등 주차 공간 관리 13.9%, 과태료 및 압류 등 6.9%로 나타났다.

공한지 토지 소유자에게 일정 정도의 혜택을 주고, 그 땅을 주차장으로 사용하는 것에 대해 찬성한다는 응답이 83.7%로, 반대한다는 응답 16.3%보다 압도적으로 높았다.

지역의 주차 문제를 해결하기 위해 구청에서 주민 토론을 한다면 참여 의향이 있는지를 물은 결과, 참여 의향이 있다 27.8%, 참여 의향이 없다 72.2%로 나타났다. 민원을 제기했던 경험이 있는 지역민(n=77명)은 참여 의향이 있다 43.7%, 참여 의향이 없다 56.3%로 나타나 주민 토론 사업을 추진하는 데 큰 무리는 없을 것

📍 회기동 골목 주차 스트레스 지수 골목지도

A등급　　B등급　　C등급

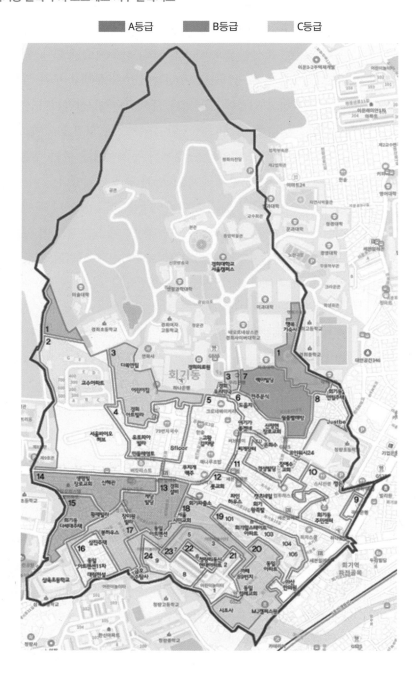

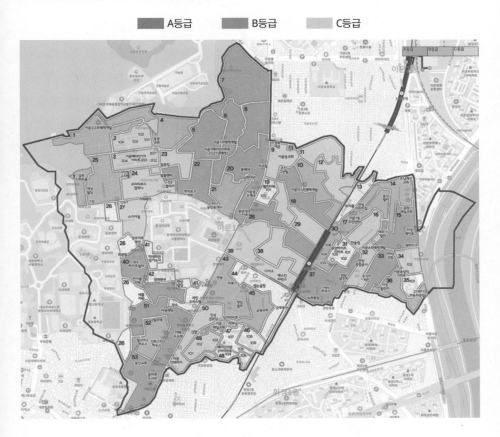

으로 보였다.

간담회는 2020년 9월 1일 오후 3시부터 오후 4시 30분까지 동대문구 주차행정과 직원이 참석한 가운데 진행되었다.

동대문구의 골목 주차 스트레스 지수 데이터 분석과 골목지도 제작은 회기동, 이문1동을 분석 지역으로 삼았다. 회기동은 전형적인 학교(경희대학교) 앞 골목상권이 활성화된 지역이다. 세대 대비 단속 순위와 인구 대비 단속 순위는 1위이며 종합 순위도 1위다. 이문1동 역시 학교(한국외국어대학교) 앞 골목상권이 활성화된 지역이다. 따라서 골목 주차 스트레스 지수 데이터 분석 및 지리 정보 제작에서 두 학교 앞 활성화된 골목상권인 회기동과 이문1동을 분석 지역으로 선정했다.

회기동, 이문1동 골목 주차 스트레스 지수 산출은 해당 지역의 인구사회 데이터, 소득 추정 데이터, 주차 민원 데이터, 여론조사 결과를 합쳐 데이터를 분석하는 방식을 통해 이루어졌다.

지도에서 A등급이 골목 주차 스트레스 지수가 가장 높은 지역이고, 다음으로 B등급, C등급 순이다. 색이 없는 지역은 D등급과 E등급으로 골목 주차 스트레스 지수가 낮은 지역이다.

작성된 골목지도는 주차 지도와 단속 지역의 선택과 집중에 활용할 수 있다. 기존에 주차 단속이 집중적으로 이루어지지 않은 A·B·C등급 소지역 순으로 선제적 주차 지도와 단속을 확대할 필요가 있다. 행정동별로 균일하게 인력과 시간을 투여하여 주차 지도를 하는 것은 비효율적이고 비효과적이다. 등급 정보를 참고한 세밀한 주차 지도 계획이 필요하다.

A·B등급 지역에서 주민 원탁토론 및 심층 조사를 추진하는 게 바람직하다. 해당 지역들의 골목 주차 해소는 난제이다. 조사와 토론에서 나온 의견들을 최대한 수용하고 행정조치와 조례 재개정 등의 사항들을 의회와 협력을 통해 우선 과제로 해결하려는 노력이 필요하다.

골목 주차 소통원으로 통장 역할을 강화하고 주차 관련 홍보 및 소통 거점을 선정하여 활용하는 데도 골목지도를 사용해야 한다. 그 외에도 골목지도는 주차 정책 수립과 사업 추진 시 참고 자료로 활용하고 주차 공유제 시행 시범 사업 지역 선정 등에도 이용될 수 있을 것이다.

거주지에서 발생하는 민원 중 살인, 폭행 등 강력 범죄로 비화되는 민원은 주차 민원이 거의 유일하다. 골목 주차 문제만큼 일상의 삶에 큰 영향을 주는 현안도 없을 것이다. 골목 주차 문제는 인근 유흥업소 유무, 거리 청결 유무, 밤거리 치안 문제, 미세먼지 발생, 소음 등과 연관되어 나타나는 경향이 있다.[24]

주차 민원의 현장 지도와 단속을 강화하고, 제한적이나마 공유 주차장, 공공 주차장을 늘린다고 하더라도, 골목 주차 문제가 지역 현안에서 원인변수이고 결과변수이며 매개변수로 자리 잡고 있어 종합적인 대책이 필요할 수 있다. 주차 민원이란 주차와 관련된 민원을 넘어 삶의 터전에서 발생할 수 있는 여러 가지 문제들과 연결된 고리 중 하나일 수 있다.

그러므로 주차 민원 데이터의 고도화 외에도 거주지 중심으로 발생하는 민원을 통합 관리하는 방향으로 데이터 분석 기획이 검토되어야 할 것으로 보인다. 이것이 가능해지면 어느 순간부터는 데이터보다는 찾아가는 동 주민센터의 확대, 통장의 역할 강화, 자치 역량 강화, 골목길 숙의와 토론이 더 중요해질 수도 있다. 여기까지 갈 수 있도록 돕는 일이 주차 민원 데이터의 역할로 보인다.

📍 서울특별시 성북구의 주차난 해결을 위한 민관 협치

서울특별시 성북구의 정책 난제 중 대표적인 것이 주차 문제였다. 이것은 지역 주민을 대상으로 한 설문조사에서도 잘 드러났다. 성북구민들은 지역에서 개선해야 할 분야의 첫 번째로 보건복지를 꼽았고 근소한 차이의 2순위가 교통·주차 문제였다.

교통·주차 문제 중에서도 골목길 주차 문제를 가장 심각하게 느끼고 있었다. 이것은 성북구 지역의 주거 형태 등 전반적인 특징과 관련이 있었다.

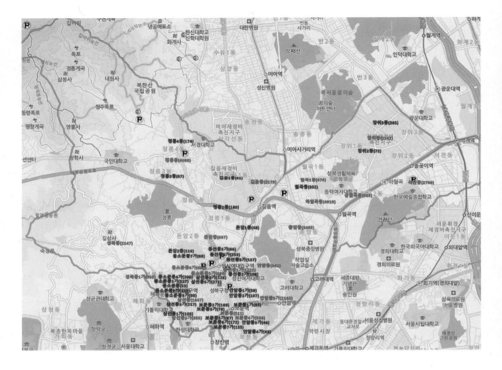

　　그런데 단순한 시각으로 성북구 주차난에 접근한다면 성북구 전체 또는 행정동별 가용 주차 공간 면적과 필요 주차 공간 면적을 비교하는 방식이 된다. 그러면 당연히 필요 주차 공간이 더 많다. 주차 공간을 늘리는 데는 한계가 있으니 결국 해결 불가능한 문제로 환원되고 만다.

　　이럴 때는 다른 형태의 대안이 필요하다. 잘게 쪼갠 공간 단위로 자원을 파악하고, 주차 질서를 수립할 곳, 분산이 가능한 곳, 창의적 아이디어가 필요한 곳 등으로 나누어 관리하는 것이다.

　　골목지리학은 하나의 방안을 제시할 수 있다. 주차난이 심각한 지역을 골목길 수준에서 지리 정보로 분석하여 행정 역량 배분과

📍 성북구 골목 주차난 전략 골목지도

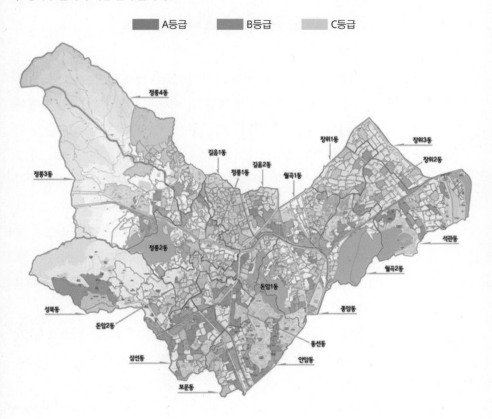

예산 배정 우선순위 수립의 기반 자료로 활용하는 것이 바람직한 대안이 된다. 그리고 골목 주차난이라는 구조적 난제는 행정력만으로 해결하는 데 한계가 존재한다. 이런 문제에 접근하기 위해 주민과 소통함으로써 민관 협치를 이루는 지혜가 요구되었다. 데이터를 활용한 지리 정보는 이를 보조하는 수단이 될 수 있을 것이라 보았다.

고질적 주차 문제를 개선하기 위해서는 주민과 소통하고 민관이 협력하는 것이 절실했다. 그래서 마을 자치회 산하의 주차 분과 소위원회를 구성하고 주차 환경 개선 지구 후보 지역 내 마을 자치회와의 협업을 통해 다양한 대안을 발굴할 수 있는 토대를 쌓는 노력을 기울여야 한다.

이런 의미에서 마이크로 지리 정보학의 방법론을 통한 조사 분석은 위원회 구성원과 후보 지역 내 주차 현황 및 주차 문제에 대한 주민 인식 상황 등을 공유하고 대안 발굴의 기초 자료로 삼기 위한 목적이 강했다.

먼저 조사 분석을 통해 산출된 '성북구 골목별 행정 전략 지도'를 중심으로 다양한 이해관계자 참여를 유도하고자 했다. 그리고 주차장 공급보다는 주민의 자율적 주차 질서 확보를 불러오는 창의적인 아이디어 수렴에 집중하는 분위기를 유도하고자 했다. 그 밖에도 앞으로 추진될 다양한 주차 사업의 우선순위와 예산 배정 등의 결정에 참고 자료로 삼고자 했다.

성북구의 주차난을 파악하는 데 2개의 데이터를 기초로 삼았다. 하나는 주차 단속 현황이고, 다른 하나는 민원 현황이다. 이 둘은 주차난의 심각성을 계량적으로 보여주는 자료이다.

성북구 전체를 780개 권역으로 쪼개고 각각의 권역마다 데이터를 입혀 주차난 심각도를 1~5등급으로 나누어 지도의 색으로 표시했다. 이때 1등에서 780등까지를 기계적으로 5등분하여 등급을 매기지는 않았다. 데이터를 분석하다 보면 중요한 분기점이 생긴다. 데이터값이 갑자기 뚝 떨어지는 부분이 보이는데, 이를 기점으로 등급을 나누었다.

지도에서 P라고 적힌 곳이 주차 단속 지역이고, 글씨가 몰려 있는 지역이 민원이 많이 들어온 곳이다(258페이지 그림 참조). 주차 단속을 주로 한 곳과 실제 민원이 많이 들어온 곳에 차이가 있다는 것이 드러났다. 이것은 뜻밖의 결과였다. 문제의 심각성과 행정력

배분을 기존과는 달리할 필요가 있다는 점이 드러나기도 했다.

예를 들어 주차 문제에 관한 괴로움이 큰 순서대로 1등급 지역이 A에 6개, B에 20개 있다고 한다면 두 동에 모두 같은 정도의 예산을 투입할 수 없다. 당연히 B에 좀 더 많은 금액을 투자하는 것이 효과적이다.

데이터 분석과 지도 작성으로 체계적 정보가 산출되었고 이것이 민관 협력의 소통 테이블로 옮겨감으로써 고질적 문제 해결을 위한 토의가 실질화되었으며, 창의적 아이디어를 내는 데도 유용하게 사용될 수 있었다.

Chapter 3

문화 행정:
서울특별시 동대문구, 세종특별자치시

📍 서울특별시 동대문구: 찾아가는 문화 행정 전략

서울특별시 동대문구 주민의 문화적 욕구는 무척 높은 편이다. 구청 현안에 대한 여론조사 결과 왕성한 문화 수요가 드러났다. 주목할 점은 문화 및 공연 인프라를 구축하는 시설 확대에는 19.2%가 찬성했는데 찾아가는 문화 서비스에 대한 수요가 23.8%라는 높은 수치를 보였다는 점이다.

동대문구 주민의 문화 욕구에 대한 더 상세하고 입체적인 파악을 위해 마이크로 지리 정보학을 동원했다. 동대문구를 작은 지역 단위로 쪼갠 다음 체감 행정이 민감하게 작용하는 분야, 문화 행정의 사각지대, 고비용 문화 시설을 대체할 수 있는 수요 지역, 실제로 찾아가는 문화 행정을 요구하는 소지역(A등급) 등을 파악했다. 그리고 문화 서비스에 대한 욕구가 가장 높은 곳이 어딘지 여론조사를 통해 섬세하게 찾아보고 등급을 매겼다.

이와 함께 주거 형태, 거주 면적, 연령대 등에 따라서 지역마다 어떤 문화 행사를 하는 것이 효과적인지 분석했다. 연령대나 공간의 상황에 따라 어떤 지역은 게릴라 콘서트가 적당하고, 어떤 지역은 벼룩시장을 열 만하고, 어떤 지역은 마당놀이 같은 연극 공연이

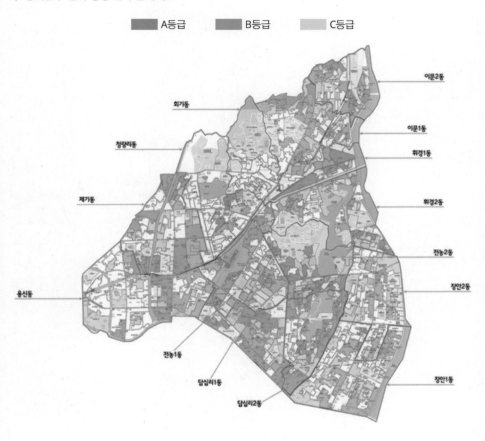

♀ 동대문구 문화 행정 전략 골목지도

■ A등급　　■ B등급　　■ C등급

이문2동
회기동
이문1동
청량리동
휘경1동
휘경2동
제기동
전농2동
장안2동
용신동
전농1동
답십리1동
장안1동
답십리2동

어울린다는 것을 파악할 수 있었다.

　동대문구는 예산이 많이 투입되는 시설 투자에 앞서 문화에 대한 시민들의 욕구를 충족시키는 것이 더 시급하다고 판단했고 '찾아가는 문화 행정', 이름하여 '골목 문화제' 도입을 검토했다.

　음악, 극, 성악, 축제 등 여러 자치단체의 작은 문화 행정 사례를 검토하여 창조적인 방안을 모색했다. 예산과 인력 등의 자원을 일률적으로 배분하기보다는 우선순위를 정해서 역량을 투입하고, 문화 공연 지역을 결정하기 위한 판단 근거로 빅데이터와 지리 정보

를 결합한 결과를 사용했다.

정책을 수립하는 과정에서 지역의 특성을 우선하여 고려했다. 동대문구는 대학이 많은 곳이다. 전국 시·군·구 중 5위다. 한국외국어대학교, 경희대학교, 서울시립대학교, 삼육대학교, 한국예술종합학교 등이 동대문구에 있다. 이를 잘 활용하면 문화 행정에서 큰 자산이 될 수 있다.

지자체에서 사업은 눈에 보이는 성과를 중시하다 보니 예산을 받으면 일단 건물부터 짓고 보는 경향이 강하다. 예를 들어 사업비로 100억 원의 예산을 배정받으면 70억 원 정도를 부동산을 사고 건물을 짓는 데 쓰고, 20억 원 정도를 지원 조직을 운영하는 데 쓰며, 나머지 돈으로 사업을 하는 형국이 되곤 한다.

이때 주민이 체감하는 효과는 미미하기 마련이다. 수십억 원씩 들여서 문화 관련 시설을 지으려면 시간이 오래 걸리고 효용은 적다.

하지만 찾아가는 문화 서비스가 활성화되면 적은 예산으로도 지역민들이 문화 행사를 즐길 수 있다는 의견이었다. 또한 각 대학과 학생들에게 활력을 불어넣을 수도 있다. 대학에는 동아리들이 많이 있다. 그중에서 연극, 합창, 성악, 기악 등을 다루는 문화 동아리들과 연계한다. 재능 기부도 일부 받고, 운영비를 지원하기도 한다.

그리고 지역마다 문화 동아리도 적지 않다. 이 동아리들에 마이크로 지리 정보 데이터를 바탕으로 어떤 지역에서 공연할지 일일이 짚어줄 수도 있다. 게릴라 콘서트를 하고자 하면 7~8명에서 적게는 4~5명으로도 할 수 있으니 골목에서 열어도 관계없다.

동대문구의 찾아가는 문화 행정 정책은 지역의 개성을 잘 살리고, 체감지수가 무척 높은 행정으로 꼽힌다.

동대문구의 찾아가는 문화 행정의 현재 단위는 행정동 규모이다. 하지만 같은 행정동 안에서도 문화 행정에 대한 수요는 천차만별이었다. 이를 정책에 반영하기 위한 마이크로 지도를 더욱 정교화할 필요가 있다.

문화 공연의 공간적 제약을 탈피하기 위한 시도가 필요하고 양보다는 질적 성취를 높이는 접근이 중요해 보인다.

📍 세종특별자치시: 도시에 문화의 옷을 디자인하다

세종특별자치시는 행정 중심 도시라는 고유한 목적 아래 건설된 특수한 곳이다. 2012년 7월에 정식 출범했으니 역사도 짧다. 계획 도시답게 시원스럽게 뻗은 도로변에 웅장한 위용을 자랑하는 건물들이 서 있는 현대적인 공간이다. 공공기관 이전이 진행되면서 지역 인구도 많이 늘었다.

그런데 단기간에 걸쳐 조성되고 발전한 도시이다 보니 문화적인 측면이 부족해 불균형이 노출되었다. 지역 주민들로부터 문화 서비스 부족을 호소하는 목소리가 이곳저곳에서 터져 나왔다. 효과적인 도시 문화 정책을 수립하고 시행하는 것이 절실한 형국이었다.

이를 위해 정밀한 조사를 시작했다. 문화 행정의 일반적인 범위는 읍·면·동 단위인데 그 지역 안에서도 수요가 다양했기에 더 작은 단위로 세분화하고 조사에 착수했다.

여론조사 결과 문화 서비스에 대한 욕구가 가장 높은 계층은 30~34세 대졸 여성으로 나타났다. 미혼보다 기혼이 더 많았고 거주 평수는 19평 이하, 다세대주택 전세 거주자가 가장 높은 비중을 차지했다. 일반적 데이터 외에도 세분화된 지역별로 다양한 문화 욕구와 수요가 존재함을 파악할 수 있었다.

세종특별자치시는 양보다 질에 집중하는 전략이 필요하다는 판단이었다. '찾아가는 문화 서비스'의 도입을 중심으로 파악된 지리 정보 데이터를 접목하여 세분화된 지역 단위의 문화 행정 솔루션을 도입했다.

세종특별자치시의 성공적인 문화 행정을 위해 다양한 문화적 소재를 활용하는 방법을 취해야 했다. 예를 들어 5월에 가정의 달을 맞아 가족과 이웃 공동체를 주제로 한 촌극, 팬터마임, 소규모 4중주, 영화 상영 등을 할 수 있었고 관내의 대학교와 연계하는 방

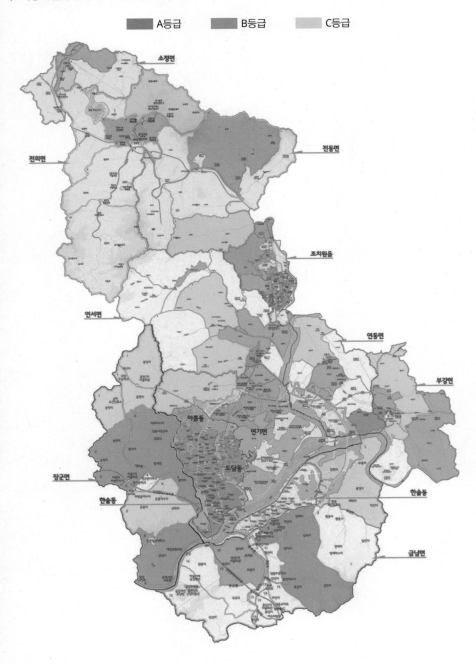

향을 취할 수 있었는데, 무엇보다 중요한 것은 지속 가능성을 고려한 정책을 찾는 것이었다.

Chapter 4

질병 관리 행정: 충청남도 아산시

📍 전염병의 공포

2016년 말부터 2017년 초까지 조류인플루엔자가 전국적으로 기승을 부렸다. 조류인플루엔자는 인수 공통 전염병이기에 사회적으로 공포 분위기를 조성시켰고 양계 농가와 관련 음식점 등이 시름의 한숨을 쉬어야만 했다.

전국에서 수많은 닭이 살처분되었다. 2016년 12월 28일 기준으로 국내에서 사육되는 닭의 16%에 해당하는 2,400만 마리가량이 살처분되었다.

정부는 조류인플루엔자의 감염 징후를 알고도 신고를 지연하거나 신고하지 않는 농가에 대해 고발하거나 보상금을 삭감하는 조치를 했다. 조류인플루엔자를 신고하지 않은 농장주는 3년 이하의 징역 또는 3,000만 원 이하의 벌금으로 처벌하고 보상금의 60%를 감액했으며, 늦게 신고한 농장주는 보상금의 20~40%를 감액했다.

충청남도 아산시는 조류인플루엔자의 직격탄을 맞았다. 2017년 1월에는 아산시에서만 16만 마리의 닭을 살처분해야 했다. 산란계 12만 700마리를 비롯해 감염 지역 반경 500m 이내에서 사육 중인 다른 농가의 닭 4만 5,000여 마리를 살처분했다.

조류인플루엔자가 사람에게 전염될 확률은 낮지만, 일단 감염되면 치사율이 무척이나 높기에 철저히 관리해야 한다. 이와 함께 공포 심리가 확산하는 것도 막아야 한다. 조류인플루엔자 감염이 발견된 지역의 모든 조류를 살처분하기에 감염된 닭이나 오리가 시중에 유통될 가능성은 극히 희박하다. 그리고 조류인플루엔자 바이러스는 열에 약하므로 고온에 조리하면 안전하다. 조류인플루엔자가 기승을 부린 아산시에서는 시민을 대상으로 이런 사실을 적극적으로 홍보해야 할 필요가 있었다.

보건소 차량을 중심으로 캠페인을 펼쳐야 하는데, 홍보에 집중할 지역과 홍보 차량 동선을 짜는 일이 만만치 않았다. 자원이 제한되어 있기 때문이다.

그래서 마이크로 지리 정보학 방법론을 도입하게 되었다. 정서적인 불안감을 크게 느끼는 사람들이 주로 어디에 있는지를 파악함으로써 캠페인 차량의 이동 경로를 효과적으로 설계하려 한 것이다.

아산시 전역을 세분화하여 여론조사 등을 통해 해당 미세 지역의 불안감 정도를 파악하고 이를 등급별로 나눈 다음 지도로 나타내었다.

조사 결과 중점 관리 대상이 나왔다. 정보를 잘못 알고 있어 불안감을 크게 느낄 가능성 큰 사람들이었다. 50대 중졸 이하의 기혼 여성이 핵심이었고, 세대 구성으로는 2세대가 가장 많았다. 40평 이상의 자가 단독주택 소유자 역시 주의를 기울여야 함을 알 수 있었다. 질병 관리 캠페인을 진행할 때 이 집단에 가장 많은 역량을 투입해야 하며, 이런 인구층이 밀집된 지역을 특별히 관리해야 함이 드러났다.

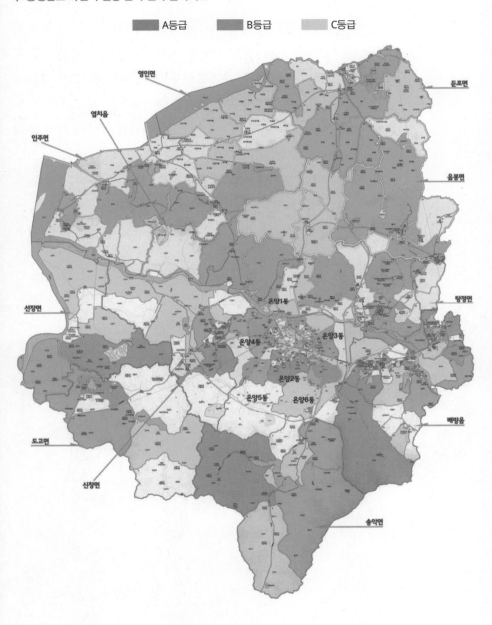

충청남도 아산시 질병 관리 전략 골목지도

A등급　　B등급　　C등급

영인면

둔포면

염치읍

인주면

음봉면

선장면

탕정면

온양1동

온양4동　　온양3동

온양2동

도고면

온양5동　　온양6동

배방읍

신창면

송악면

◎ 복합적 조사 수행

충청남도 아산시의 마이크로 지리 정보 프로젝트는 전염병 공포 확산을 차단하기 위한 홍보 활동을 위한 것이지만, 여론조사를 수행하면서 몇 가지 사항을 추가했다. 사안이 복합적이었기 때문이다. 특히 보건의료 행정과 문화 행정을 연결한다면 건강 관리, 우울증 예방, 폭력 근절 교육, 식생활 개선 등 다양한 분야에 대해 문화 공연도 병행할 수 있다고 보았다.

문화 분야의 조사에서 문화 서비스에 대한 소구력이 가장 높은 층은 40~44세 대졸 여성이라는 것이 드러났다. 이 층에서는 독신이거나 이혼한 여성의 비중도 높았다. 또한 보증금 없는 월세 거주

◎ 아산시 배방읍 질병 관리 전략 지도

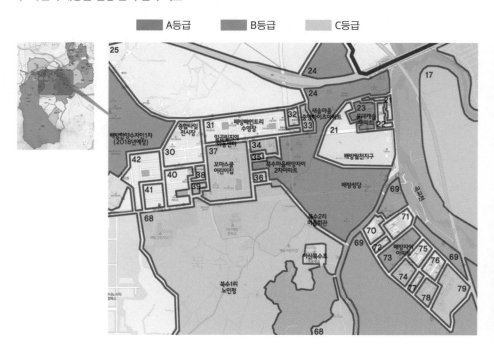

자, 20~29평 사이의 연립주택에 거주하는 계층이 문화 서비스 욕구가 가장 높았다.

지리 정보 데이터를 효과적으로 활용함으로써 충청남도 아산시 보건소는 조류인플루엔자로부터 사람들이 안전하다는 버스 캠페인을 성공적으로 진행할 수 있었다. 이와 함께 앞으로 아산시 행정에 요긴하게 사용될 정보를 얻게 되었다.

Chapter 5

상생 협력 행정: 부산광역시 해운대구

📍 유명 관광지의 딜레마

해운대는 전국적으로 유명한 여름 관광지다. 휴가철이면 거대한 인파가 해운대 백사장을 가득 메우고 주변 상가가 관광객으로 들썩인다. 해운대 지역에 상권을 가진 사람들은 꽤 짭짤한 휴가철 특수를 누린다. 그런데 해운대 주민의 입장은 좀 다르다. 생활에 직접적인 불편을 초래하기에 몰려드는 인파가 마냥 반가울 수만은 없는 노릇이다. 매년 여름 상권은 강화되는데 주거권은 악화되는 것이 해운대구의 딜레마이다.

해운대구는 상생 협력의 차원에서 이 문제에 접근했다. 지역 경제 활성화와 주민 주거권 향상이라는 목표를 동시에 이루기 위해서는 지역 상인과 주민 간의 이해와 협력이 요구되었기 때문이다. 이를 위해 주민 인식, 침해받는 주거권의 구체적 문제, 해결 방안 등을 구체적으로 조사하기로 했다.

마이크로 지리 정보학적 접근법에 따라 지역을 세분화해서 다각도의 데이터를 모았다. 인구주택총조사 중 해운대구 조사 결과, 포털 사이트의 해운대구 지리 정보, 통계청의 해운대구 집계 지리 정보 등을 기초 데이터로 삼았고, 2017년 민선 6기 공약 평가 자

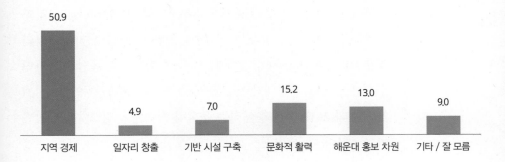

♀ 관광객의 긍정적 영향　　　　　　　　　　　　　　　　　　　(단위: %)

지역 경제	일자리 창출	기반 시설 구축	문화적 활력	해운대 홍보 차원	기타 / 잘 모름
50.9	4.9	7.0	15.2	13.0	9.0

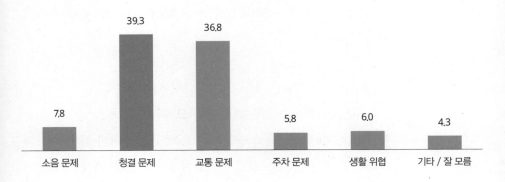

♀ 관광객의 부정적 영향　　　　　　　　　　　　　　　　　　　(단위: %)

소음 문제	청결 문제	교통 문제	주차 문제	생활 위협	기타 / 잘 모름
7.8	39.3	36.8	5.8	6.0	4.3

료, 해운대구 민간 및 관변 단체 현황, 2016년 7~9월 민원 현황, 2016년 7~9월 주차 단속 현황 등의 데이터를 참고했다.

　이와 함께 주민 여론조사를 병행했다. "관광객이 우리 지역에 어떤 영향을 준다고 보십니까?"라는 질문에 77%가 긍정적이라고 답했다. 이는 모든 연령층에서 공통적인데, 특히 60대 이상에서는 긍정적이라는 답변이 83%를 차지했다. 관광객의 직접적 영향을 받는 해안 지역인 우동과 중동에서 긍정적이라는 응답이 상대적으로 높았던 것은 주목할 만한 점이었다.

관광객의 긍정적 영향 요인에 대해서는 지역 경제 51%, 문화적 활력 15%, 해운대구 홍보 차원 13%, 기반 시설 구축 7%, 일자리 창출 5% 순이었다. 지역 경제에 긍정적 영향이라는 응답은 해안인 우동과 중동에서 상대적으로 높았고, 해운대 신시가지인 좌동 지역 주민과 20대 젊은 층에서는 문화적 활력에 긍정적이라는 답변이 전체보다 더 높았다.

관광객의 부정적 영향에 대해서는 거리 청결 문제, 교통 정체 문제, 소음 문제, 생활 위협 문제, 주차 문제 순으로 답변이 나왔다. 거리 청결 문제는 여성, 중동과 반송동 지역에서 높은 응답을 보였고, 교통 정체 문제는 50대, 우동과 송정, 재송동 지역에서 더 심각하게 받아들였다.

📍 **지리 정보를 통한 문제 해결 방안 모색**

수집한 데이터 속에서 상관관계가 드러났다. 주거지 불법 주차와 출퇴근 교통난은 서로 긴밀하게 연결된 문제였다. 따라서 일몰과 일출 무렵에 주차 단속을 강화함으로써 출퇴근 교통난을 해결하는 데 도움을 줄 수 있었다. 주차 단속은 모범운전자 중심의 자원봉사대 운영을 하거나 전담 인력을 고용하는 방안이 검토되었다.

지리 정보를 통해 중점적으로 관리할 소지역을 선정하고 대로의 입구가 되는 골목길 불법 주차를 막음으로써 소통을 더 원활하게 만들 수 있었다. 주민 불편이 가장 심각한 교통과 주차 문제를 소지역별 등급을 나눠서 지도로 만들었다. 그 지역에서 오랫동안 생활한 주민들은 사람들이 길이 막히면 어디로 빠져나가면서 출퇴근을 하는지 분명하게 알고 있다.

그러므로 주차와 출퇴근 교통 데이터를 연결하여 만든 지도를 보면 자신들이 무슨 일을 해야 하는지 한눈에 알 수 있다. 따라서 지역 주민들에게 역할을 맡기면 꼬리 물기나 골목 불법 주차 같은 문제는 해결의 가닥을 잡을 수 있다.

📍 소음과 생활 안전의 상관관계

부산광역시 해운대구의 마이크로 지리 정보 지도는 소음과 생활 안전 문제 사이의 흥미로운 상관관계를 나타냈다. 일반적으로 소음이 심한 곳에서 범죄나 사고 발생이 잦을 것이라 생각하는데, 데이터는 소음이 많은 지역과 사고가 발생하는 지역이 각기 다름을 보여주었다.

사람들이 노는 곳과 안전 문제 발생 가능성이 높은 곳이 각각 다른 것이다. 소음이 많은 곳에서는 오히려 범죄를 일으키기 어렵다. 조용하고 눈에 띄지 않는 곳에서 사고가 일어나는 경우가 많고 시민의 불안감이 높아질 수 있다. 따라서 소음을 단속할 중점 지역과 범죄 예방 활동 주력 지역을 달리 편성할 필요가 있었다.

📍 상생 협력을 위한 정책 제안

이런 분석 결과를 바탕으로 정책 제안을 내놓았다. 대표적인 것이 구청장을 본부장으로 하는 협치를 위한 '해운대구 8월 상생특별본부'의 구성이다.

연관이 가장 높은 관청인 해운대경찰서 서장이 공동본부장 또는 부본부장으로 협조하고 산하에 5대 주거권 보호 위원회를 조직하는 내용이다. 5대 주거권은 교통, 주차, 거리 청결, 소음, 생활 안전인

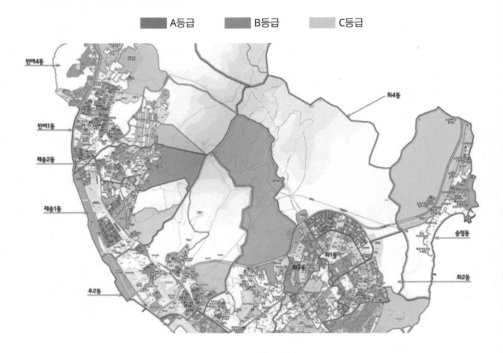

📍 해운대구 출퇴근 교통 체증 전략 골목지도

A등급　　B등급　　C등급

데 각각 1개 위원회를 만들자는 제안이다. 이를 통해 상권과 주거
권의 조화로운 공존과 발전을 꾀하는 상생 협력을 시도하려는 내
용이다.

자원봉사자 운영도 고려했다. 자율방범대, 모범운전사회, 교회
청년회와 연합해서 활동하는 방안이다. 소요되는 활동비는 상가연
합회가 지원하도록 설득했다. 여름 성수기 특수는 주민 불편과 관
련이 있으며, 여름이 아닌 기간 동안 그 상가의 운영은 지역 주민에
게 달려 있다시피 하기 때문이다.

행정이 특수한 시기의 상생 협력을 위한 정책을 마련하여 시행
함으로써 고질적인 문제 해결의 가닥을 잡을 수 있을 것이다. 상인
들이 주민 불편을 헤아려 활동 자원을 일부 부담하고 지역을 잘

📍 해운대구 주차 문제 행정 전략 골목지도

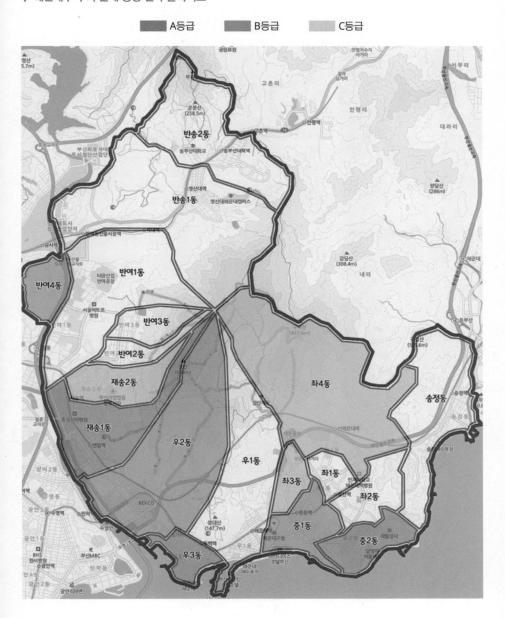

해운대구 소음 문제 행정 전략 골목지도

A등급　　B등급　　C등급

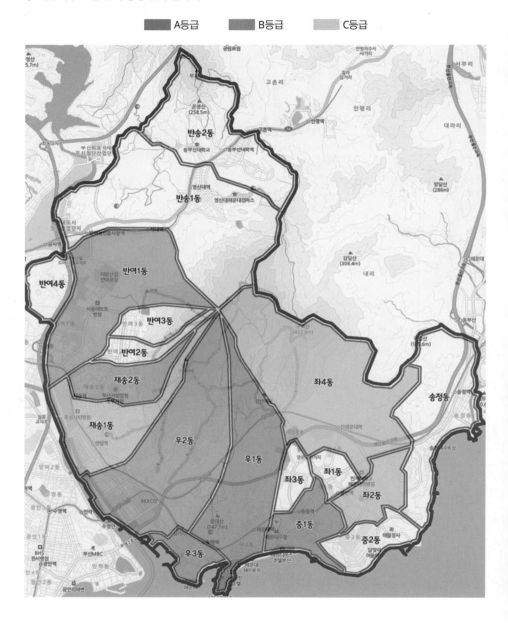

해운대구 생활 안전 행정 전략 골목지도

A등급　　B등급　　C등급

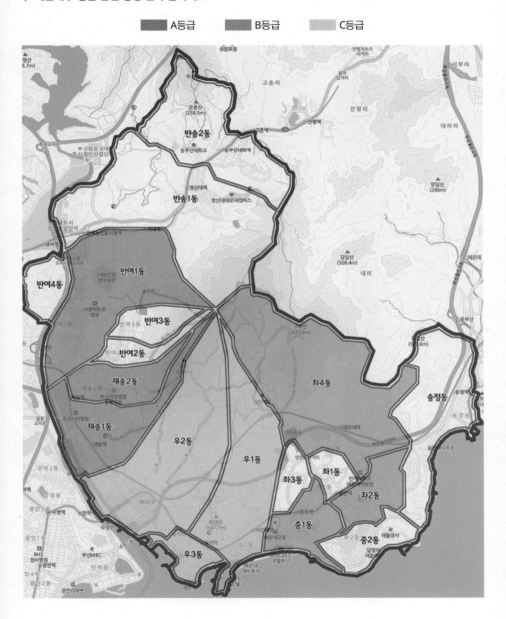

아는 주민과 유관 단체 중심의 자원봉사 조직이 활발히 움직임으로써 민관 협치의 모델이 생긴다. 이때 지리 정보는 활동을 안내하는 역할을 담당한다.

Chapter 6

서민 금융: 경기도 고양시

📍 금융 사각지대: 서민층 기혼 여성

개인적 경험이나 주변 지인들과의 대화, 그리고 여론조사 업무를 통해 사람들의 공통적인 걱정거리 하나를 알게 되었다. 바로 '돈' 문제이다. 돈에 대한 근심은 소득과 재산이 낮을수록 훨씬 더 커진다. 서민들은 부족한 대로 근근이 일상을 이어가는데 그 와중에 갑자기 돈이 필요할 때면 암담하기 이를 데 없다. 꼭 필요한 돈을 융통할 수 없어 안절부절못하게 된다. 이럴 때 금융의 역할이 중요한데 서민층에게 그 문턱은 높기만 하다.

시중 은행은 시장 생산을 전제로 한 대출만 허락한다. 대부분 시장에서 거래되는 재화의 투자만 대출 기준으로 인정한다. 설립자 무하마드 유누스(Muhammad Yunus)가 노벨평화상을 받은 방글라데시의 그라민은행도 저소득 가구와 빈곤층에게 대출을 해주었지만, 이런 한계에서는 완전히 자유롭지 못했다. 빈곤층의 다급한 현실을 해결하는 데 금융권은 사실상 무용지물인 셈이다.

그래서 절박한 처지에 놓인 사람들은 고금리 대부업체를 찾거나 이마저 여의찮으면 불법 사채를 쓰기도 한다. 이자 부담에 허리가 휘어지는 악순환에 빠지는 것이다.

나는 이런 현실에서 정부나 지자체가 주도하는 생활 금융의 필요성을 느끼고 있었다. 시장에서 거래되는 재화뿐 아니라 개인의 자유를 확대하며 공동체를 유지하고 강화하는 데도 금융 보호가 필요하며 시장이 아닌 공공이 금융의 새로운 패러다임을 창출해야 한다고 보았다.

때마침 문제의식을 공유하는 국회의원의 지원을 받아 본격적으로 이 문제를 깊이 파고들어 갈 수 있었고, 금융 약자 지원에 관한 마이크로 지리 정보학 조사에 착수했다.

조사 연구 지역은 경기도 고양시 덕양구 일부 지역이었고, 중점적으로 보호해야 할 금융 약자를 기혼 여성으로 삼았다. 이유는 기혼 여성의 경제적 지위나 가정에서 차지하고 있는 독특한 위치로 인해 금융 약자를 대표한다고 보았기 때문이다. 기혼 여성은 누군가의 아내이며 누군가의 어머니다. 남편이나 자녀가 돈이 필요할 때면 의지하는 대상이다. 가정 내 금전적 필요가 생겼을 때 이를 주로 감당하는 역할을 맡고 있다.

말하자면 기혼 여성은 가정의 기둥 공동체의 핵심으로서 지역 사회와 우리나라를 지탱하는 역할을 한다. 기혼 여성이 무너지면 가족이 무너진다. 가족이 연이어 무너지면 공동체가 무너진다. 지역사회가 부실해지고 나아가 사회 전체의 문제가 악화될 수 있다. 그래서 가족의 기둥인 기혼 여성을 보호해야 한다고 보았다. 또한 금융 약자의 상징이 기혼 여성이라는 전제에서 그 해결책은 자연스럽게 기혼 여성 전문 은행으로 귀결되었다.

그런데 은행 대출에서 소외된 서민층 기혼 여성들은 긴급 자금이 필요할 때 '여성 전문'을 앞세운 고금리 대부업체를 찾아갔다. 이는 임시 처방일 뿐 고금리라는 무거운 짐을 지워야 한다. 그래서 기혼 여성 전문 은행은 이들 업체와 경쟁해야 한다.

공공성을 살린 금융은 이들 기혼 여성을 VIP로 대접할 필요가 있다. 적어도 공공 영역에서만이라도 VIP에 대한 개념을 바꾸어야 했다. 신용 등급이 높고, 돈 많고 권력 있는 사람을 VIP로 모실 게 아니라 그 반대로 가야 하는 것이다. 신용등급이 낮은 기혼 여성, 다자녀 기혼 여성, 부모를 모시는 기혼 여성 등 경제적으로 힘들고 사회적 지위가 낮은 기혼 여성을 VIP로 모시는 것이다.

이렇듯 서민층 기혼 여성만을 대상으로 가정 내 금전 문제에 대한 무금리 대출을 하는 은행을 지자체 주도로 설립하는 것을 목표로 삼고 연구를 진행했다. 물론 현재 법률로는 정부나 지자체가 직접 은행을 운영할 수가 없다. 하지만 이것을 전제로 한 연구 결과는 기혼 여성의 절박한 처지를 헤아리고 그들을 우대하는 정책 마련과 금융업 개선 대안을 찾는 데 효과적으로 사용될 수 있으리라 보았다.

♀ 기혼 여성 전문 은행 설립을 위한 조사

공공적 관점에서 기혼 여성 전문 은행을 설립한다면 어느 곳에 위치를 두는 것이 가장 적합할까? 홍보는 어느 지역을 중심으로 전개하는 것이 좋을까? 제한된 예산을 어떻게 배분할까? 이 같은 공간적 관점에 대해 마이크로 지리 정보학적 조사를 전개했다.

우선 해당 지역을 세분화하여 소지역별로 금융 약자 현황을 기초생활보장, 한 부모 가족, 차상위 장애인 등 복지 지표로 파악했다. 이와 함께 공공 근로 참여 현황이라는 노동 지표와 차상위 계층 지표, 통계청의 사회경제 데이터 등을 통해서도 조사했으며 이를 바탕으로 금융에 취약한 기혼 여성 비율이 높은 지역을 찾아냈다.

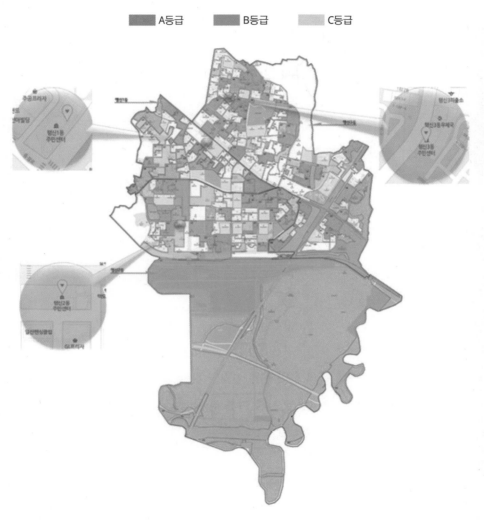

♀ 고양시 기혼 여성 전문 은행 전략 골목지도

인식 조사를 위한 여론조사도 병행했다. 기혼 여성 우대 대출에 대한 질문에 찬성한다는 응답이 반대 의견보다 근소하게 높았는데, 남녀가 같은 비율로 찬성하는 것으로 나타났다. 기혼 여성 전문 은행이 설립되거나 같은 취지의 사업이 진행될 때 이용 의향이 있느냐는 질문에는 이용하겠다는 응답이 높게 나왔는데, 여성과

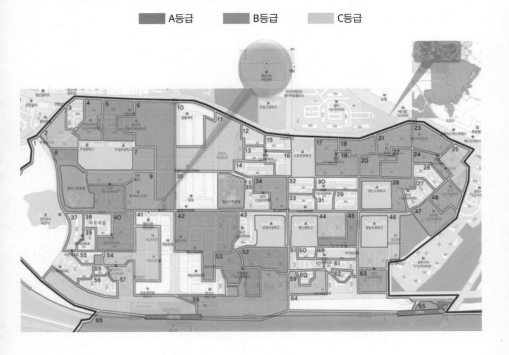

40대에서 비율이 높았다.

　기초 데이터와 여론조사 데이터를 합하여 금융 취약도와 기혼 여성 전문 은행에 대한 수요가 높은 지역을 중심으로 한 경기도 고양시 기혼 여성 전문 은행 전략 지도를 완성했다. 이러한 기초 연구를 바탕으로 공공적 차원의 기혼 여성 전문 은행을 설립하여 운영한다면 세계 최초의 지방정부 또는 지자체 단위 금융 사업이 될 것이다.

　더불어 복지 사각지대의 데이터를 축적하고 지역 커뮤니티를 활성화하며 마을 공동체와 복지를 강화하는 데 역할을 할 것이다. 아울러 자살률, 이혼율, 청소년 폭력, 가정 폭력, 학교 왕따 등을 감소시키는 효과까지 기대할 수 있을 것이다.

Chapter 7

생활체육 행정: 서울특별시 중랑구

📍 시설체육에서 생활체육으로

현대사회에서 주민 삶의 질을 높이는 것은 지자체의 중요한 정책 과제가 되었다. 그중에서도 건강 관리는 핵심적 역할을 한다.

건강 관리에서 무엇보다 결정적 요인 중 하나가 생활체육이다. 주민들이 건전한 생활 습관 속에 규칙적인 운동을 하는 문화가 형성된 지역이라면 건강 지수가 높아지고 삶의 질 또한 자연스럽게 상승할 것이다. 그런데 기존 생활체육 정책 관행은 '시설체육'에 집중되어 있다. 즉 관내에 체육 시설을 짓고 운영하고 보수하는 데 역량을 쓰고 있는 형편이다. 그런데 정작 주민 중 이 시설을 활용할 수 있는 사람은 한정적이다.

시설이 운영되는 시간 동안에는 주민 상당수가 직장, 학교, 학원에서 바쁘게 움직이기 때문이다. 그래서 체육 시설 주 이용자는 특정 소득 이상으로서 해당 지역에서 일상생활을 하는 자영업자, 전업주부, 상대적 고연령층에 한정되는 경향을 보인 것이 사실이다. 정책 평가와 개선이 어려운 시스템이기도 하다. 이런 상황에서 SOC 성격의 생활체육 예산을 실질화하여, 즉 사람에게 직접 투자하는 정책으로의 변화가 필요하다는 판단이었다. 그럼으로써 직장인과 저소득층 등으로 수혜층을 늘릴 수 있을 것이다. 결국 생활체육 행정의 핵심은 주민 한 사람 한 사람의 건강 관리를 충실히 지원하는 것이고, 이를 위해서는 시설이 아닌 사람에 주력하는 정책을 펼쳐야 한다.

서울특별시 중랑구는 다양한 계층으로 수혜를 넓히고 개인별 건강 관리를 앱이나 ARS 등으로 점검하며 지역 보건소와 해당 지역 민간 체육 시설, 수혜자 등이 협력하고 평가하는 시스템을 갖추는 등 혁신적 생활체육 정책 수립을 위한 조사에 착수했다. 먼저 주민 건강 지표를 기반 데이터로 삼았다. 서울특별시가 2015년 기준으로 작성한 「지역사회 건강통계」가 중요한 자료가 되었다. 이를 통해 흡연율, 고위험 음주율, 걷기 실천율, 스트레스 인지율, 비만율, 체중 조절 시도 방법 등을 파악할 수 있었다.

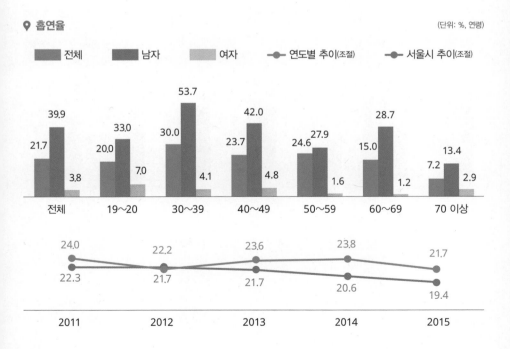

♀ 흡연율

(단위: %, 연령)

🔵 고위험 음주율

(단위: %, 연령)

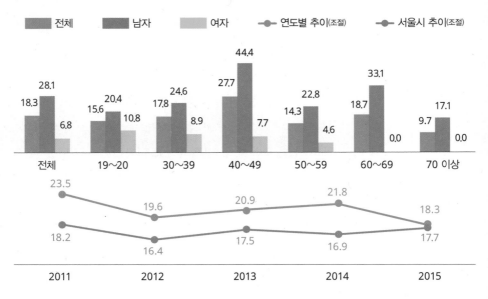

🔵 걷기 실천율

(단위: %, 연령)

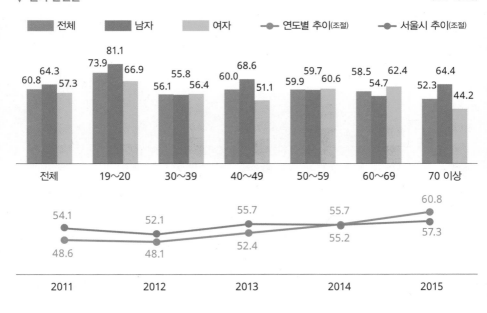

스트레스 인지율

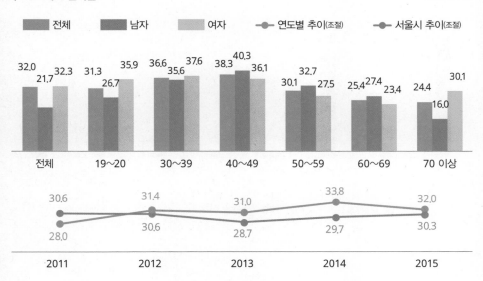

(단위: %, 연령)

 비만율

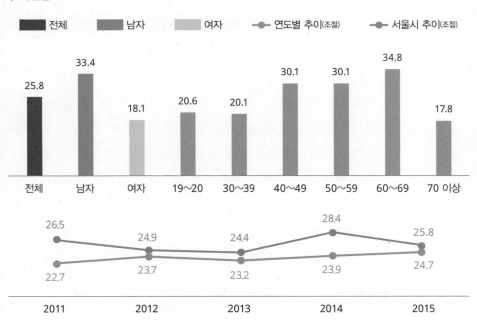

(단위: %, 연령)

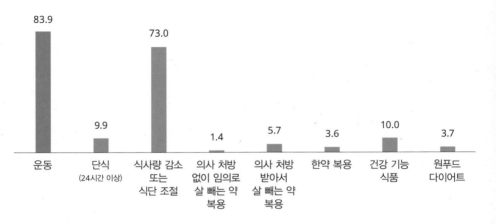

📍 체중 조절 시도 방법 (단위: %)

- 운동: 83.9
- 단식 (24시간 이상): 9.9
- 식사량 감소 또는 식단 조절: 73.0
- 의사 처방 없이 임의로 살 빼는 약 복용: 1.4
- 의사 처방 받아서 살 빼는 약 복용: 5.7
- 한약 복용: 3.6
- 건강 기능 식품: 10.0
- 원푸드 다이어트: 3.7

📍 생활체육 건강 바우처

지역별로 세분화하여 관내 공공 체육 시설 현황도 조사했다. 그 결과 중화1·2동과 상봉1동에는 공공 체육 시설이 없었다. 그런데 이지역에는 피트니스센터, 태권도장, 합기도장 등 민간 체육 시설을 몇 곳씩 운영 중이었다. 이를 활용하는 방안이 주효해 보였다.

주민들의 구체적인 인식을 알고자 여론조사를 병행했다. 구청지원으로 민간 체육 시설을 이용할 수 있을 때 이용하겠느냐는 질문에 87%가 이용하겠다고 답했다. 의료기관을 이용하지 못한 이유에 대해서는 경제적 여건, 시간 부족, 예약 문제, 거동 및 건강 문제 등의 순으로 답했다. 문화 체육 행정에서 개선이 필요한 부분을 물었을 때는 스포츠 시설 확대, 문화 시설 확대, 문화 프로그램 확대, 체육 프로그램 확대 순으로 답했다. 중요 추진 과제에 대해서는 도시공원 조성, 문화 체육 공공시설 확충 등이 높은 비중을 차지했다.

이러한 기반 데이터와 여론조사 결과를 바탕으로 '생활체육 바

민간 체육 시설 이용을 통한 건강 관리 의사

- 이용하겠다(87%)
- 이용하지 않겠다(11%)
- 잘 모름(2%)

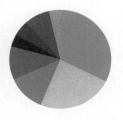

의료기관을 이용하지 못한 이유

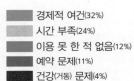
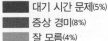

- 경제적 여건(32%)
- 시간 부족(24%)
- 이용 못 한 적 없음(12%)
- 예약 문제(11%)
- 건강(거동) 문제(4%)
- 대기 시간 문제(5%)
- 증상 경미(8%)
- 잘 모름(4%)

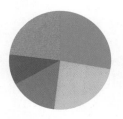

문화 체육 행정 개선 필요 분야

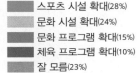

- 스포츠 시설 확대(28%)
- 문화 시설 확대(24%)
- 문화 프로그램 확대(15%)
- 체육 프로그램 확대(10%)
- 잘 모름(23%)

우처'에 대한 필요성이 확인되었다. 만약 100억 원의 예산을 생활 체육에 투자할 수 있다면 시설을 확충하는 데 쓸 것이 아니라 주민, 특히 중년층에게 동네 체육관이나 헬스클럽을 이용할 수 있는 바우처를 발급해주자는 것이다. 그러면 시민 건강과 지역 상권 활성화를 동시에 시도할 수 있다.

만약 참여 주민이 3개월짜리 바우처를 받는다면 1년에 4번을 쓸 수 있다. 처음에 3만 원짜리 2만 부 정도의 바우처를 발행한다고 하면 6억 원 정도의 예산이 소요된다. 한 사람이 1년에 4장의 바우처를 가져간다고 하면 지역민 5,000명이 혜택을 받을 수 있다.

그런데 그것을 동마다 똑같이 공급하는 것은 비효율적이다. 마이크로 지리 정보를 통해 바우처 분배 정도 또는 수준을 결정하는 것이 합리적이다.

즉 여론조사를 통해 바우처를 제공하면 열심히 체육관을 다니

♀ 중랑구 생활체육 건강 바우처 전략 골목지도

A등급　　B등급　　C등급

겠다는 주민 비중을 파악하고 이에 따라 등급을 나눠서 수요가 많은 1등급 동에는 1,000장을 배분하고 2등급에는 700장, 등급이 낮은 동에는 500장을 공급하는 식으로 차별화해서 배분하는 방식이다. 수요가 많은 곳에 우선하는 것이 바람직하기 때문이다. 그리고 소지역적 특성도 고려해야 한다. 공공 체육 시설이 부족한 곳, 민간 체육 시설과 가까운 곳 위주로 발급하는 것이 효과적이다.

　또한 단순히 바우처만 주고 방치하는 것이 아니라 바우처를 이용하는 사람들을 보건소와 연계해서 건강검진도 하게 하고, 출석 체크에 미달하면 탈락시키는 방식으로 프로그램을 설계할 수 있

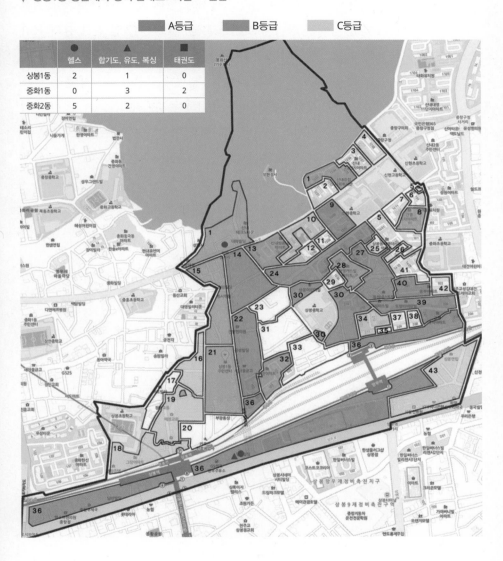

📍 상봉1동 생활체육 정책 관내도: 시설 → 민간

	A등급	B등급	C등급

	● 헬스	▲ 합기도, 유도, 복싱	■ 태권도
상봉1동	2	1	0
중화1동	0	3	2
중화2동	5	2	0

다. 예를 들어 한 달 30일 중 최소 8번을 운동하게 만든다. 이때 6번 미만으로 참석하는 사람들은 탈락시키고 다음 대기자에게 바우처를 제공하는 식이다.

생활체육 바우처 사업이 원활하게 정착되면 건강 정보를 개인정보 공개 동의를 받아서 보건소로 넘기고 장기적인 건강 관리가 가능하게 만드는 방안도 계획해볼 수 있다.

전화 상담도 가능하게 하면 좋다. 현재 건강이 어떤지 운동 후에 변화된 것이 무엇인지 사례를 축적하는 것이다.

보건소뿐 아니라 지역의 의원들과 협력하는 방안도 검토해볼 수 있다. 바우처를 통해 주민과 의원을 연결해주면 주민들은 주치의를 두는 효과까지 누릴 수 있을 것이다.

이런 생활체육 정책 수립 과정에서 지리 정보 데이터는 유용하게 응용될 수 있었다.

Chapter 8

방범 행정: 서울특별시 성북구

📍 주민 불안감의 해소

치안은 삶의 질을 결정하는 데 중요한 요소이다. 한국은 세계적으로 치안이 뛰어난 나라로 꼽힌다. 그렇지만 범죄의 위험이 아예 없는 것은 아니다. 시민들이 각종 강력 범죄에 노출되어 있다. 여성들은 일상생활 중에 성범죄의 위협을 느낄 때도 있다.

범죄 없는 사회를 만들기 위해서는 범죄 발생 후 범죄자를 신속하게 체포하고 처벌하는 수사와 사법 체계를 잘 갖추어야 한다. 그리고 이보다 앞서 범죄 발생을 억제하는 예방 활동, 즉 방범이 무척 긴요하다.

지리 정보학은 범죄 예방 활동에도 효과적으로 활용될 수 있다. 지리학의 실용적 적용의 대표적 분야 중 하나가 범죄 지리학인데, 이는 범죄 발생 가능성이 높은 지역을 파악하여 선제적인 예방 활동을 하고 범죄 발생 시 신속하게 현장에 접근하여 사후 피해를 줄이고 범죄자를 재빨리 체포하는 데 활용된다.

그런데 우리가 우범 지역이라 부르는 곳은 주로 '골목' 단위다. 시·군·구 단위의 특정 지자체의 범죄율이 높다면 그 지역 전체의 범죄율이 높기보다는 이런 우범 지역이 다수 존재하기 때문일 것이다. 따라서 골목길 단위로 잘게 쪼갠 미시적 지역의 범죄율을 파악하여 이들 지역을 집중 관리하는 방안은 아주 효과적이다.

서울특별시 성북구 길음1동은 관내에 경찰서나 치안센터, 지구대가 없다. 하지만 지역 전체의 상황을 고려해야 하기에 경찰 관련 기관을 무조건 옮겨올 수는 없다. 그래서 CCTV 활용, 자율방범대 구성과 활동, 어르신 방범 등의 활동을 도입하는 것이 합리적인 방안으로 고려되었다. 이런 정책의 도입과 시행을 위한 기초 자료로 삼기 위해 길음1동의 방범 관련 데이터를 수집하고 생활 안전 종합 지도를 작성했다.

2016년 인구주택총조사, 성북구 기초 지리 정보, 치안 시설 지리 정보, 방범용 CCTV 위치 정보, 행정안전부 범죄 데이터를 토대로 삼았고, 주민 설문조사를 통해 생활 위협 감지, 특히 저녁 8시에서 자정까지의 위기 감지를 인식 데이터로 수집하여 지리 정보 지도를 작성했다.

📍 골목지도 활용

생활 안전 종합 지도로 구축된 방범 데이터는 지역 방범 정책을 수립하고 시행하는 데 다방면으로 활용될 수 있다.

첫째, 방범용 CCTV 추가 배치 지역을 선정하는 데 활용된다. 현재 성북구 치안용 CCTV는 633개인데 추가 도입을 검토하고 있었다. 방범용 CCTV를 추가 배치할 때 지도를 활용해 우선순위를 세운다면 예산 지출을 최적화하면서 주민의 생활 안전 만족도를 높일 수 있을 것이다. CCTV 추가 설치 예정지를 주로 방범 A등급 소지역 중심으로 정하고 방범용 CCTV를 추가하거나 보수할 때 '방범 CCTV 작동 중'을 표시하는 형광등 설치도 검토했다.

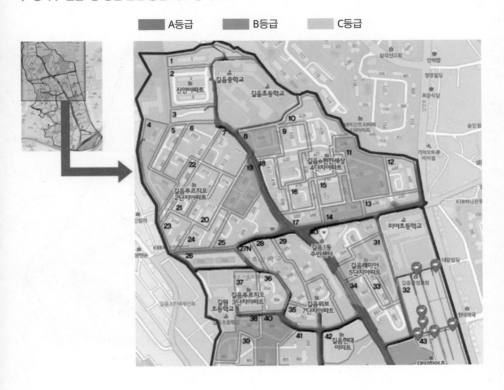

둘째, 민간과 협력하는 활동을 계획했다. '안심 거리 벽화·바닥화' 그리기가 대표적이다. 고려대학교와 성신여자대학교 등 관내에 소재한 대학교의 학생 동아리와 협력을 고려하는데, 구청에서 이들 미술 동아리와 미술 전공 학생들의 재료비와 활동비를 지원하여 활동을 장려한다. 학생들은 사회봉사에 참여함으로써 취업 등 각종 사회 활동에 도움을 받을 수 있으며, 지역사회에 대한 애정을 갖는 기회가 될 수 있다. 주로 A·B·C등급을 받은 소지역을 중심으로 사업을 검토하되 해당 지역 주민과 충분한 의사소통을 하는 계획을 세웠다.

셋째, '안심 인증 원룸·다세대 제도'의 추진을 검토했다. 일정한

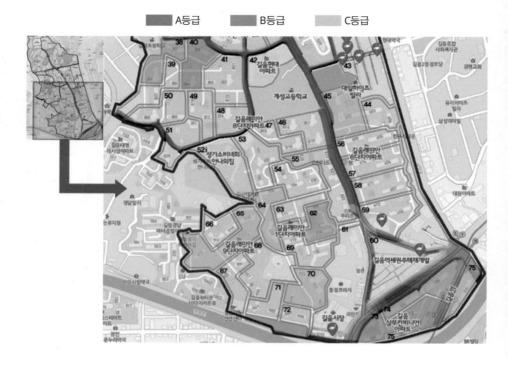

성북구 길음1동 생활 안전 종합 지도 상세도 ②

A등급　　B등급　　C등급

조건을 갖춘 다세대주택에 '안심 인증패'를 부착하는 방안이다. 관내 경찰서 및 자율방범대와 정책 협약으로 추진할 예정인데, 경상북도 구미시와 충청남도 천안시에서 같은 방안을 찾을 수 있다.

　넷째, 방범 활동에 지역 어르신을 참여시킴으로써 방범 효과를 높이고 어르신 일자리도 창출하는 이중 효과를 노려볼 수 있다. 성북구노인회 등 어르신 단체와 '공공 일자리 및 마을 지킴이 정책 협약'을 맺는 방안이다. 자율방범대와 접목하여 성과를 높이는 방법도 검토할 수 있다.

　다섯째, 방범 활동을 효율화·과학화하는 데 지리 정보 데이터를 이용할 수 있다. 자율방범대 등의 야간 순찰 동선을 짤 때 정보를 활용하는 것이다. A·B·C등급의 소지역 방범 순찰을 2~3배 늘리고, 도배 순찰과 경계 순찰, 여성 퇴근길 에스코트 등의 활동도 전개할 수 있다.

여섯째, 방범 행정 예산을 수립하고 사업 집행 우선순위를 세울 때 참고 자료로 활용할 수 있다. 지자체는 제한된 예산을 효과적으로 집행해야 한다. 따라서 방범 예산을 어느 행정동에 더 많이 지출할지, 어느 행정동 자율방범대에 더 많은 예산을 지원할지, 노인 일자리 사업 예산을 어떻게 배분할지, 생활 안전 민관 협치를 어디서부터 시작할지, 그 밖의 생활 안전 시범 사업을 시행할 때 어디서부터 시작할지 등을 결정할 때 지리 정보 데이터를 참고하면 유용하다.

일곱째, 관내 유해업소를 지도하고 불법 주차를 단속하는 등의 행정 업무와 협업 체계 구축을 검토할 수 있다. 이는 같은 지리 정보에서 파생된 복합적 관계 속의 사안으로 볼 수 있으므로 이들 지역에 대해 입체적인 과제를 수립할 수 있다.

마지막으로 고려해야 할 점이 있다. 방범용 CCTV가 범죄자 검거율을 높이는 데는 탁월하지만 범죄 발생률 자체를 떨어뜨리지는 못한다는 딜레마에 대해 숙고할 필요가 있다.

풍선 효과의 가능성도 있으므로 공공 데이터 개방과 관련해 CCTV가 주민에게 어떤 편익을 주고 있는지에 대한 면밀한 분석이 있어야 할 것으로 보인다.

Chapter 9

대중교통 행정: 세종특별자치시

📍 대중교통과 지리 정보

교통 문제는 전통적으로 지리학의 중요한 관심사가 되어왔다. '교통 지리학'라는 세부 분야가 존재하여 다각도의 연구가 진행되고 있다. 특히 교통 현상의 지역적 특징, 공간 구조, 지역과의 연계, 거리와 운임, 주요 교통기관, 교통망과 입지, 교통 유동의 패턴 등을 연구 대상으로 삼는다. 특히 도시의 대중교통망을 설계하거나 보완할 때는 교통 지리학적 연구와 통찰에 크게 의존한다.

세종특별자치시는 대중교통 체계의 개선을 위해 교통 지리학 조사를 수행하고자 했다. 그런데 일반 지리학적 데이터 외에도 세분된 소지역별로 교통 수요자의 체감과 인식을 반영함으로써 효과를 높이려 계획했다. 마이크로 지리 정보학의 방법론을 대중교통 체계에 접목하려 한 것이다.

대중교통 노선을 편성하고 나서 조사 및 연구 작업을 진행했는데, 목표는 세종시 전 지역에서 도보로 5~10분 이내에 원하는 곳으로 가는 대중교통을 이용할 수 있도록 편성하는 것이었다.

기존 공간 구성과 입지 여건, 지역별 교통 유동 상황 등의 데이터를 확보하고 인식 데이터 수집을 위한 여론조사를 병행했다. 행정 업무 만족도에 대한 질문에서 만족과 불만족이 각각 절반씩을 차지했다.

특히 대중교통 불만족도가 68.3%로 무척 높았다. 주민 대중교통 이용 빈도는 일주일에 2~3회, 일주일에 1~2회, 거의 이용 안 함, 거의 매일 이용함 순이었는데 각각의 항목에서 큰 차이는 없었다. 대중교통 이용 목적은 상황에 따라 다름이 39.9%로 가장 높고 출퇴근과 등하교, 쇼핑, 업무 목적, 기타가 뒤를 이었다.

노선버스 정류장까지의 도보 시간은 5분 정도 41.7%, 10분 이내 41.1%였고, 20분 정도 12.6%, 30분 정도 2.0%, 40분 이상 2.6%로 나타났다. 대중교통 이용 주요 목적지는 조치원읍(34.3%), 한솔·도담·아름동(30%)이 높은 비중을 차지했고 중촌·고운동, 보람·새롬동, 연기·연동·부강·금남·장군면, 연서·전동·전의·소정면 순이었다.

세종시 외 대중교통 주요 목적지는 대전(41.6%)과 서울(27.0%)의 비율이 높았으며, 그 외 충남 시군과 전국 주요 도시가 뒤를 이었다.

대중교통 개선에 대한 의견으로는 버스 노선 다양화가 30.1%로 가장 앞섰으며, 버스 배차 시간 단축이 19.4%, 마을버스 신설 18.1%, 대전·충남 노선 신설 11.3%, 1,000원 요금 택시 신설 8.9%, 전국 고속버스 신설 8.8%, 기타·잘 모름이 3.4%였다.

📍 대중교통 체계 개선 방안

마이크로 지리 정보학 방법론을 통한 조사 결과, 세종특별자치시 대중교통 체계에 관한 검토와 개선 사항들이 도출되었다. 먼저 대중교통 수요가 많은 소지역(A·B등급)을 중심으로 3개 기존 노선,

♥ 세종특별자치시 대중교통 체계 개선 사항

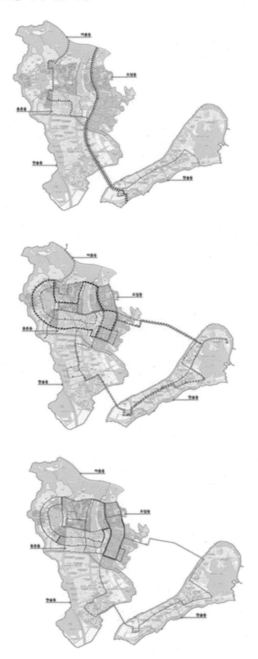

📍 마을택시 동선을 재검토 및 대전과 교류하는 이동 수단 확보 문제

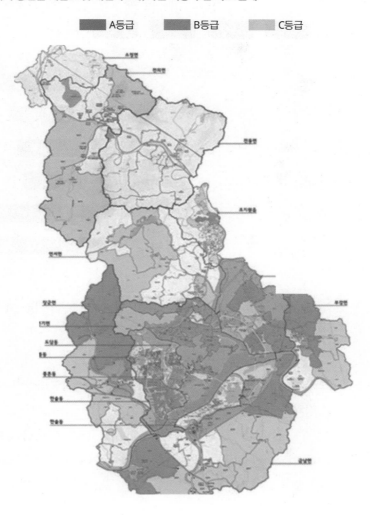

■ A등급　　■ B등급　　■ C등급

6개 신규 노선, 3개 대전 방면 광역 노선이 적절히 배치되어 있는지 검토할 필요가 있었다.

　　읍·면 지역의 A·B·C등급 지역을 기준으로 마을택시의 동선을 재검토하고 대전과 교류하는 이동 수단을 확보하는 문제도 고려 대상이었다.

♀ 다층적 대중교통 동선

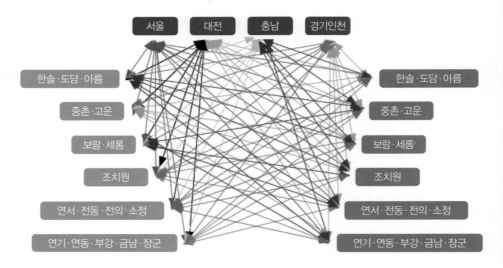

그 밖에 이동 수단의 변경이나 사업 확대 여부, 거리 제한의 재검토 등의 과제가 나왔다.

세종도시교통공사의 역할 확대 필요성도 제기되었다. 이는 관내 모든 대중교통수단의 점진적 공영화를 뜻하며 스마트 시티에서 필수적인 부분으로 꼽힌다.

조사 결과를 종합하여 관내 간, 관내와 관외 간 이동 패턴을 분석한 입체적인 교통 전략 지도를 완성할 수 있었다. 이때 다층적인 대중교통 동선 확인이 필요했다.

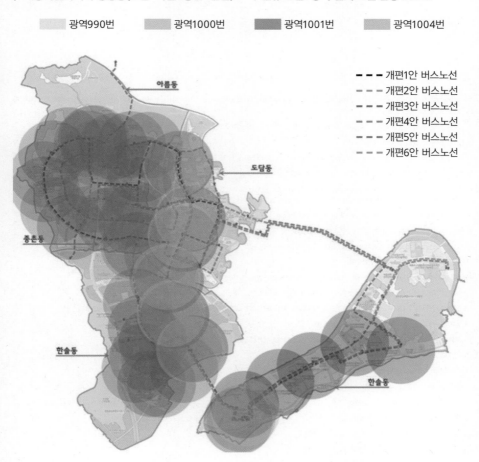

📍 세종특별자치시 행정동(도담·아름·중촌·한솔) 1~6 신규 노선: 광역 전체 노선 반경 700m

광역990번 　　광역1000번 　　광역1001번 　　광역1004번

아름동

도담동

중촌동

한솔동

한솔동

- - - 개편1안 버스노선
- - - 개편2안 버스노선
- - - 개편3안 버스노선
- - - 개편4안 버스노선
- - - 개편5안 버스노선
- - - 개편6안 버스노선

미주

1 나이팅게일의 장미 지도와 그와 관련된 설명은 HistoryofInformation.com(https://www.historyofinformation.com/detail.php?entryid=3815)에서 자세히 볼 수 있다.

2 제임스 체셔·올리버 우버티(송예술 옮김), 「눈에 보이지 않는 지도책」, 윌북, 2022년 11월.

3 제임스 체셔·올리버 우버티, 앞의 책.

4 https://commons.wikimedia.org/wiki/File:Heinrich_Berghaus_-_1838_-_Umrisse_Der_Pflanzengeographie.jpg

5 https://en.wikipedia.org/wiki/File:Snow-cholera-map-1.jpg

6 https://commons.wikimedia.org/wiki/File:Album_de_statistique_graphique_de_1882_-_Recettes_des_lignes_d%27omnibus_de_Paris_en_1880_-_David_Rumsey.jpg

7 박남주, 「산불 대응 체계 개편…현장 30분 내 도착 '골든타임' 잡는다」, 《중앙신문》, 2021. 6. 1.

8 미우라 시온(권남희 옮김), 「배를 엮다」, 은행나무, 2013년 4월.

9 한국민족문화대백과사전-'김정호(金正浩)' http://encykorea.aks.ac.kr/Contents/Index?contents_id=E0010423

10 제임스 체셔·올리버 우버티, 앞의 책.

11 https://www.atlasofplaces.com/cartography/chicago-wage-maps

12 https://publish.illinois.edu/commonsknowledge/2019/03/27/digital-humanities-maps/

13 남기성·천영민, 「spss21을 이용한 통계분석은 어떻게」, 자유아카데미, 2014; 한국사회학회, 「사회조사분석」, spss아카데미, 1999.

14 남기성·천영민, 앞의 책; 한국사회학회, 앞의 책.

15 도넬라 H. 메도즈·데니스 L. 메도즈·요르겐 랜더스(김병순 옮김), 「성장의 한계」, 2021.

16 김수련 외, 「포스트 코로나 사회」, 글항아리, 2020.

17 최재천 외, 「코로나 사피엔스」, 인플루엔셜, 2020.

18 홍윤철, 「팬데믹」, 포르체, 2020.

19 김용섭, 「언컨택트」, 퍼블리온, 2020.

20 임승규 외, 「포스트 코로나」, 한빛비즈, 2020.

21 김병권, 「기후위기와 불평등에 맞선 그린뉴딜」, 2020.

22 최재천 외, 「코로나 사피엔스」, 인플루엔셜, 2020.

23 송현숙, 「"인구 감소는 위기" 압도적이지만 절반 이상 "사회경제적 기회"」, 《경향신문》, 2019. 1. 2.

24 2016년 12월 서울특별시 성북구 주민 1,000명 전화 여론조사 결과